粤港澳大湾区推进动能转换的路径与策略研究

谭　洁　著

华中科技大学出版社
中国·武汉

图书在版编目(CIP)数据

粤港澳大湾区推进动能转换的路径与策略研究/谭洁著. —武汉：华中科技大学出版社，2023.11
ISBN 978-7-5772-0119-1

Ⅰ.①粤… Ⅱ.①谭… Ⅲ.①城市群-区域经济发展-经济结构调整-研究-广东、香港、澳门
Ⅳ.①F299.276.5

中国国家版本馆 CIP 数据核字(2023)第 192820 号

粤港澳大湾区推进动能转换的路径与策略研究 谭 洁 著
Yue-Gang-Ao Dawanqu Tuijin Dongneng Zhuanhuan de Lujing yu Celüe Yanjiu

策划编辑：李国钦 何臻卓
责任编辑：陈 骏
封面设计：原色设计
责任监印：朱 玢
出版发行：华中科技大学出版社(中国・武汉) 电话：(027)81321913
武汉市东湖新技术开发区华工科技园 邮编：430223
录 排：华中科技大学惠友文印中心
印 刷：武汉市洪林印务有限公司
开 本：787mm×1092mm 1/16
印 张：9.25
字 数：237 千字
版 次：2023 年 11 月第 1 版第 1 次印刷
定 价：90.00 元

華中出版

本书若有印装质量问题，请向出版社营销中心调换
全国免费服务热线：400-6679-118 竭诚为您服务

前　言

湾区经济作为国际经济版图的突出亮点，已成为带动全球经济发展的重要增长极。国际一流湾区如纽约湾区、旧金山湾区、东京湾区等，具有开放的经济结构、高效的资源配置能力、强大的集聚外溢功能以及发达的国际交往网络，发挥着引领创新、聚集辐射的核心功能。粤港澳大湾区是我国综合实力最强、开放程度最高、经济最具活力的区域之一，完全具备比肩世界三大湾区和发展世界一流湾区经济的现实基础和良好条件。目前来看，粤港澳大湾区的建设发展取得了积极成效。但从长期来看，如何推动粤港澳大湾区进入新发展阶段、贯彻新发展理念、构建新发展格局，仍然是一个需要持续研究的命题。

党的二十大报告中指出，高质量发展是全面建设社会主义现代化国家的首要任务，并且要构建优势互补、高质量发展的区域经济布局。相比于静态的经济发展水平，动态的经济动能转换水平才更能反映发展的质量。新动能与旧动能并不是一成不变的，而是一组相对的、发展的概念，应当随着发展做出动态调整。本书研究粤港澳大湾区的动能转换过程，以"变"的动态特征，体现动能转换的"衔接"和"转换"特性，更能反映高质量发展作为一个动态持续性概念的核心要义。推进粤港澳大湾区动能转换，将为区域经济增长带来新的动能，有效促进货币、贸易、人才、信息、创新等活动要素的聚集与流动，推动粤港澳大湾区合理分工、协同互助向更高层次、更深领域、更广范围高质量发展，对打造区域共赢、开放互动、功能强大、产业协调的粤港澳、泛珠三角区域具有重要意义，并在国家新一轮改革开放中探索新路径和提供新经验。

本书为作者主持的广东省社科规划项目"粤港澳大湾区经济韧性提升研究：基于动能转换与环境保护耦合协调发展的视角（No. GD22XYJ34）"、深圳职业技术大学青年创新项目"粤港澳大湾区经济发展新旧动能转换的时空格局演化分析（No. 6022310010S）"、深圳职业技术大学科研启动项目"粤港澳大湾区经济发展动能转换的演化路径、趋势及对策研究（No. 6022312035S）"的研究成果，得到了深圳市博士后出站后期资助项目"基于可靠性提升的电力供应链博弈模型研究（No. 6022271005S）"的资助。本书引用了众多学者和研究机构的成果，已按照学术规范要求注明了出处。同时，感谢深圳职业技术大学的李亚军副研究员、王瑞芳老师、邓凌云老师、郑艳老师为本研究提供的指导与帮助。

谭　洁

2023 年 8 月

目　　录

第1章　高质量发展的内涵及其动能转换

1.1　经济发展动能的内涵

1.1.1　从发展经济学的角度看待经济发展的本质

发展经济学认为，经济发展不仅指经济社会转型的过程，还包括社会为之奋斗的主要经济目标、社会目标和价值观，其核心是生存、自尊和自由，即满足社会成员的住房、衣着、食物和教育等基本需要，让社会成员过上有尊严的生活，并有摆脱贫困、无知和卑贱的自由，使其具备更大的能力决定自己的命运。当基本需要改善时，当经济增长提高了社会成员自尊感时，当物质进步扩大了人民的权利和能力时，发展就真正地发生了。

1.1.2　经济增长不等于经济发展

世界银行2000年出版了《增长的质量》，指出："从事发展的人士经常使用人均GDP的增长作为衡量发展的标准，一部分原因是社会进步与GDP的增长紧密相连，另一部分原因是计算方便。但依靠GDP作为发展的唯一衡量尺度具有很人的局限性。GDP的增长既可以是高质量的，也可以是低质量的。"

联合国《1996年人类发展报告》指出了五种GDP有增长但无发展的情况：①无工作的增长(jobless growth)，指经济增长未能制造足够多的就业岗位，甚至恶化了就业形势；②无声的增长(voiceless growth)，指经济增长未能带来民众参与和管理公共事务、自由表达意见和观点的可能性；③无情的增长(ruthless growth)，指经济增长导致了收入分配格局的恶化，财富的扩大带来了新的贫困阶级；④无根的增长(rootless growth)，指经济增长对文化的多样性造成破坏，使人们失去了自己的文化家园和历史；⑤无未来的增长(futureless growth)，指经济增长对生态、资源和环境造成破坏，消灭了经济增长的可持续性。当经济增长与经济发展不一致，出现上述五种"有增长而无发展"的局面时，这种经济增长就是没有质量的。

由此可见，在发展经济学看来，经济增长只需满足单一的要求，即人均GDP增加；而经济发展则需满足多方面的要求，即人均GDP增加、更平等地享受教育和工作的机会、更清洁和可持续程度更高的自然环境、更公正的司法体系、更广泛的公民和政治自由以及更丰富的文化生活等。

1.1.3　什么是经济高质量发展?

2017年，习近平总书记在十九大报告中指出，我国经济已由高速增长阶段转向高质量发展阶段，正处在转变发展方式、优化经济结构、转换增长动力的攻关期。我们要激发全社会创造力和发展活力，努力实现更高质量、更有效率、更加公平、更可持续的发展。随后，党的十九大党章修正案将总纲第十二自然段中的“促进国民经济又好又快发展”修改为“促进国民经济更高质量、更有效率、更加公平、更可持续发展”。这充分体现了政府对我国发展阶段性特征的准确把握，着眼于破解我国发展面临的质量、效益、协调、持续等问题，科学回答了“新的时代条件下坚持什么样的发展理念、实现什么样的发展”的根本问题，为实现高质量发展新目标指明了正确方向。我们要深刻理解其内涵。

1. 更高质量发展

世界经济已经进入新旧动能转换期，传统增长引擎对我国经济的拉动作用减弱，新的经济增长点尚未形成，增长动力青黄不接。但我们不能一味追求经济增长速度，应更加注重经济增长的质量和效益。保持我国经济持续健康发展的根本要求是推动高质量发展，高质量发展是经济发展从“有没有”转向“好不好”，是质量第一、效率优先的发展。为实现更高质量发展，应坚持改革创新，挖掘增长动力。自主创新是推动高质量发展、动能转换的迫切要求和重要支撑，要抓住新技术、新产业、新业态不断涌现的历史机遇，充分发挥创新作为第一动力的引领作用，不断提高供给体系质量和效益，着力打造具有高新技术、高附加值和高效益特点的产品，向全球价值链中高端攀升，为经济增长提供源源不断的新动力。

2. 更有效率发展

我国资源约束日益趋紧，环境承载能力接近上限，粗放型、低效率增长模式已不可持续。习近平总书记指出：“经济发展就是要提高资源尤其是稀缺资源的配置效率，以尽可能少的资源投入生产尽可能多的产品、获得尽可能大的效益。”实现更有效率发展，集中表现为提高全要素生产率，根本在于提高资源配置效率、技术创新效率与组织管理效率。应大幅度减少政府对资源的直接配置，使市场在资源配置中起决定性作用，提高现有存量资源利用率，促进存量资源有效流动。大力实施创新驱动发展战略，以关键共性技术、前沿引领技术、颠覆性技术创新为突破口，推动科技创新和经济社会发展深度融合，使科技创新成为提高全要素生产率的强大引擎。提高组织管理效率，大力推进结构性改革，通过发展数字经济、促进互联互通、完善社会保障措施等，建设适应未来发展趋势的产业结构、政策框架、管理体系，提升经济运行效率和韧性。

3. 更加公平发展

“大道之行也，天下为公。”发展的目的是造福人民，要让发展更加平衡，让发展机会更加均等、发展成果人人共享。群众普遍关注的焦点，是更好的教育、更稳定的工作、更满意的收入、更可靠的社会保障、更高水平的医疗卫生服务、更舒适的居住条件、更优美的环境。公平不是搞平均主义，而是更注重公平发展，要加紧建设对保障社会公平正义具有重大作用的制度，逐步建立以“权利公平、机会公平、规则公平”为主要内容的社会公平保障体系，努力营造公平的社会环境，保证人民平等参与、平等发展权利。具体而言，公平发展即推动义务教育均衡发展、缩小收入差距、建立更加公平更可持续的社会保障制度、建立覆盖城乡的基本医疗卫生制度、公平地对待各个市场竞争主体，创造更加公平的竞争环境并更好地维护，严格平等地保护各竞争主体的合法权益等，不断加强“权利公平、机会公平、规则公平”的制度支撑，使发展成果更多更公平惠及全体人民。

4. 更可持续发展

需要统筹好经济、社会、环境之间的关系，要求既能与资源环境承载能力相适应，又具有发展动力。需要发展循环经济，在生产、流通和消费过程中进行减量化、再利用、资源化，物尽其用、变废为宝，做到技术上可行、经济上合理、环境上无害，通过资源的可持续利用，支撑经济社会的可持续发展。需要进一步落实可持续发展议程，消除贫困、改善民生、化解社会矛盾、实现共同富裕、完善国家治理体系、提高治理能力，以及实现各地区、各层次、各领域间的协同发展。需要坚持绿色发展，推动形成以环境友好型为发展理念的生产方式和生活方式，重点解决经济发展中的环境污染和生态损害问题。改善生态环境就是发展生产力，需牢固树立和践行“绿水青山就是金山银山”理念，坚持在发展中保护、在保护中发展。良好生态本身蕴含着无穷的经济价值，能够源源不断创造综合效益，实现经济社会可持续发展。

1.2　发展动能转换

1.2.1　经济发展的新动能

经济发展需要支撑因素，能够支撑经济发展的“新”因素即为新动能。从狭义而言，新动能是绝对的，如蒸汽工业对于工业革命时期的英国、信息革命对于 20 世纪的美国。从广义而言，新动能是相对的，不同时间、不同区域的新旧动能界定有所不同。对粤港澳大湾区而言，当前人口、土地、资本等传统动能发挥作用的空间日益缩小，拉动经济发展的后劲明显不足。大湾区加速新旧动能转换，要避免陷入“腾笼空鸟”的误区，应当明确动能培育和转换的新理念，列举清单，制定时间表和行动路线图，补齐发展短板。要以全要素资源集聚为抓手，盘活要素存量与集聚要素增量“双轮驱动”，发挥创新资源“集聚效应”。要坚持市场的决定性作用，实施“精准发力”战略，更高效、更高端、更精准地推动粤港澳大湾区经济发展新旧动能转换。粤港澳大湾区发展的新动能，应该是相对意义上的、有利于大湾区产业转型升级和经济发展的新动能。

1.2.2　经济发展动能转化的特征及驱动要素

经济增长要经历一个发展周期，而且每一次增长周期的基本特征均表现为产业结构的转换和新旧发展动能的更迭。新旧动能结构实现转化的标志在于：一个国家或地区在某个发展阶段内的支柱产业从成熟期逐渐走向衰退时，另一批新兴产业必将逐渐得到培育和壮大，形成新的竞争力；或是一个阶段的传统产业通过不断创新升级拉长成熟期的发展曲线，重塑竞争优势。无论是传统产业更新延续还是新旧产业功能接续，都不可能一蹴而就。驱动城市发展的传统要素是土地、资源、资本，而新形势下城市主要依靠科技、知识、人才、文化、机制等创新要素驱动发展。

1.2.3　区域发展各阶段的主导产业及其特征

区域发展阶段，从产业结构看，是由初期的农业主导向工业化的中坚推动转换，再由第三产业后续拉动；从发展动力看，是由初级的劳动力要素驱动转向附加价值高的资本驱动、技术驱动，再向创新驱动调整；从功能品质看，是不断由产品集散地向更高层级的商贸中心、服务业中心和人文中心转变。区域发展各阶段的驱动力量和主导产业如表1-1所示。

表1-1　区域发展各阶段的驱动力量和主导产业

发展阶段	驱动力量	经济功能	主导产业	产业特征
农业社会	劳动力为主，土地为辅	农产品集散中心； 手工业生产中心	以农业为主的劳动力密集型产业	粗放型农业为主； 工业以轻纺工业为主； 服务业较为传统且附加值低
工业化社会	资本为主，劳动力为辅	机器大工业中心； 商业贸易中心	以工业为主的资本密集型产业	农业向集约型方向发展； 轻型工业向重工业方向发展； 传统服务业向多元化方向发展
后工业化社会	技术为主，资本为辅	高级工业中心； 新兴服务业中心	以制造业为主的技术密集型产业	农业以绿色农业为主； 工业向技术集约方向发展； 服务业呈现现代化特征
现代化社会	创新为主，知识为辅	服务业中心； 人文中心	以服务业为主的知识密集型产业	农业全面实现规模化、市场化、设施化； 工业向高附加值方向发展； 服务业由信息产业向知识产业方向发展

第2章 湾区经济的内涵特征与形成机理

2.1 湾区经济的内涵

湾区经济是滨海经济、港口经济、都市经济与网络经济高度融合而成的一种独特经济形态，是海岸贸易、都市商圈与湾区地理形态聚合而成的一种特有经济格局。湾区经济的实质，就是湾区所孕育的诸港口城市发展到一定程度，依托现代化交通工具、完善的交通体系以及发达的信息网络，基于自然、经济、社会、文化等方面的紧密联系，构成一个多核的都市圈，由此而产生的一体化经济。这种一体化经济是港口城市都市圈与湾区独特地理形态相结合聚变而成的一种独特的经济形态。

1. 湾区有利于孕育港口城市群

与直线型或(对外突出)弧形滨海地区相比，湾区由于三面环陆，可以阻挡风浪，更适于建设港口，而且由于湾区的海岸线长、区域广，一个湾区更容易孕育多个港口城市。在经济全球化的今天，港口城市发展早，经济往往更为发达，这就容易在湾区上产生多个能级大的城市。例如，东京湾袋状口宽度约8千米，但伸入内陆的袋状长度竟长达80千米，形成一个水深浪小的港湾环境，孕育了一个环东京湾的港口群，云集了东京港、川崎港、横滨港、横须贺港、千叶港和木更津港六大世界级的港口。

2. 湾区的形态有利于其所孕育的港口城市发生紧密的经济联系

湾区城市分布在水域的四周，如果水域宽度合适或交通技术足够发达，在湾区架设桥梁，形成一种类似于多核都市圈的多边形交通网络结构，使湾区诸城市处在这张多边形交通网络的顶点上，则可以使湾区诸城市之间的通勤距离降到最低，大大增强城市间的经济联系。

3. 湾区的形态有利于拓展都市圈的发展腹地

对于单核都市圈来讲，由于受距离衰减规律的影响，其集聚扩散区域如图2-1所示。双核都市圈的集聚扩散区域则是两个有一定半径的圆交织在一起的类带状的区域，发展腹地相对较小。而湾区经济，属于多极都市圈，每一极都有自身向内地延伸的集聚扩散区域。这种结构的都市圈具有更广阔的发展腹地，如图2-2所示。正是因为湾区孕育了多个能级大的港口城市，同时其空间结构又有利于各城市彼此之间发生紧密的空间联系，从而强化了湾区港口城市的分工、合作和竞争，放大了都市圈的功能，使湾区都市圈的经济发生了聚变，形成独特的湾区经济。从理论上讲，分布在半岛上的多个港口城市也具有上述的特点。如果考虑到半岛上的港口城市是从一个个港湾发展起来的，那么这种结构所形成的经济形态实际上也是湾区经济，只是前者是由一个湾区所孕育的湾区经济，而后者则是由多个湾区所孕育的湾区经济。

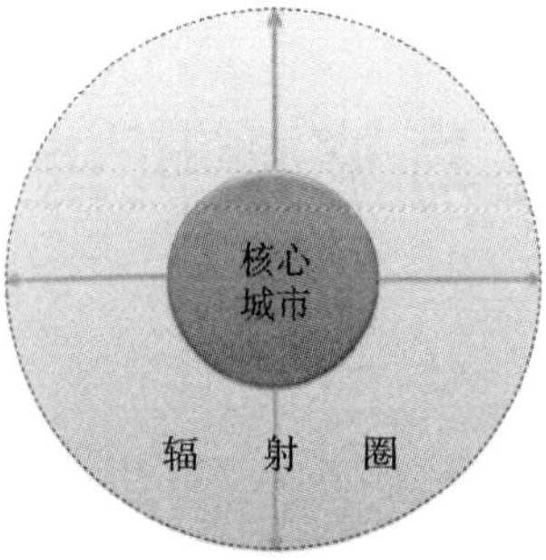

图 2-1　核心城市辐射圈示意图

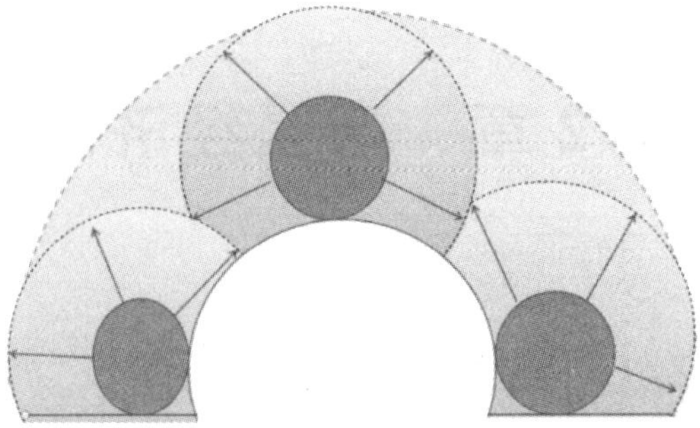

图 2-2　湾区经济腹地示意图

2.2　湾区经济的特征

湾区经济诞生于湾区，是现代港口城市高度融合为都市圈所形成的一种独特的经济形态，因此，它既具有港口经济的特征，又具有都市圈经济的特征，更重要的是还具有由于湾区独特地理条件引起聚变所产生的一些特征。①网络性。湾区经济是多核都市圈经济，城市之间有着紧密的经济联系，网络性比一般都市圈更强。②层次性。作为一种地理独特都市圈的经济形态，湾区经济的核心城市一般位于水域沿岸，因此可以从水域沿岸向外延伸分为核心区、内圈、紧密圈和外圈等层次。③开放性。湾区经济是湾区港口城市的一体化经济，而港口城市的典型特点就是开放性，与一般都市圈相比，开放性更强。④集聚性。港口城市本身就具有较强的集聚性，湾区经济则是由港口城市通过网络式的集聚和扩散形成的一个更为紧密的一体化的经济网络，与一般都市圈相比，集聚性更强。⑤创新性。湾区经济高端要素密集，有广阔的市场，有高强度的交流合作与竞争，这些都是孕育创新能力的有利条件，而湾区经济所独有的高度开放性，也有利于创新思想的传播。

2.3　湾区经济的演变

工业革命之前，交通运输多靠船运，诸多优良的湾区被用作港口的建设，并在此基础上兴建了大量的工厂，带来了湾区的空前繁荣。两次世界大战期间，国际贸易受到巨大冲击，世界港口发展也受到严重影响，从而导致湾区经济长达半个世纪的落寞。20 世纪 60 年代末，随着全球经济的复苏，世界上许多城市开始了旧港区和临海工业地区的改造建设，一股湾区经济的复兴浪潮遍及北美洲和欧洲地区，并于 20 世纪 80—90 年代进入高潮。在此期间，美国巴尔的摩内港区的复兴、旧金山海湾的建设、日本大阪湾的建设等，都取得了卓著的成就。21 世纪，在全球经济快速发展的同时，世界各国进入了海洋经济和海洋文化大发展的时代，沿海国家对海洋开发越来越重视。在这个时代背景下，湾区经济的发展成为沿海城市和城市群关注的焦点。北美洲、欧洲以及日本等发达国家的湾区凭借其突出的核心城市地位、发达的立体交通网络、强大的跨国企业资源，通过对全球范围资源的优化配置，进一步加强了跨国公司核心部门、创新型智力资源、资本服务、信息技术等高端生产要素的集聚，推动了更高水平的都市化，使科技、教育、文化、生态环境等方面处于国际先进水平，创造了湾区经济发展的高级形态。

2.3.1　湾区经济的发育期

湾区经济初期的基本功能是连接各种运输方式，保证运输系统的整体运行，发展动力来自海港的运输中转功能。该时期湾区经济主要的经济形态是港口贸易。由于尚未开启工业化进程，或者工业化基础较弱，贸易产品以农产品和初级工业品为主。工业化之前的湾区城市反映了湾区经济发育阶段的典型特征。15 世纪末到 16 世纪初，在地理大发现之后，西欧海上强国与其殖民地之间的货物交易扩展了国际贸易的地域范围。该时期兴起的城市无一例外地分布在沿海地区，其中一部分位于海湾地区，并成为当时的贸易中心。对外方面，它们的主要功能是方便与宗主国的贸易往来；对内方面，它们与周边地区经济联系十分密切，带动与组织周围农业地区的生产，铺设道路带动商品的生产和流通，传播农业信息促进农产品的集市贸易，初步发挥地区经济中心的作用。

以旧金山湾区为例，在“淘金热”期间，旧金山湾区迅速成为移民和货物的集散中心。由于旧金山扼守海湾入口，大批海上移民需要由此前往内地。湾区所需的物品几乎全部来自海上，这些商品必须经过金门海峡才能进入矿区。凭借独特的区位条件和“淘金热”历史机遇，旧金山市一举成为美国西海岸货物和旅客的集散中心，奥克兰市和圣何塞市也得到初步发展。

2.3.2　湾区经济的成长期

随着工业革命的爆发，工业生产开始兴起并快速扩张，工业经济成为湾区经济成长的强劲驱动力。工业化大规模发展导致社会生产效率显著提高，并推动湾区经济高速发展。受益于区位优势及其带来的频繁的对外贸易，湾区城市往往领先于其他地区开启工业化进程。以石油、钢铁和机械制造为代表的工业化生产企业，出于降低成本或者接近消费市场的考虑，纷纷落户湾区城市。这些产业拥有广泛的纵向和横向经济联系，通过乘数效应，导致湾区经济不断扩张，达到产业聚集和规模经济的程度，形成增长极。这一阶段是湾区经济发展最快的阶段，其功能不再局限于港口贸易，而是扩张成为制造业中心和国际贸易中心。随着工业化进程的不断推进，湾区中率先发展的地区在资源价格、劳动力成本、土地供应、生态环境等方面的压力越来越大，主要依靠资源大量投入的生产方式的优势逐渐衰减。在追求利润最大化的利益驱动之下，先发城市不断将本地的钢铁、水泥、纺织和家电等高能耗、低附加值的制造业向周边后发地区转移，更加专注于集成电路、精密机械、精细化工、汽车等技术密集型和高附加值的制造业以及服务业。

仍以旧金山湾区为例，该时期湾区的发展可以分为两个阶段：工业化初期和重工业化时期。第一阶段是从 19 世纪下半叶到第一次世界大战，该时期湾区主要生产初级工业产品和加工农产品，包括制糖业、罐头加工、木材、钢铁、皮革、服装、纺织、制鞋、烟草等。第二阶段是从第一次世界大战到第二次世界大战结束，该时期湾区主要发展重工业和生产军事工业产品，海军成为推动旧金山湾区经济发展的重要投资者。轮船、汽车和飞机制造等领域在奥克兰市高速发展，而农产品加工业依然是圣何塞市最重要的产业。20 世纪初，大量的资本和企业流向奥克兰市，推动工业化加速发展。奥克兰市商会在引进资本和企业方面发挥了重要作用。自 1910 年开始，奥克兰市商会投入大量精力开展了一次全国性的宣传运动，详细列举奥克兰市的五大优势，即潜力巨大的提供货物的供给地、向太平洋沿岸港口分流货物的中转站、轮船和铁路的重要交汇处、太平洋斜坡巨大制造加工带的产品销售市场以及通向富饶的美国内陆腹地的门户。在奥克兰市商会的大力宣传下，美国知名的企业（如通用电器、威斯汀豪斯、西部电气、维克多公司）纷纷在奥克兰市建立分厂。这些企业以金属加工和机械制造为主，不仅弥补了奥克兰市工业结构的不足，还带动了当地企业的发展。至第一次世界大战前，食品加工、金属加工和机器制造业构成了奥克兰市的主要产业。

2.3.3 湾区经济的成熟期

制造业的高度发展与国民收入水平的提高，为服务业提供了强劲的需求，拉动了服务业的快速发展。随着工业生产效率的进一步提高，工业产业的成本持续下降，工业经济在湾区经济中的比重不断下降，而服务业的比重不断上升。湾区经济的驱动力从制造业转变为服务业。在工业化后期，相对于内陆地区和欠发达国家，湾区在资源、劳动力成本方面的劣势开始显现，以制造业为代表的低技术产业开始新一轮的产业转移。在长期的工业化生产中，湾区已经积累大量的实物资本和人力资本，在知识和资本密集型产业领域不断获取比较优势和竞争力，金融保险业、房地产业、物流、专业服务等服务业开始快速发展，对湾区经济增长的贡献不断上升，服务业取代制造业成为湾区经济的主导产业，推动湾区产业结构的第二次转型。20 世纪 70 年代之后，电子产业和信息技术产业作为新兴产业蓬勃发展，推动传统的农产品生产地区——圣何塞市变成高科技企业聚集地，成为湾区内部的后起之秀。旧金山市作为湾区内部的中心城市，服务业已经成为其主导产业，金融、专业服务和旅游等行业优势突出，成为一个典型的后工业化城市。同时，旧金山市作为美国西部的金融中心和“西部华尔街”，吸引了美国大量的金融机构，为圣何塞市的中小型创新企业获取风险投资资金创造了条件。金融与科技的完美融合，使金融和专业技术服务成为旧金山湾区经济发展的主要动力来源。

硅谷的成功被广泛认为是自由市场而非政府干预的成功。事实上，该时期政府以订单方式的采购对硅谷新兴产业的发育和成长产生了重要影响。据统计，1955—1963 年期间，硅谷半导体产业 35%～40%的营业额来自政府采购（国防部的订单）。政府采购直接影响硅谷新技术的扩散。此外，政府对科研机构的经费支持也发挥了重要作用。斯坦福大学和加州大学伯克利分校在政府的资助下，分别建立了后来享誉世界的斯坦福直线加速器中心和劳伦斯·伯克利试验中心。硅谷的阿莫斯航空航天中心在得到大量政府科研经费的支持下，迅速发展成为一个开发空间尖端技术的重要基地。

2.3.4 湾区经济的创新期

湾区经济的创新期即经济学家熊彼特所谓的“创造性毁灭”时期，新产品、新市场、新生产要素、新生产方式和新企业组织形式源源不断地被引入湾区经济，推动湾区经济波浪式前进。创新经济是湾区经济发展的最高级阶段，也是湾区经济持续发展的根本动力。相对于湾区经济的其他发展阶段，创新阶段对知识、科技、人才、市场和制度提出了更高的要求。首先，总体人群需要拥有较高的受教育程度，从而产生对高端的知识型产品或服务的需求，并推动消费模式向知识型和创新型的根本转变。其次，企业利润的最大化是通过持续创新实现的。这就要求企业自身发展模式由要素和资本驱动向创新驱动转变。最后，制度和政策需要有效界定和保护知识产权，激励真正的创新者，保障创新经济实现自我强化的良性运转。

20 世纪 90 年代后期，旧金山湾区的经济中心转移到高技术产品和服务业。部分在经济总量中占有较高份额的制造业也属于技术密集型制造业，包括计算机和外围设备的开发和生产以及半导体和其他电子配件的生产。高技术制造业同时推动专业科技服务业（PSTS）的快速发展，科技研发服务业、计算机系统设计和相关服务成为新兴产业。在甲骨文、奥多比（Adobe）和迈克菲（McAfee）等软件开发商的推动下，信息服务业蓬勃发展。2011 年，高技术产业就业人口高达 41.5 万人，占湾区全部就业人口的 12.5%。湾区内以苹果、谷歌、IBM、英特尔等为代表的高科技公司，成为引领世界科技和经济发展潮流的先锋力量。该时期，政府的作用主要体现在营造良好的制度环境促进企业发展。对硅谷成长影响较大的制度包括创业、税收、移民、金融、反垄断等方面的法律和政策措施，以及各类支持技术创新的计划和法案。美国政府先后在 1982 年和 1992 年制定并实施了《小企业技术创新发展法》和《加强小企业研究与发展法》，有效强化了硅谷的高科技公司与大学等科研机构之间的创新合作。《小企业投资法》《小企业研究计划》以及知识产权保护政策、对外贸易政策等都有力地支持了风险投资的发展。

2.4　世界三大湾区经济基本情况

湾区是当今国际经济版图中的突出亮点。世界银行的数据显示，全球 60%的经济总量集中在入海口，世界上 75%的大城市、70%的工业资本和人口集中在距离海岸线 100 千米的海岸地区。纽约湾区、旧金山湾区和东京湾区等世界一流湾区的发展历程十分具有借鉴意义，其拥有高度开放的现代经济结构，能在全球范围内高端高效配置资源。

2.4.1　纽约湾区

鉴于目前还没有人探讨过纽约湾区经济的范围，本节先从纽约都市区开始介绍。美国行政管理和预算局采用两种都市区定义，一是都市区统计区（MSA），二是联合统计区（CSA）。根据 MSA，纽约都市区包括纽约州 12 县（区/郡）（其中 5 个行政区、长岛 2 个县及哈德逊谷 5 个县）、新泽西中部和北部 12 县（区/郡）以及宾夕法尼亚州东北部 1 个县。根据 CSA，纽约都市区在上述 25 县（区/郡）的基础上，把纽约周边地区与纽约都市核心区经济联系密切的若干个州的 10 个县纳入纽约都市区。根据 MSA，纽约 25 县（区/郡）又分为四个次都市区（见图 2-3）：①纽约州-泽西市-白原市，是整个纽约都市区的核心；②纳苏县-苏福克郡；③达奇斯县-普特南县；④新泽西州纽瓦克-宾夕法尼亚都市区。从纽约都市区的夜景图（见图 2-4）可以大致看出，纽约州-泽西市-白原市都市区属于经济密集的区域，围绕纽约湾，依靠纽约湾、长岛湾特殊的地理位置发展水上贸易。该都市区可视为纽约湾区经济之核心区，其余三个次都市区可视为纽约湾区经济的内圈、中间圈和外圈。

纽约湾包括了上纽约湾和下纽约湾。独特的地理条件奠定了纽约港作为全球重要交通枢纽的地位，为纽约湾区城市带来大批的财富。不仅如此，历史上纽约港还源源不断地吸引了大批移民，正是这批移民塑造了纽约港区独有的创业文化。工业革命以前，纽约湾区就是北美最早发展起来的港口城市之一，集聚了大量商业和手工业。工业革命后，纽约湾区工业也得到了快速发展，逐渐形成了服装、印刷、化妆品等具有特色的产业集群，产业不断对外延伸，使湾区空间不断扩大。20 世纪 50 年代以来，随着交通和信息技术的革命，纽约湾区产业结构不断升级换代，湾区经济空间加速扩大，湾区内部的分工也越来越明确，作为湾区首位

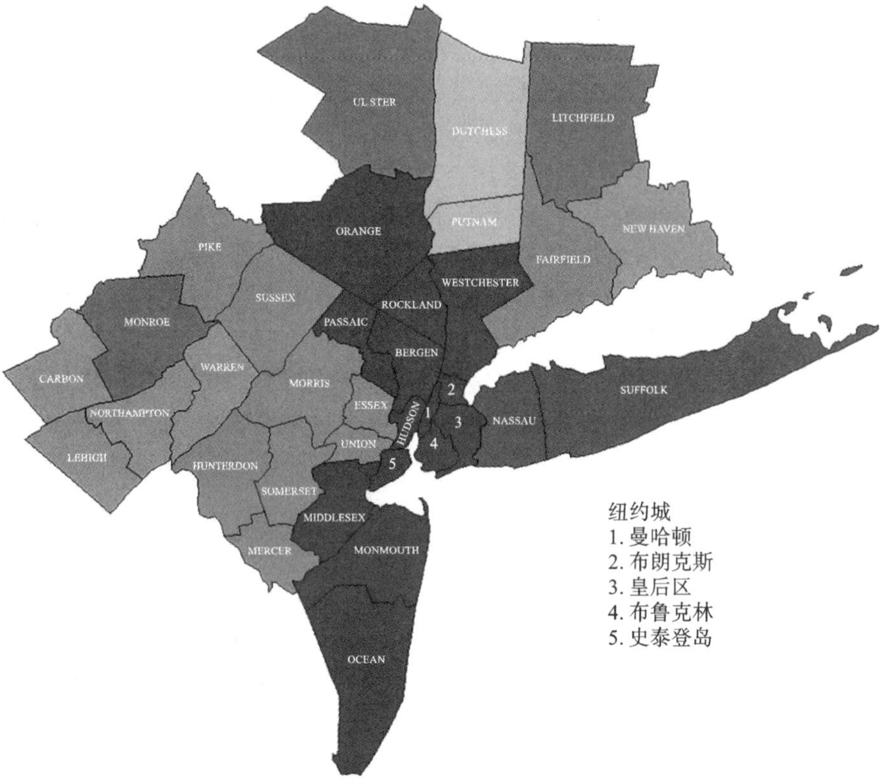

图 2-3　纽约都市区的层次

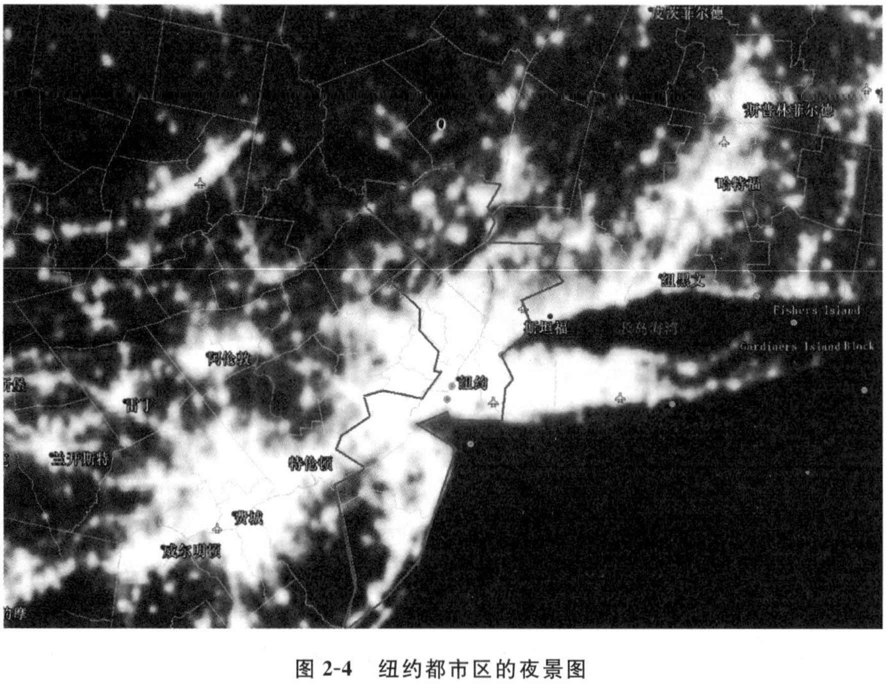

图 2-4　纽约都市区的夜景图

城市的纽约市，逐渐发展成为集金融、贸易、旅游、科技和文化于一身的国际大都市。MSA的纽约都市区的统计数据可以反映纽约湾区经济的地位。近几十年来，该港口对纽约经济的作用逐渐减小，但纽约已经进入自组织发展阶段，依然保持着良好的发展趋势。

2.4.2 旧金山湾区

旧金山湾区位于美国西海岸的北加州，由位于环旧金山湾周边的 9 个县组成：位于北部湾的纳帕、索诺玛、马林和索拉诺县；位于东湾的康特拉科斯塔和阿拉米达县；位于西湾的旧金山和圣马刁县；位于南湾的圣克拉拉县。它包括 101 个城镇，拥有 700 万以上的人口，是美国第四大都市区，拥有旧金山、奥克兰和圣何塞三个独特的中心城市以及以高科技产业著称的硅谷，其中圣何塞是湾区里人口最多的城市，也是硅谷的中心地带，而旧金山是旧金山湾区长久以来的文化、财经和都市中心；位于旧金山湾区南部的硅谷是世界最为知名的电子工业集中地，20 世纪 80 年代后，随着生物、空间、海洋、通讯、能源材料等新兴技术的研究机构在该地区纷纷出现，硅谷客观上成为美国高新技术的摇篮、世界各国高科技聚集区的代名词。

旧金山湾区的人均国内生产总值是美国所有地区中最高的。其产业主要集中于需要高技能的劳动力和与旅游相关的行业部门。旧金山湾区拥有全美受教育程度最高和技术水平最高的劳动力，斯坦福大学和加利福尼亚大学伯克利分校两所一流的研究型大学为旧金山湾区输送大量优秀人才。该地区还是全球技术的最前沿，许多关键指标都是行业的领先者。它也是全球创新中心、世界上风险资本密集的地区、全美人均专利授权量最高的大都市区、全美国家实验室和企业研究实验室最集中的地区等。旧金山湾区具有高度外向型特征，2011 年湾区出口额为 520 亿美元，占加利福尼亚州总出口额的 30%，是美国的第四大出口地区。该地区的商品由技术主导，包括计算机和电子设备、运输设备、机械、杂项制成品和化学品等。值得一提的是，硅谷创新 IT 产业的集聚有以下三种作用机制。

1. 产学互动机制

产学互动机制建立了一个可以连接学术界和产业界的网络。在这个网络内学习机理、互动机理、扩散机理等可以更好地发挥作用。这种产学互动机制给学术界和产业界搭建了一个桥梁，使学术研究更具有市场价值，使产业需求可以得到更有效和及时的技术支持。随着高校和企业之间合作加深，新技术、新课题会给企业带来新的产品。这些新技术、新课题、新产品可能会通过学习机理、扩散机理传播到其他企业和高校，形成一个良性循环，促进了硅谷的升级。产学互动机制还会加剧硅谷的技术竞争，从而促进学术界和产业界的不断升级，实现创新的螺旋式上升。在产学互动机制的作用下，硅谷的创新集群形成了一个“场”，这个“场”会吸引世界各地的人才、技术、资金等集聚于此，并进行自组织，实现资源的优化配置，有利于高技术领域创业家的产生。在知识经济时代，硅谷特有的促进智力、知识、产业互动和交流的机制对教育和科技发展体制具有很重要的示范作用。

2. 风险投资机制

风险投资的出现大大地推动了硅谷技术的发展，诸如苹果公司、雅虎公司等都是依靠风险投资发展起来的。在硅谷，创业家与投资家之间有着很好的信任关系，这是他们合作的基础。硅谷的风险投资机制为硅谷的发展做出了巨大的贡献，它所承载的这种相互信任的合作关系和捆绑式的联盟关系，使得硅谷的经济和技术创新得以进行良性的循环，是硅谷的创新集群得以发展的必备途径。硅谷规范的风险投资机制改变了硅谷创新的性质。在风险投资家的参与下，很多技术创业者可以克服很多障碍。硅谷的风险投资公司除了会进行资金支持，还可能提供技术联系、管理、组织等多方面的服务。一些风险投资家会组织与创业公司相关的机构和人员一起开展创业工作，这会大大缩短技术创新的周期。

3. 联合企业机制

硅谷高技术创业公司的辅助性的业务（如基础技术的研发、产品的组装、市场销售等）都可以进行独立的经营，这就促进了新企业的出现。新企业与高技术公司组成联合企业机制，这些企业的创立者很多都曾就职于硅谷，具有过硬的技术和丰富的经验，这使得他们可以为高技术公司提供专业的服务，促进了技术、信息、工艺等在硅谷的交流和分享，促进了硅谷产业集群的发展。联合企业机制逐渐发展为硅谷创新集群网络中一个节点，构成了硅谷产业创新框架中的一个基本架构。这些新企业与高技术公司之间建立了互利共生、互相信任的业务合作伙伴关系。它们共同构成了硅谷的产业链。这种正反馈机制不断地促进硅谷的良性发展。

2.4.3 东京湾区

日本东京湾是位于日本本州岛关东平原南端、太平洋海岸著名的深水港湾，因与东京接壤而得名。东京湾深入内陆长有 80 千米，东西宽 20～30 千米，而湾口宽只有 6 千米，其整体形状如袋，属于典型的口窄内宽的海湾。大部分深 30 米左右，久里滨深 100 米左右。多摩、隅田、江户等河注入，河口形成三角洲。沿岸深 10～20 米，填海造陆面积达 1.3 万公顷。环东京湾地区不仅在西侧有首都东京、川崎、横滨，南侧有千叶、船桥等大城市，还分布有君津、市原以及木更津等工业重镇。东京是日本的政治、经济、商业、文化以及金融中心，同时也是日本最大的工业城市、企业总部集中地，以及世界经济的重要管理控制中心；横滨、川崎、千叶则为日本重要的工业城市，其工业以重化工业为主。东京湾区不仅是日本的政治中心，也是经济和产业中心，其经济总量约占日本的三分之一，在海湾东岸和西岸分别分布着京叶和京滨两大著名的临海工业带，这两大临海工业带的工业总产值及人均产值在日本众多临海工业带中均居前列，同时，这两大临海工业带也是日本重要的出口集中区域。东岸的京叶工业带分布了千叶港和木更津港两个大型港口。西岸的京滨工业带分布了东京港、横滨港、横须贺港以及川崎港四个大型港口，其中横滨港是日本最大海港，也是亚洲最大的港口之一，年吞吐量超过 1 亿吨。湾区六大港口形成首尾相连的马蹄形港口群，年吞吐量超过 5 亿吨，并构成了鲜明的职能分工体系。在两大工业带和六大港口的支撑下，东京湾集中分布了日本的主要工业部门，包括石化、机械、钢铁、炼油、造船、电子、汽车等工业，成为日本国内最大的重化工业基地。

发展临港工业是东京湾区经济带崛起的重要原因之一。①临港工业使东京湾能够充分利用国际国内两种资源、两个市场，以沿海地区的大开发、大开放加速融入全球经济大循环。东京湾沿岸把工厂自动化流水生产线和全球航运物流流水线联系在一起，从而造就了一种联通全球的自动化流水线。②东京港口信息网络使现代枢纽港成为综合运输系统的“神经中枢”，确保与临港工厂的对接准确无误。加上海运和陆运卫星定位技术的广泛采用，以及海关和大型生产商销售商的信息系统连接，最大限度地实现全球大物流的格局，形成全球物流一体化。③电子商务和国际商务法规等因素完善了东京湾的全球化大生产的生产方式。

20 世纪 60 年代，东京湾区经济带大规模建设港口、大力发展重化工业，兴建了一批联系密切的钢铁、石油化工、机械制造、汽车、造船等工业基地，为日本最终超过美国成为世界上最大的重化工产品生产国和出口国奠定了基础，推动了日本经济的发展，并增强了综合国力。

依托港口发展高端服务业是东京湾区经济带崛起的另一大特点。都市圈核心城市的发展需要相应的服务性产业，针对这一发展趋势，日本政府营造优良的港口服务业发展环境，积极引导投融资向港口服务业倾斜，鼓励加快东京核心城市的第三产业发展。随着京滨工业区的兴起以及住宅、现代农业的发展，商业服务业也随之在东京都市圈以外的地区发展起来。在东京都市圈第三产业发展过程中，服务业产值呈现出逐渐增加的趋势。都市核心区聚集了金融服务、商贸物流、生活服务、出版印刷等相关商业服务机构，成为都市核心区引领辐射带动效应的重要产业。

同时，发达的交通网络设施是东京湾区经济带快速发展的重要支撑。东京都市圈是城市交通基础设施建设最为发达的地区。东京城市地下轨道交通线有 14 条之多，再加上国铁 JR 的山平线(包括过境铁路，如京滨东北线、中央线、总武线等)和各类轨道交通，东京的城市轨道交通形成了一个十分便捷的交通网络。日本政府十分重视发挥私营资本投资公共交通的积极性。东京及其周边地区的轨道交通网主要由私人投资。日本政府赋予私营铁路公司开发铁道线附近土地的专营权，引导铁路公司开发铁路沿线的房地产。而东京的新型卫星城正是依托于私营铁路，并在随后的房地产开发中得以继续拓展。也正是由于东京重视交通等基础设施建设，政府高度重视网络化体系建设，目前在东京市区之间、与周边城市之间的客运网络体系以轨道交通为主、高速公路为辅，大力推进了区域和周边城市之间的人口流动与都市产业布局调整，同时充分促进各种资源要素的集聚。

2.5　世界三大湾区给粤港澳大湾区的借鉴

2.5.1　较大的经济规模是湾区发挥影响力的基础

地区生产总值和人均生产总值是反映一个地区经济实力最具代表性、最直观的指标。从全国范围来看，广东省地区生产总值长期处于全国首位，经济规模庞大。但是与东京湾区、纽约湾区相比，经济规模仍相对较小。从湾区占全国经济份额来看，粤港澳大湾区明显低于东京湾区。从人均产出来看，纽约湾区、旧金山湾区和东京湾区比较接近，而粤港澳大湾区远远落后。上述指标明确表明：粤港澳大湾区经济规模仍然相对较小，需要继续保持经济快速增长，扩大经济规模。湾区经济发展的事实证明，一定规模的经济体量是发展湾区经济的前提和保障。只有不断扩张区域经济规模、提升区域经济势能，才能充分发挥产业的聚集效应和溢出效应，促进要素的自由流动和高效配置，从而提升经济发展质量和效益。追求规模扩张是为了更好地促进湾区经济的形成和发展，是出发点也是落脚点。

2.5.2　现代服务业是湾区经济持续增长的驱动力

服务业比重是衡量一个地区经济发展水平和阶段的关键指标。纽约湾区、旧金山湾区和东京湾区等发达湾区的服务业比重均在 80%以上，主要集中在房地产业、金融保险业、专业和科技服务业以及批发零售业等高附加值服务业，而制造业比重较小。粤港澳大湾区服务业发展面临多方面的问题。广东省(特别是珠三角地区)正处在工业化中后期,受资源、能源和劳动力成本高等因素的制约,产业结构迫切需要转型和优化升级,更需要香港和澳门现代服务业的支持。内部要素禀赋结构的实质性转变、外部需求疲软以及产业国际转移等形势变化对广东省产业结构调整升级、发展和壮大服务业而言,既是挑战,也是机遇,应发挥市场在资源配置中的决定性作用,开放和激活服务业市场,进一步推动粤港澳服务贸易自由化。

2.5.3 科研机构是促进高科技产业发展的助推器

先进的科研机构有助于提升区域科技创新实力和促进科研成果向高科技产业和产品的转化,从而推动科技创新中心的形成。旧金山湾区的圣何塞市作为传统的农业城市,在工业相对薄弱的基础上一跃成为当今全球科技创新中心,引领全球科技发展潮流,斯坦福大学和斯坦福科技园区被一致认为发挥了巨大作用。湾区内的五个国家级研究实验室(航空航天局艾姆斯(Ames)研究中心、农业部西部地区研究中心、斯坦福直线加速器中心、能源部劳伦斯·利弗莫尔国家实验室、能源部劳伦斯·伯克利国家实验室)通过促进知识向创造性技术和产品转化,推动了科技创新和新经济的持续发展。粤港澳大湾区目前的综合科技实力和创新能力相对较弱。广东具有较强的产业基础和完整的产业体系,但产业结构层次整体较低、科技含量不高,国际市场竞争力较弱。香港拥有一批世界知名的大学和教育研究机构、国际商业网络及经验、健全的知识产权体制,加大与香港在教育、科研领域的合作,是粤港澳大湾区向创新型经济发展的重要途径。

2.5.4 金融与科技的融合是实现高端发展的有效途径

资本与科技是更加重要和稀缺的生产要素,对于经济和产业的促进作用更显著。资本与科技的融合发展将会推动湾区经济向高端发展。作为美国西部金融中心的旧金山市,集聚了全国大量的风险投资资金,有力推动了圣何塞高科技产业的发展。高科技产业的壮大和繁荣反过来吸引来自全国乃至全球更多的风险投资,促进风投资金的规模不断扩大。金融和科技的完美结合,不断推动旧金山湾区经济向更高层次更高能级迈进,成为影响全球经济发展的重要力量。粤港澳大湾区内部在金融领域存在明显的制度差异和市场分割,香港发达的金融市场和丰富的金融资源对广东产业发展和转型的作用仍然相对有限。只有继续推进湾区内部的制度创新和合作方式创新,加强产业之间的整合与融合,才能充分发挥湾区金融市场对科技产业的促进作用,促进湾区经济转型升级。

2.5.5 中小型科技企业是科技创新的主力军

中小型科技企业在开发利用高新技术成果方面表现得更为积极主动。作为全球科技创新中心的旧金山湾区,见证了一批中小型科技企业成长为微软、苹果、惠普、思科、英特尔、谷歌、雅虎等全球一流科技企业的历程。在旧金山湾区,中小型科技企业成为科技创新的重要动力和提供就业机会的重要来源。香港与澳门的经济发展以服务业为主,中小型科技企业发展的产业环境较为薄弱。而在广东地区,金融市场以间接融资为主,资本市场发育不足,导致中小型科技企业无法充分发挥创新力和灵活性。为了提升湾区的整体科技创新实力,必须要充分发挥中小型科技企业在科技创新领域的优势和功能,而这在很大程度上依赖于多元化的金融市场结构和政府制度建设。

2.6　湾区经济的形成机理

通过对湾区经济的理论分析及纽约湾区经济、旧金山湾区经济和东京湾区经济等世界著名湾区的研究，可以将湾区经济的形成机理概括如下。

2.6.1　优越的地理条件是湾区经济形成的基础条件

湾区应具备以下基础：①湾区的自然条件应该适合建港口；②湾区面积足够大，以容纳多个港口城市的共同发展；③水域宽度不能太大，以便于建设大桥；④有广阔的发展腹地的支撑；⑤靠近大市场。

纽约湾区就是一个典型的湾区。①港阔水深，终年不冻。②以伊利运河连接五大湖区，在位置上与欧洲接近，是美国东岸的中心。③周边地区土地肥沃，早期人口相对密集，具有广阔的发展腹地。④海岸线长达 966 千米，孕育了多个港区。目前纽约湾区共有 16 个主要港区，纽约市一侧 10 个，新泽西州一侧 6 个。⑤湾区水域宽度适当，已有多座大桥把两岸城市紧密地联系在一起。正是这些因素，使其成为美国最重要的产品集散地，因此也奠定了其作为全球重要航运交通枢纽及欧美交通中心的地位。

2.6.2　产业的集聚扩散是湾区经济形成的根本动力

湾区经济是湾区城市发展到一定阶段的产物。随着湾区城市产业的集聚和扩散，城市边缘不断对外扩张，城市之间的分工合作也越来越深入，最终走向一体化的湾区经济。不管是现代服务业已占绝对主导地位的纽约湾区，还是高新技术产业发达的东京湾区经济或旧金山湾区经济，其发展无不经历了工业的持续扩张阶段。纽约湾区作为较早发展起来的美国都市区，自工业革命以后工业就迅速扩张，推动了湾区空间的扩大和湾区城市的分工与合作。旧金山湾区虽然发展比较早，但由于地域较小，经济总量不大。旧金山湾区经济在 20 世纪 50 年代后，随着硅谷高新技术群的快速发展已逐渐形成。

2.6.3　强大的核心城市是湾区经济形成的重要牵引力

虽然湾区经济是多核都市圈，但不等于说每个城市的作用都是一样的。东京处于优越的深水港湾的地理位置，在充分利用全球资源和拓展国际市场方面具有极大的比较优势，在其发展的过程中具有明显的极化效应。第二次世界大战后，大规模的制造业开始向东京集聚，产业结构逐步从轻工业向资本密集型制造业转变。受 20 世纪 70 年代石油危机以及环境污染等问题的影响，东京的产业结构逐步向知识密集型产业转变。20 世纪 80 年代以后，在日本经济国际化和服务化的推动下，大量的金融机构和企业向东京集中，并带动了人口、资金和产业向东京聚集，而泡沫经济则加速了上述过程，使东京快速成为世界金融中心、世界经济的重要管理控制中心。

随着东京地位的凸显，东京对大企业总部以及外资企业的吸引力进一步强化。据统计，东京集中了日本约一半的上市企业总部，外资企业有四分之三集中于东京。作为东京湾区乃至日本的中心城市，其城市地位主要体现在以下几个方面。①制造业技术中心。东京产业结构虽然是以第三产业为主，制造业总体规模在缩小，但东京集聚了大量的高新技术企业，同时也是日本先进基础技术的集聚地，为东京湾区以至整个日本的技术创新提供了有力支撑。②信息通信产业中心。东京是日本最大的信息通信产业集聚中心。③商品流通中心。东京的批发、零售业非常发达，批发业和零售业的年销售额分别占日本的40%和10%以上。④金融中心。东京集聚了大量金融机构的总部，包括银行、保险公司以及证券公司，同时，海外金融机构也集中在东京。大量金融机构在东京聚集，推动了东京金融业的繁荣，东京共有1万多家金融机构，金融业产值占日本金融业产值的40%。

东京在集聚效应的带动下，成功实现了产业结构从制造业向服务业的升级，同时也通过扩散效应带动了东京湾区域的发展。一方面，东京在转向发展服务经济，特别是高端服务业的过程中，制造业以及商业、房地产服务业持续依次呈圈层式向周边扩散转移，带动了东京周边地区的制造业和服务业的发展，成为吸引东京产业转移的主要地区。另一方面，为了防止东京都市区资源过度集中，日本政府通过多次一体化规划，特别是"首都圈基本整备计划"，提出建设"分散型网络构造"的目标，使得东京对周边地区特别是东京湾区的城市职能与产业布局产生显著的外溢效应。比如，东京湾区的千叶市成为东京的业务核心城市，使得东京成田机场设在千叶县，而千叶幕张的国际会议城成为日本全国进行国际交流和商品展示的场所。总体而言，东京湾区各个城市正是在东京的职能与产业转移过程中，寻求与东京经济错位发展的产业结构道路，不断提升整个湾区经济的竞争力。

2.6.4 完善的创新体系是湾区经济持续发展的引擎

湾区经济是港口城市的一体化经济。在港口城市发展之初，港口是城市发展的主要动力，但是，随着城市的持续发展，港口的作用趋于下降，港口城市持续发展的动力就要转换。只有实现从要素推动向创新推动的转变，城市发展的自组织才能得到持续，否则将陷入高雄式的衰退局面。旧金山湾区能成为全球创新中心和高科产业区离不开其所构建的区域创新体系。区域创新体系通常包括创新资源、创新主体、创新环境和创新服务四大因素，而这四大因素在旧金山湾区都有非常好的体现，并形成一个有机整体。从创新资源来看，旧金山湾区拥有全美受教育程度最高和技术水平最高的劳动力，同时，旧金山湾区还是全球风险投资最密集的地区，为创新型企业提供了充裕的资金来源。从创新主体来看，旧金山湾区是一个世界级的研究区，拥有伯克利大学、斯坦福大学、旧金山加州大学等知名学府，是全美国家实验室和企业研究实验室最集中的地区。从创新环境来看，旧金山湾区具有鼓励创新、宽容失败的创新文化氛围，具备良好的地理条件和生活环境，有利于旧金山湾区吸引和留住人才，形成一个多元化高素质人才和劳动力群体。从创新服务来看，湾区形成了配套的法律服务、风险基金、咨询服务、广告宣传、租赁承包等支持服务体系。

2.6.5 高效的交通体系是湾区经济形成的重要支撑

高效的交通体系是湾区城市高度一体化的基础。自19世纪中期以后，旧金山湾区就开始不断加强交通网络建设，加强内部的交通联系。19世纪50年代旧金山与奥克兰两个中心城市之间就建立起了轮渡；19世纪60年代主要城市之间又都开通了铁路。20世纪初期，湾区建设了圣马刁大桥、海湾大桥、邓巴顿大桥，极大方便了东湾、西湾以及南湾各城市之间的交通联系。此后，旧金山、奥克兰和圣何塞三个中心城市先后建设了机场。高速公路网的扩张使湾区内部联系更加紧密。发达的公共交通网络(包括湾区捷运系统、半岛通勤列车、城际轨道交通等)对于加强湾区内部城市之间以及湾区与湾区以外地区的联系起到重要作用。

2.6.6　合理的分工协作是湾区经济形成的决定因素

合理的分工协作是避免城市间无序竞争、提升湾区经济竞争优势的关键,也是湾区经济形成的标志。发展成熟的湾区经济,无不有着合理的分工协作体系。例如,东京湾区内分布有东京港、横滨港、横须贺港、川崎港、千叶港、木更津港六个世界级的港口,为避免港口之间出现恶意竞争,日本政府积极参与对各个港口的主要职能统筹规划,促进港口分工与合作,形成分工不同、有机结合、协同发展的港口群。东京作为日本的经济与政治中心,主要集中了政府行政机构、教育文化住宿餐饮等服务行业;横滨市集聚了企业总部和众多尖端产业;川崎市、千叶市以及木更津市虽然都发展重工业,但职能重点有所不同,川崎市重点在于生产制造和研发等,千叶市逐步形成了以国际商务为主的职能,而木更津市则逐步加强商务与研发职能。因此,东京湾区各城市虽然产业、功能比较单一,但是作为一个区域整体,各地区形成了分工协作、紧密联系、产业互补性强的发展格局,其显示出的整体竞争力远远大于单个城市竞争力的叠加。东京湾区港口群主要港口职能分工如表 2-1 所示。

表 2-1　东京湾区港口群主要港口职能分工

港口名称	基础特色	职能
东京港	较新港口,依托东京,是日本最大的经济中心、金融中心、交通中心	输入型港口,商品进出口港,内贸港口,集装箱港口
横滨港	历史上的重要国际贸易港,京滨工业区的重要组成部分,以重化工业、机械为主	国际贸易港,工业品输出港,集装箱货物集散港
千叶港	新兴港口,京叶工业区的重要组成部分,日本的重化工业基地	能源输入港,工业港
川崎港	与东京港和横滨港首尾相连,多为企业专用码头,深水泊位少	原料进口与成品输出港
木更津港	以服务境内的君津钢铁厂为主,旅游资源丰富	地方商港和旅游港
横须贺港	主要为军事港口,少部分服务当地企业	军港兼贸易港

2.6.7　宜人的居住环境是湾区经济形成的重要原因

湾区由于环绕大面积水域,温差小,自然环境也较好,更适合居住。为了充分利用湾区独特的自然环境,纽约湾区、旧金山湾区和东京湾区都相当重视水体和岸线的规划建设,将其打造成旅游、休闲、娱乐的理想地。

绿色的生态环境、完善的配套设施和深厚的文化内涵造就了湾区的宜居环境。①湾区生态环境优美。东京湾区的突出特色是注重生态和可持续发展,营造了国际一流的海湾生态圈。②配套设施满足高端人才需求。图书馆、艺术中心、运动中心、酒店等完善的配套设施打造完美的居住生态圈。美国洛杉矶临湾地带拥有完善的生活配套设施,是好莱坞明星和洛杉矶富豪争相选择之地。③深厚的文化内涵。例如旧金山湾区建筑设计、建筑风格、建设品质和居住文化等方面都引领世界的潮流。

2.6.8 完善的协调机制是湾区经济形成的重要保障

湾区经济之所以特殊，就在于湾区港口城市独特的联系方式和紧密的经济联系。但是，湾区经济一般涉及多个行政区，不管是产业的分工合作、城市基础设施的衔接、生态环境的保护，都需要跨区域的协调，这就对区域的协调合作机制提出了要求。例如，旧金山湾区是由9个县、众多的大小城市组成的大都市区，为协调湾区内各城市之间的矛盾，推动湾区协同发展，旧金山建立了合适的区域治理机制。如建立旧金山湾区政府协会（一种获得联邦和州政府支持的半官方性质的、松散型的地方政府自愿联合组成的区域发展委员会），该委员会在自愿参加、平等互利、统一行动的基础上制定统一的规划，研究和实施重大事项，其职能任务主要就是加强区域内各地方政府之间的合作与协调。此外，湾区还建立了大都市交通委员会、海湾区保护和开发委员会以及区域水资源质量控制委员会等，负责专项区域的建设和管理，大幅提高了湾区建设和管理的效率。

第3章　粤港澳大湾区动能转换的必要性与重要性

3.1　粤港澳大湾区具有注入发展新动能的共同需求

3.1.1　由市场推动的经济合作潜能已经释放，需要新制度红利予以推进

广东珠三角一直是中国改革开放的前沿地区和先行先试的试验田，也是中国改革开放以来最早的经济引擎。近年来，珠三角与港澳经济联系不断深化，从要素互补推动的“前店后厂”式合作，过渡到逐步趋向融合的互动竞合关系。粤港澳大湾区城市各具特色，社会经济形态多元，既有很强的互补性，也存在很大的差异。

大湾区包括港澳及珠三角9个城市：香港、澳门特别行政区；深圳、珠海经济特区；南沙、前海蛇口和横琴3个自由贸易试验区，还有多个制造业发达的珠三角城市。其中，香港、广州、深圳都是超级大都市，呈现多极状态。深化合作，需要政府层面发力，一是进一步提升内地服务业开放的深度；二是更好地配置区内资源；三是共同规划未来，引领发展方向。由于大湾区涉及不同的政治经济及行政区跨境合作，需要形成共识并签署协议（CEPA及其补充协议、合作框架协议）来开展合作，形成各城市间的协调机制。

3.1.2　粤港澳传统产业合作的互补性有所下降，经济竞合中挑战在不断扩大

目前粤港澳合作面临转型压力，亟待升级，迫切需要加大行政协调力度。后危机时代，香港经济增长乏力，产业结构进一步金融化和虚拟化，缺乏新经济增长点，对引领粤港澳深化合作带来影响。一方面，粤港之间传统产业合作的互补性有所下降。香港实体经济进一步萎缩，制造业产值占本地GDP不足2%；服务产业出现同质化趋向，竞争成分加大，香港服务业与珠三角腹地间的联系逐渐下降与分离，香港服务业优势得不到进一步发挥。另一方面，香港在广东产业升级过程中，难以有效引领，加大分离趋势。广东受资源、能源和劳动力成本的制约，产业结构迫切需要转型升级，需要发展先进制造业和现代服务业。香港因缺乏相关产业发展经验和直接资源，较难参与其中。香港服务业与广东制造业合作模式仍处于不断探索中，粤港澳继“前店后厂”式的以资源要素对接为主的合作模式后，如何在竞合中实现产业链中高端的新合作、如何合作共创国际竞争新优势，需要区域层面的共同谋划与协调。

3.1.3 粤港澳合作机制功能的局限性制约区域进一步有效整合

粤港澳区域的"两制"差异，形成跨境区域合作的屏障和阻隔。相对于内地京津冀、长三角区域发展，粤港澳三地分属三个独立关税区，行政模式、政策手段难以衔接；实行不同的制度和法律法规，在信息、边检和市场等管理上存在差异。从跨境府际治理层面看，粤港澳三方属于平行主体，政府事权有限，粤港澳合作的具体政策需要国家有关部门的授权，在原有合作机制框架内难以有效发挥协调功能。例如，服务业合作涉及营商环境和法律制度方面的建设，尤其是在推进粤港澳服务贸易自由化过程中，合作事项涉及 CEPA 框架下内地与港澳作为独立关税区的政策协调，很多事权都属于中央有关部门，三方自主协商范围较小。若要将粤港澳进一步融合成大湾区经济圈和生活圈，跨境府际协同治理难度较其他国际湾区或国内城市群更大。"一国两制"下粤港澳三地合作开始进入深水区。

粤港澳大湾区发展，需要在市场规律下发挥城市各自优势，寻求合作与共赢。但同时由于区域协调上的不畅，粤港澳在某种程度上又较难摆脱各自打算、各谋发展的单打独斗的格局。大湾区内拥有三大核心城市（香港、广州和深圳），后两者经过多年快速发展，在经济总量上已可与香港并驾齐驱。政府如何在市场规律下的跨境整合中发挥适宜的引领和推动作用，如何协调好多中心区域内的合理分工与定位，需要构建新的协调机制，需要有中央层面的参与和主导。近期国家发展《大湾区框架协议》提出要完善协调机制，编制《粤港澳大湾区城市群发展规划》，并推进规划落地实施；商定每年定期召开磋商会议，协调解决大湾区发展中的重大问题和合作事项；每年提出推进粤港澳大湾区建设年度重点工作，意见达成一致后，共同推动落实。

3.1.4 港澳发展中的诸多深层次问题需要通过区域"深度合作"来解决

香港增长动能与其在国际化分工中的功能地位密切关联。回归后香港经济发展中面临诸多问题和挑战，包括经济增长动力趋缓、结构趋窄，部分传统优势因经济活动离岸化而逐步趋于下降、因内地全方位开放而有所替代等，这些都与全球经济发展变化和中国崛起的大背景密切相关。而香港所处的发展阶段、经济结构、固有的发展方式与经济管理理念等，则决定着香港应变调整能力和把握机遇的状况。香港正处于与国际、国家及区域多重融合过程中，香港未来发展动能的构建，关键环节是要强化在国际分工中的节点功能与优势地位，其中香港融入全球和融入国家这两个方向是相辅相成的。国家主席习近平指出，国家将支持香港在推进"一带一路"建设、粤港澳大湾区建设、人民币国际化等重大发展战略中发挥优势与作用，为香港"谋划未来"指出了方向。广东省也将粤港澳大湾区建设列入工作重点，今后将把粤港澳合作重点拓展到共同走向世界、开拓国际市场上，携手港澳共同建设粤港澳大湾区，畅通三地人流、物流、资金流和信息流，发展具有全球影响力和竞争力的湾区经济。随着基础设施互联互通的推进与合作理念的创新，在建设大湾区的过程中，香港可以与广州、深圳等核心城市形成功能互补、资源整合的错位发展局面，并把各项专长和特色发挥到极致；以金融中心的优势，积极争取区域经济发展主导地位，在带动区域经济发展中不断壮大自己，为香港带来一个新的繁荣期；通过共建更多国际合作平台，将香港的国际化优势与广东的制造业优势充分结合起来，一起迈向国际分工体系高端。港珠澳大桥的开通会产生强大的经济效应，有助于打造大湾区“1 小时生活圈”。

3.2　必要性

3.2.1　粤港澳大湾区是全球经济发展的高地和引领地区发展的引擎

地理大发现开辟了世界贸易的通路，也将沿海湾区推向全球城市经济的舞台。伴随全球城市化的空间拓展和纵深发展，以城市群为主要形态的湾区更是成为全球经济的高地和引领一国经济发展的引擎。沿海口岸地带因其便利的交通运输条件在资源和市场全球互动中获得了优势。当前，全球 60％的经济总量集中在入海口，75％的大城市、70％的工业资本和人口集中在距海岸 100 千米的海岸带地区。美国东北部大西洋沿岸城市群、北美五大湖城市群、日本太平洋沿岸城市群、英国伦敦-利物浦城市群、欧洲西北部城市群都位于湾区或靠近湾区。伦敦、纽约、巴黎和东京四大全球城市也依托这些城市群和湾区对全球事务施展影响。国际一流湾区（如纽约湾区、旧金山湾区、东京湾区）不仅具有高效的资源配置能力、强大的集聚外溢功能、高度开放的经济结构以及发达的国际交往网络，还通过以城市群为核心的空间组织形态促进区域一体化发展，不断发挥着引领创新、集聚辐射的核心功能，成为带动世界经济发展的重要增长极和引领技术变革的领头羊。纽约、东京凭借其在全球城市网络中的组织节点地位，维持对全球政治、经济、文化的影响力。

粤港澳大湾区已经孕育了中国最具活力的大珠江三角洲城市群，拥有全球第三大金融中心地位的国际大都市香港和中国创新之城深圳，具有成为国际一流湾区的区位优势和良好基础。因此，打造粤港澳大湾区是顺应全球经济发展趋向、加速引领国家和地区发展的重要战略决策。

3.2.2　粤港澳大湾区是国家“一带一路”倡议和南海战略的迫切需要

粤港澳大湾区作为海上丝绸之路的战略要冲和经略南海的重要战略支撑，其战略价值已经显化。2015 年 3 月 28 日，国家发改委、外交部、商务部联合发布了《推动共建丝绸之路经济带和 21 世纪海上丝绸之路的愿景与行动》（简称“一带一路”），其中明确提出要“充分发挥深圳前海、广州南沙、珠海横琴、福建平潭等开放合作区作用，深化与港澳台合作，打造粤港澳大湾区”。该战略实质上赋予了粤港澳大湾区“海上丝绸之路建设主力军”的重要职能。粤港澳大湾区因其特殊的历史、地理、经贸、人文优势，在建设 21 世纪海上丝绸之路的进程中，将发挥重要引擎作用。①粤港澳大湾区地处海上丝绸之路战略要冲，与东南亚、非洲和拉美国家具有悠久的商贸交流传统，2014 年，粤港澳大湾区与东南亚国家双边贸易额占中国与东南亚贸易总额的 25％。②粤港澳大湾区拥有世界级海港群和机场群，对外联系十分密切，特别是港澳地区是国际贸易与全球金融中心。珠三角作为全球重要的制造业基地之一，承担着我国与亚非拉新兴经济体经贸合作最重要载体的功能。③粤港澳大湾区海外华侨数量众多，与海上丝绸之路沿线国家民间交往频繁。其中东盟、南亚等国家的粤籍华侨占华侨总人数的50%以上，是建设海上丝绸之路的重要人文资源。随着“一带一路”建设的推进，我国与沿线国家的外交、经贸、文化等各方面的往来会不断加强；粤港澳大湾区在新时期必须发挥应有作用。

粤港澳大湾区是我国距离南海最近的经济发展区域。打造粤港澳大湾区也是落实国家海洋强国战略、经略南海的重要平台。党的十八大报告明确指出：“提高海洋资源开发能力，发展海洋经济，保护海洋生态环境，坚决维护海洋国家权益，建设海洋强国。”南海地区是未来国家实施海洋强国战略的重心之一。南海油气资源、渔业资源均十分丰富，是海上丝绸之路的主航道，也是国家核心利益所在。南海局势的复杂性，注定了不稳定因素将持续存在，通过经济开发从而实现对南海领土主权的保护，是维护领土安全的战略性决策。粤港澳大湾区直接辐射南海区域，目前海洋经济总规模超过1万亿元，连续多年位居全国首位。粤港澳大湾区还拥有国际一流的海洋产业，是我国三大海洋工程装备制造业聚集区之一，也是国家海洋科研、海洋经济的重要平台，是实施海洋强国战略、经略南海的重要支撑。通过实施粤港澳大湾区经济战略，可以有效服务国家战略，加快南海地区海洋资源的开发和利用，为进一步巩固海防、守卫海疆提供重要保障。

3.2.3 粤港澳大湾区是新常态下国家实现“双中高”目标的新动能

我国进入经济发展新常态，经济韧性好、潜力足、回旋空间大，为今后经济持续健康发展提供了有利条件。中国将给处于缓慢且脆弱复苏中的全球经济注入持久动力。粤港澳大湾区以香港-珠三角的地域分工模式为起点进入全球经济版图，作为中国经济“旧常态”的引领者，最先实现地域空间合作关系的转变和新常态下的转型。因此，打造粤港澳大湾区，进一步重塑区域经济空间组织关系是在经济增长放缓、注重转型升级的新常态下，实现经济增长中高速、产业结构中高端目标的新动能。

珠江三角洲地区作为我国改革开放的前沿阵地，依靠毗邻港澳的独特地理位置，发挥其信息优势和侨乡众多的人文优势，以较低的土地价格和充足的廉价劳动力吸引了大量外资的直接进入，大力发展外向型经济，在过去30多年来创造了经济发展的奇迹，长期保持快速增长，成为我国经济发展的动力源和进入全球经济版图的重要节点。2008年金融危机以来，广东省利用内外合力率先推动产业结构调整和升级，从地域空间上重新谋篇布局，通过实施“双转移”政策促进粤东西北地区跨越式发展；珠三角核心区则利用腾出的发展空间，大力发展战略性新兴产业、高新技术产业和现代服务业，大力推动自主创新，正逐步实现从要素驱动向创新驱动的转变。2014年底，区内面积为116平方千米的中国（广东）自由贸易区获批，将进一步整合国际国内高端资源，推动其向自贸区内集中，并进一步充分发挥港澳的国际地位和优势，促进粤港澳协同发展，从而带动粤港澳大湾区及更大范围内经济增长和产业转型升级。

3.2.4 粤港澳大湾区是打造华南经济圈的核心支撑

国家新一轮的区域发展战略中，“一带一路”建设、京津冀协同发展、长江经济带发展已经成为国家层面的“三大战略”，也使华北和华中地区进入国家重大战略层面。然而，华南经济圈在国家重大区域战略层面仍是空白。

改革开放以来，华南地区作为改革开放的前沿地区一直引领着我国经济社会的发展。目前，北方的京津冀一体化战略和中部的长江经济带发展战略已成为国家战略，而珠江三角洲地区的整体发展规划也进入国家发展战略层面。在“一带一路”战略规划背景下，粤港澳大湾区的发展不仅不能掉队，还应继续发挥引领和带动作用。打造粤港澳大湾区，形成以大湾区为核心（一核）、以北部湾区域为西翼、以海西经济区为东翼（两翼）、以湖南、江西等省为腹地（广腹地）的华南经济圈，不仅从区域上弥补国家战略的空白，同时将形成国家区域经济发展的新格局。这三大格局的形成，不仅充分发挥了目前三大经济中心的优势，同时实现了南北呼应、东西联动，将在更大范围内整合资源，促进资源要素的高效流动，加快推进产业转型升级，缩小区域发展差距，推动新型城镇化建设，提升国家整体竞争力，为打造中国经济升级版提供强大动力。

3.2.5　建立粤港澳大湾区是维持港澳地区繁荣稳定的重要选择

坚定不移维护港澳地区长期繁荣稳定，是中央对港澳地区的基本方针政策。中国改革开放的历程与港澳地区日趋繁荣的历程相互交融。打造粤港澳大湾区，促进港澳地区与内地更紧密的全领域合作。

从区域发展的态势上看，粤港澳大湾区不仅是粤港澳深化合作的新载体，更是我国全面深化改革开放的试点地区。发展粤港澳大湾区经济，不仅有利于推动粤港澳三地深入合作，更是贯彻“一国两制”方针、维持港澳长期繁荣稳定的重要选择。实际上，国家早已从整体发展的战略高度出发，明确“深化粤港澳合作是建设中华民族共同家园的一项重要内容”，将粤港澳合作从区域战略上升为国家战略，赋予粤港澳“共同打造更具综合竞争力世界级城市群”的发展定位，彰显这一区域在国家整体发展中举足轻重的战略地位。目前，大珠江三角洲地区已成为世界最具活力的城市群之一。但是，随着粤港澳合作逐步深化，粤港澳之间的差异成为粤港澳合作面临的巨大挑战。不同的商业理念和商业诚信、文化和思维方式、政府和行政行为、经济和社会管理体制、经济和社会法律体系，构成了粤港澳在商业环境、行政制度、经济政策和法律制度方面的差异，部分领域如高端服务业、教育、医疗行业等，合作进程缓慢。在全球化进程加快的背景下，亟须深化区域合作。打造粤港澳大湾区就是突出开放创新、协调互动和互利共赢，这为粤港澳合作提供了新的理念、新的机制、新的模式，同时也注入了新的活力和动力。粤港澳大湾区的规划建设，对于全面推动珠三角转型发展、促进港澳地区长期繁荣稳定、构建我国开放型经济新格局发挥着更大作用。

3.2.6　建立粤港澳大湾区是共谋区域一体化绩效的战略机遇

伴随经济全球化，区域一体化的合作趋势也不断加强。为了能在全球竞争体系中占据更高的地位，强化区域内的联合以形成更有竞争力的世界级城市群，成为各地区的主动要求。粤港澳大湾区政府和民间已经通过多种正式和非正式合作推进区域协调发展，但受制于有限的合作规格和行政壁垒，尚未形成大范围、深层次的区域共识和合力。打造粤港澳大湾区为加快地区共谋区域一体化绩效提供了更高的合作平台和战略机遇。

城市群是城市化发展到成熟节点的最高空间组织形式。城市群经济本质上是聚集经济效应，只有达到一定的规模才能够形成外部规模经济和范围经济，也只有内部各个城市在市场一体化基础上密切联系和交流才能优化要素配置，发挥城市群的集聚经济优势和竞争力。

现实中,美国三大城市群(大纽约区、五大湖区、大洛杉矶区)的 GDP 占全美国份额的 67%,日本三大城市群(大东京区、阪神区、名古屋区)的 GDP 占全日本份额的 70%以上。从城市群首位城市 GDP 占全国份额来看,纽约、东京 GDP 分别占全国份额的 24%和 26%。然而中国三大城市群(珠三角、长三角、京津环渤海区)GDP 占全国份额只有 38%。假设粤港澳大湾区能够在未来达到世界级城市群的集聚经济规模,其 GDP 总量可以占到全国 20%~30%,排名前三的城市 GDP 可以占到全国的 5%~10%,各城市可以实现大幅的增长,城市群内各城市也将共享劳动力市场的溢出效应和城市群带来的区域竞争优势、品牌优势。

3.3 战略意义

3.3.1 国家践行区域发展战略、提升发展新动能的重要实践

以城市群形式重构区域发展蓝图,是近年来国家区域发展战略的重要形式,是消除行政区划障碍、突破区域进一步融合发展瓶颈的有效方式。当今世界区域竞争一大特征,并非国与国、区域与区域竞争,更多的则是城市群和都市圈的竞争。近年来,国家依托城市群规划、城镇化发展拉动区域经济的工作进一步推进,长三角城市群、京津冀城市群等规划相继完成,2017 年启动粤港澳大湾区城市群等 12 个城市群规划,国家区域经济发展的版图已基本完善,形成 19 个城市群。一方面,随着西部开发、东北振兴、中部崛起、东部率先的区域发展总体战略的深入实施,以及"一带一路"建设、京津冀协同发展、长江经济带发展三大区域战略的全力推进,以重点经济区、城市群等为支撑,以主要发展轴带为骨干,连接东中西、贯通南北方的多中心网络化的区域格局正加快形成,区域发展空间布局逐步优化,区域协作互动性明显增强,对经济持续稳定增长做出良好贡献;但另一方面,区域发展长期存在的一些突出问题并没有得到有效遏制,区域分化和无序开发局面日趋固化,越来越多的跨区域问题成为制约区域发展的关键因素,区域协同治理将成为今后很长一段时期我国区域发展的核心战略任务。因此,新时期我国区域经济发展的重要战略任务,是要打破行政壁垒,协同推进基础设施互联互通、城市建设协调共进、产业体系协同提升、市场要素对接对流、生态环境联防联治等,促进区域深度融合。此外,要做强优势区域的长项,提升优势区域整体实力和竞争力;扶持问题区域的发展,增强其自我发展能力和可持续发展能力;同时实现区域协调互动与对外开放相互促进相互支撑。

珠三角一直是支撑中国经济的核心区域之一,与长三角、京津冀一起,承载着国家区域发展战略的核心功能与引领作用:建设成为世界级城市,提高其对我国参与国际合作与竞争的引领支撑作用;抢占国际竞争的制高点,建设成为增强国家国际竞争力和影响力的引领性区域;建设成为提升国家实力、辐射带动周边发展引领性区域。目前珠三角与港澳已经形成唇齿相依的密切关系,形成了相对合理的分工,城市特色明显。随着港珠澳大桥、广深港高速铁路、莲塘口岸即将相继落成,由香港出发,大概 1.5 小时以内的车程便可抵达大多数大湾区城市,2.5 小时内则几乎可抵达所有大湾区城市。粤港澳大湾区的人口达 6800 多万,经济总量达 1.4 万亿美元,消费市场达 2 万亿元人民币,区内拥有完整的产业体系,包括金融业、专业服务、商业贸易、港口及航运、高新科技、旅游业、工业和农业等。无论是从国家战略层面还是广东自身发展,无论是面向世界竞争还是面向国内城市群竞争,粤港澳三地都有着共同的发展问题,面临着各自的转型需求,具有加强交流、协调、合作的基础条件,需要作为

一个整体来进行规划与引导。

粤港澳大湾区城市群规划突出了双重含义：一是强调湾区经济；二是城市群建设，要以更大的格局来整体设计与谋划。湾区是当今国际经济版图的重要亮点，湾区经济具有开放的经济结构、高效的资源配置能力、强大的集聚效应、发达的国际交往网络，是世界一流城市的显著标志。国际三大湾区包括纽约湾区、旧金山湾区和东京湾区。国际一流湾区有以下多个特点，即经济高速发展、创新资源集聚、生活环境优质、交通设施完善、区域发展功能明确等。而世界一流的城市群，一般具有高度开放、创新引领、宜居乐业以及区域协调等特征，此外还需要有世界级城市，通常都有一个全球创新、金融中心，同时还要有广阔的腹地和大规模的人口集聚。粤港澳大湾区城市群的目标，不仅仅是世界级湾区，也要打造世界一流城市群。从地域范围看，大湾区只是将广东省最具竞争力的核心区域(珠三角 9 市)包含进来，再加上实行“两制”的港澳两个特别行政区，即“大珠三角”范围。就目标内容讲，是要“努力将粤港澳大湾区建设成为更具活力的经济区、宜居宜业宜游的优质生活圈和内地与港澳深度合作的示范区，携手打造国际一流湾区和世界级城市群”。既包括经济发展目标，也包含优质生活圈等社会发展内涵，同时为避免同质化竞争，在合作目标上明确粤港澳各自的总体定位。在区域战略层面，打造粤港澳大湾区世界级城市群的另一层战略价值，是要发挥好高端区域在国家发展中的引领区域功能，提升大湾区在泛珠三角地区发展中的辐射带动作用，并向中南、西南延伸，形成辐射东南亚、南亚的重要经济支撑带。2016 年 3 月，国务院发布的《关于深化泛珠三角区域合作的指导意见(国发〔2016〕18 号)》(简称《意见》)，是将泛珠三角区域合作纳入国家“十三五”规划纲要后的实施意见。《意见》将泛珠三角区域定位为“全国改革开放先行区、全国经济发展重要引擎、‘一带一路’建设重要区域和生态文明建设先行先试区”。《意见》明确提出，泛珠三角区域要“充分发挥广州、深圳在管理创新、科技进步、产业升级、绿色发展等方面的辐射带动和示范作用，与港澳共同打造粤港澳大湾区，建设世界级城市群。构建以粤港澳大湾区为龙头，以珠江—西江经济带为腹地，带动中南、西南地区发展，辐射东南亚、南亚的重要经济支撑带”。而要发挥此功能，首先需要将广东珠三角及港澳地区打造成具有竞争优势的战略高地与优质要素集聚高端平台，加快推动向泛珠三角区域产业梯度转移，从而为增强整个泛珠三角区域的经济辐射能力奠定基础。

3.3.2　国家在经济新常态下创新发展模式的战略选择

大湾区建设应承载国家应对新时期发展挑战的战略功能，率先利用好外部市场和资源，提升中国在全球价值链中的地位，为经济持续增长积累新动能。

1. 中国经济转型迫切需要创新型发展模式，改变“脱实向虚”状况

目前我国处于艰巨的调结构、产业优化升级的攻坚期，面临去产能、去库存、去杠杆的严峻挑战，而去杠杆实际成效主要取决于产业结构调整的突破。中国经济面临多重困难与挑战。

(1)宏观的投资收益下降较快，需要优化增长动能。当前中国经济资本积累到了临界点，边际收益接近于零，显示技术进步尚未转型为主要新动能。中国经济增长模式仍属于数量型增长，主要依靠资本和劳动的投入驱动，而非通过提高技术水平来驱动增长的效率型增长。技术从广义讲，既包括了狭义技术例如互联网、大数据等，也包括了制度创新等因素。未来将更多地依靠创新驱动，实现经济提质增效及提升增长动能。

(2)经济结构出现“脱实向虚”趋势，产业结构统计上出现“转型”但未实际“升级”。国际金融危机之后，我国产业结构变化非常明显。2013年，服务业比重达到45.7%，首次超过第二产业44%；2016年服务业比重超过50%，达到51.6%，成为占比最大的产业。但房价过快上涨、货币超发，综合运营成本上升，实体经济乏力，资产价格抬升过快，形成“脱实向虚”局面，进一步抵消了经济结构调整的实效。一方面，大量资金进入房地产、金融等虚拟经济领域，另一方面，以制造业为代表的实体经济成本升高、利润下降、杠杆率提升，遇到很大困难，这种“脱实向虚”问题表明，实体经济供给与金融供给之间、实体经济供给与房地产供给之间存在着严重的结构性失衡。经济结构“脱实向虚”趋势、虚拟经济自我循环与实体经济脱离问题，直接影响了经济的健康增长和可持续发展。2017年国家经济工作部署中的一个重要任务，是要“大力振兴实体经济、培育壮大经济新动能”。促进生产性服务业与制造业结合，发挥好实体经济在经济转型、产业升级与供给侧结构性改革中的重要作用。制造业发展的未来方向，是制造业信息化和制造业服务化。制造业向服务型制造转型，可以摆脱对资源、能源等要素投入的依赖，减轻对环境的污染，同时能够更好地满足用户需求、增加附加值、提高综合竞争力。

(3)攻克“中等收入陷阱”需要突破“技术陷阱”。“技术陷阱”是“中等收入陷阱”的表现之一，其解决需要靠技术创新和资本市场创新共同发力，既需要在技术上有重大突破，拥有尖端的科研和技术人才，有鼓励人才脱颖而出的机制，还需要同资本市场创新相结合。而大湾区内部的优势整合，正好具备这一条件，有望为国家呈现“中等收入陷阱”的示范效应。

2. 高点突破创新国际化模式，应对全球化挑战

目前，中国产业发展在全球化过程中面临诸多挑战，迫切需要创新国际化模式，利用港澳国际化窗口优势主动对接国际，依托创新驱动发展对标国际一流湾区，做好示范角色。一方面，全球化遭遇欧美重大阻力，中高端制造业向发达国家回流，同时低端产业向周边低成本国家转移；另一方面，产业发展又面临着供给侧成本上升、资源环境约束增强、需求端消费升级等多重挑战，需要通过创新驱动产业转型升级、提质增效，迈向中高端水平，有效破解当前的发展困局。在这个大趋势中，中国需要发展高端制造业、先进制造业，优化区域合作，创新发展模式，构建国际化、开放型区域创新体系。尽管我国产业基本具备迈向中高端的条件，例如拥有比较完整的产业体系，科技人力资源丰富，市场需求规模庞大，政府政策支持框架基本形成，创新驱动发展战略、中国制造2025、“互联网+”行动计划等政策都有力支持了产业迈向中高端，但尚未形成具有全球影响力、与国际接轨的高端科技要素集聚平台，需要打造高度国际化的综合营商环境，提升整个社会的治理水平。而在这个过程中，具有高度国际化优势的港澳特区，可以在大湾区建设中发挥特殊的对外开放平台功能，推动大湾区在国家高水平参与国际合作中发挥示范带头作用。

珠三角区域合作，从原来广东境内珠三角城市群合作，到今天以新理念新思维共同规划粤港澳大湾区城市群，跳出了原有行政区划上的“两制”界限，是推进珠三角区域发展模式上的一个突破。其重要目标是要依照湾区内自然形成的经济基础，根据区域发展的总体目标，开展合理定位与有效合作，在更高层次上参与国际分工与竞争，对标国际先进制造，打造世界一流城市群。《大湾区框架协议》将“开放引领、创新驱动”作为大湾区建设五项合作原则之首，并根据粤港澳区域合作的基础、特色及发展目标，商定七大重点合作领域，具体包括：推进基础设施互联互通，进一步提升市场一体化水平，打造国际科技创新中心，构建协同发展现代产业体系，共建宜居宜业宜游的优质生活圈，培育国际合作新优势，支持重大合作平台建设，力求形成合力，在高点突破，争取在全球产业链中占据有利地位。

3. 对接国家“一带一路”，构建国际化双向平台的重要支点

在全球经济一体化大趋势下，中国同国际社会的互联互动空前紧密，国内国际经济的联动效应渗透到经济发展的各个环节。与此同时，中国经济的比较优势正在发生深刻变化，需要调整经济结构，提高制造业和服务业水平，提升自身在全球价值链中的位置，通过整体方案和顶层设计，加快构建开放型经济新体制，优化对内对外开放布局，着力构建全方位、多层次的对外开放新格局，以开放促改革、促发展、促转型。习近平总书记要求广东发展走在前列，“为全国推进供给侧结构性改革、实施创新驱动发展战略、构建开放型经济新体制提供支撑”。构建开放型经济新体制，重点是要建立和形成市场配置资源新机制、经济运行管理新模式、全方位开放新格局、国际合作竞争的新优势，以国际化眼光来发展经济、完善制度，以全球视野配置资源，涉及国民经济和社会发展各领域，并与生产力布局、空间格局、产业结构、生产方式紧密相关，是探索新模式、新路径、新体制的系统工程。而“一带一路”建设、粤港澳大湾区城市群建设和广东自贸试验区建设，正是广东加快构建开放型经济新体制的三大抓手。粤港澳大湾区将成为中国参与全球竞争、建设世界级城市群的重要载体，重点提升中国在全球价值链中的地位。大湾区可凭借其特殊的历史文化、区位优势背景，以及国际金融、贸易、航运、信息、创新及科技中心等功能，发挥 21 世纪海上丝绸之路的“新支点”功能。粤港澳共同开展国际产能合作和联手“走出去”，深化与“一带一路”沿线国家在基础设施、经贸、金融、生态环保及人文交流领域的合作，携手打造推进“一带一路”建设的重要支撑区。

第 4 章　粤港澳大湾区推进动能转换的 SWOT 分析

4.1　优势

4.1.1　区位优势突出

优越的地理区位是湾区经济形成的基础条件。湾区经济是依托世界级港口(群),发挥其地理和生态环境优势,背靠广阔腹地,沿海湾开放集聚发展,而形成的具有世界影响力的区域经济。

粤港澳大湾区是我国大陆与东南亚、中东以及大洋洲、非洲、欧洲各国海上交通交汇的地区,处于东北亚、东南亚和南亚的中心区域,地处西太平洋-印度洋航线要冲,与马六甲海峡的海上航线距离比环渤海和长三角近 2500 千米和 1500 千米,是我国与海上丝绸之路沿线国家海上往来距离最近的发达区域。区域发展依托的维多利亚海峡港阔水深,风平浪静,自然条件得天独厚,是亚洲第一、世界第三大海港,并有"世界三大天然良港"之美誉。良好的地理条件与区位优势,对于粤港澳大湾区建立广泛区际区内联系,集聚高端要素资源,发展成为全球经济、贸易中心以及交通枢纽地区具有重要意义。

4.1.2　经济基础雄厚

庞大的经济体量是湾区经济发达的决定因素。2019 年,纽约湾区、旧金山湾区、东京湾区经济总量分别达到 1.77 万亿美元、0.76 万亿美元、1.8 万亿美元。如果将它们视为国家,经济总量在全球分别排第 13 位、第 21 位和第 12 位。其中,东京湾区面积不到日本全国 4%,经济总量近乎全国的 41.4%,日本国内年销售额在 100 亿日元以上的大企业有 50%将总部布局在东京湾区内。旧金山湾拥有美国最高的人均 GDP 产出(71624 美元/人),以不到美国 0.3%的土地和不到 3%的人口,创造了美国 3.87%的经济总量。纽约湾区以不到美国 4%的土地和不到 8%的人口创造了美国 9.74%的经济总量。并且,纽约湾区证券市场总市值约占全球 40%(高达 25.46 万亿美元)。世界三大湾区均可归结为高密度、高产出的超级发达地区,已成为国际经济发展的焦点和本国经济的引领地区,在全球经济格局中占据了重要地位。

粤港澳大湾区从经济总量来看,与三大湾区比较,2019 年 GDP 达到 1.68 万亿美元,远超旧金山湾区,是"全球 20 大经济体之一",具备了发达湾区经济的基本体量。粤港澳大湾区以不到全国 0.6%的土地和不到 5%的人口,创造了全国近 13%的经济总量,已经具有大体量、高密度、高产出的特征。特别是港澳作为我国特别行政区,人均 GDP 达 4.83 万美元,达到国际发达地区水平。从产业层面来看,港澳与珠江三角洲地区经过 30 余年相互促进的经济增长与发展,香港国际金融中心的地位不断增强,亚太地区服务中心的角色不断强化,澳门逐渐发展成为国际旅游休闲中心，而珠江三角洲地区则成为全球最重要的制造业基地，号称“世界工厂”，是沿线国家工业制成品的重要供应地。

4.1.3　交通网络发达

便捷的交通体系是湾区经济发展的重要支撑。发达的交通基础设施网络，对于促进沿线地区人口货物等经济要素流动，加快区域对内对外经济联系，带动区域之间分工与协作，形成规模效应与集聚效应，带动区域整体快速发展，具有重要作用。湾区经济依托港湾，在海运作为对外交流与经济联系最主要交通方式的发展阶段，通过港口成为连接本国市场和国际市场的重要节点。随着经济社会发展，逐步打造港、陆、空全方位交通体系。三大湾区无不依托优良港口资源，发展成为全球性区域性的交通枢纽地区。

粤港澳大湾区大力建设交通基础设施，已初步建成一个以广州、香港为枢纽，公路、铁路、水运、港口、航空等多种运输方式相结合，沟通省内外及港澳，便利快捷的交通运输及通信网络。粤港澳大湾区拥有世界级海港群和机场群。11 个港口中，9 个港口属于综合型港口。其中深圳港、香港港和广州港均居世界集装箱港前八强，年集装箱吞吐量超过 7000 万标准箱，是东盟最大港口新加坡港的 2 倍多；深圳港口的国际集装箱航线达 219 条，是国内拥有国际航线最多和东南亚航线最密集的港口。区内机场的密度居全国之首，建有 7 座机场，其中香港国际机场、澳门国际机场、广州新白云机场、深圳宝安机场和珠海机场五大机场均为高等级国际机场。这些机场组成的航空网络遍及全世界 45 个国家和地区，联系包括内地 80 个城市在内的 179 个航站，年旅客吞吐量约 1.4 亿人次，是东盟最大机场印尼雅加达机场的 2 倍多。从高速公路的建设来说，珠三角核心区高速公路里程已超 2000 千米，密度达 7.37 千米每百平方千米，在全球仅次于纽约大都市区。区内在建的“三环八射”城际轨道交通网络，密度将达到 12.2 千米每百平方千米，接近巴黎都市圈和东京都市圈的水平。随着港珠澳大桥建设的稳步推进，深中通道前期工作的启动实施，南沙疏港铁路的开工建设，广州港、珠海港、深圳港深水码头和广州港出海航道拓宽等工程的不断推进，支撑粤港澳大湾区的交通基础设施将得到进一步完善，粤港澳大湾区未来将具有更加发达完备的交通条件，在“一带一路”国家战略规划下，将迎来更大的发展空间。

4.1.4　对外联系紧密

密切的对外联系是湾区经济发展的根本优势。湾区经济靠港而生、依湾而兴，具有天然的开放属性，对外开放与对外联系成为湾区经济发展的先决条件和根本优势。湾区经济依赖国际港口发展而蓬勃，在不断扩大的货物贸易中，港口城市成为对外开放门户，促进了国际贸易、外来投资和港口发展。湾区城市在开放发展中，率先荟萃世界多民族文化，吸引大量外来人口，形成不同于一般内陆地区、开放包容的移民文化。在纽约湾区，外籍居民来自全世界 150 多个国家和地区，约占纽约总人口的 40%，形成了世界不同文化、不同文明相互融合的集合体。

而粤港澳大湾区作为我国改革开放前沿阵地，是国内开放程度最高、对外经济联系最密切的地区。21 世纪海上丝绸之路为粤港澳大湾区发展提供了新的重大机遇，东南亚具有广阔的市场空间和潜力，我国连续多年成为东盟第一大贸易伙伴，2020 年双边贸易额约 1 万亿美元。同时粤港澳大湾区具有侨乡、英语和葡语三大文化纽带，是连接 21 世纪海上丝绸之路沿线国家的重要桥梁，有利于开展公共外交，更好地服务国家发展战略。东盟、南亚等国家的粤籍华侨占华侨总人数的50%以上，是建设海上丝绸之路的重要人文资源。香港和澳门是东西文化荟萃地，在促进中国与英联邦和葡语国家经贸往来中具有重要作用。

4.1.5 市场体系完善

完善的市场经济体系是湾区经济持续发展的保障。粤港澳大湾区涵盖两种制度、连接两个市场，具有与国际接轨的法律体系和市场规则。香港和澳门作为特别行政区，司法独立，具有自由港和独立关税区地位。其中香港已经与67个国家签署民用航空协议、35个国家签署避免双重征税协定、17个国家签署投资保护协定，多年来位居世界银行全球营商环境排名前列，被认为是全球最开放、最具活力、最具竞争力的经济体之一。广东是改革开放先行地，是全国市场化程度最高、市场体系最完备的地区，率先形成了一套与国际接轨的体制机制和营商环境。在"一带一路"战略规划指导下，国务院设立中国（广东）自由贸易试验区，广东自贸区涵盖四片区：广州南沙新区片区（广州南沙自贸区）、深圳前海蛇口片区（深圳前海蛇口自贸区）、珠海横琴新区片区（珠海横琴自贸区）、汕头海湾新区（华侨经济文化合作试验区），总面积152.2平方千米。这些自贸区的设立，必将推动粤港澳大湾区市场经济体系的进一步完善，从而保障区域经济健康持续稳定增长。

4.2 劣势

4.2.1 优质创新资源不足

良好的创新资源是湾区经济持续发展的动力条件。三大湾区都是著名的科学文化资讯中心，其形成与发展都离不开科技的支撑。其中美国旧金山湾区最为典型，湾区内拥有20多个著名大学，包括斯坦福、加州伯克利大学，有航天、能源研究中心等，这些高校和科研院所为高科技产业提供了优质项目和人才资源，可以说这些研究机构的科技成果转化直接催生了硅谷。东京湾区内，东京和横滨市以科研教育事业发达而著称。纽约湾区也拥有高达58所大学。

粤港澳大湾区的高新技术产业群正在崛起，聚集着6个国家级高新园区、2个国家软件园、12个"863"基地、1个国家级大学科技园、30多所有研究生培养资格的高校和科研单位等。但总体来说，优质创新资源仍显不足。粤港澳大湾区想要获得长远繁荣的发展，未来需要着重发展高科技含量的高端服务产业与先进制造业，同时需要就地培养一批高素质人才。虽然港澳地区高等教育资源相对丰富，特别是香港具有一些与国际水平接轨的大学，但是本地对这些教育资源的需求有限，生源不足。作为粤港澳核心区域的深圳、东莞、珠海等城市，高校资源尤显不足，区域内大型测试中心、研发中心及其他科研基础设施也相对不足，各部门之间的合作也较为缺乏，难以实现产学研有效结合，无法发挥科技创新带动湾区经济快速发展的独特优势。

4.2.2 产业整体处于价值链中低端

发达的中高端产业体系是湾区经济发展的核心要素。湾区城市依托优良的交通区位条件，吸引更大范围内的人、财、物、信息等经济资源要素向湾区集聚，成为全球资源要素配置的核心节点，从而占据价值链的高端。东京湾区、纽约湾区的核心城市掌握了金融业等高端资源，旧金山湾区的旧金山市也是美国西部最大的金融中心，而硅谷则以高新技术产业闻名于世。

港澳与珠三角地区之间以优势互补为基础的“前店后厂”式跨境一体化生产贸易体系的形成，带来了三地之间商品、资本、人员和信息的流动和生产要素在区域内的优化配置，开启了港澳和珠三角地区区域经济的整合过程。这种以比较优势为原则，以市场导向为基础的区域内资源配置推动了珠江三角洲地区高速的经济增长和工业化进程，也使得香港从劳动密集型制造业中心转变成为国际金融和商贸服务中心。然而，珠三角内部产业结构趋同并且整体处于价值链中低端，表现为“9 市”的第二产业比重偏高、第三产业水平偏低且远远低于港澳的发展现状。这是区域经济持续快速发展不可回避的现实问题，也不利于区域资源合理有效配置。从香港和澳门来看，产业结构也有待进一步优化。香港制造业大量北移珠三角后，主要以服务业为主，产业结构较为单薄，而且作为其支柱的金融、旅游等产业，对外依赖较大，面临外部冲击时防御能力较弱。而澳门产业结构更是单一，以博彩业、旅游业、房地产业作为其支柱产业，难以长期可持续发展。总体来说，粤港澳大湾区产业结构有待优化，且大部分城市产业处于价值链的中低端，相比世界一流湾区还有较大差距。

4.2.3　区域协同发展深度不够

协同发展是湾区经济发展的客观要求。港口城市在对外开放中最先发展壮大，达到一定规模后，会对周边区域产生外溢效应。世界级港口需要有世界级腹地的支撑，否则很难持久兴盛。如曾跻身世界第三大集装箱港口的台湾高雄港，虽然具备强大的运输转运能力，但由于缺乏广阔腹地的有力支撑，逐渐被新的港口替代。同时，腹地的货物要通过港口才能更便捷地运到海外，为谋求自身发展，周边区域也会主动承接外溢的相关产业和功能。从早期的产业分工合作，到后期城市基础设施的共建、生态环境的共治，港口城市和湾区腹地形成紧密依存、协调共建、共同发展的良好关系。以旧金山湾区为例，它是由多个县、众多的大小城市组成的城市群。为协调湾区内各城市之间的矛盾，推动湾区协同发展，旧金山建立了一系列区域治理机制。例如，建立旧金山湾区政府协会、大都市交通委员会、海湾区保护和开发委员会以及区域水资源质量控制委员会等专业委员会，负责区域专项的建设和管理，大幅提高了湾区建设和管理的效率。

粤港澳大湾区发展现实表明，区内的行政区划和体制制度相对于世界三大湾区以及国内其他城市群都显得更加复杂。香港和澳门属于独立关税，坚持“一国两制、高度自治”的原则，许多重大事权则在中央。粤港澳三地由于复杂的行政隶属关系，各方在推进和实施相关区域合作的战略措施时都会有所顾忌，使得经济融合不足，资源整合难度大，不利于真正开展深入的区域合作和经济一体化建设。尤其在面对和解决粤港澳三地产业分工协作、跨区域交通基础设施共建、环境共同治理、政策法规衔接等问题时，由于缺乏统领全局的有效合作协调机制，三地城市间的协调难度较大。在珠三角的九个城市之间也存在区域利益的协调问题。因此，如何整合广州、深圳、香港以及其他城市的优势资源，进一步实现区域协同和集聚发展，是未来粤港澳大湾区城市群共同面对的重大课题。

4.2.4 生态环境遭受破坏

湾区城市宜居宜业的环境优势是湾区经济崛起和发展的关键因素之一。湾区因靠近海洋、海湾，拥有怡人的自然环境和优良的生态环境。这些对于内陆乃至世界资源产生强大吸引力，集聚了世界各地的投资，促进了经济的繁荣，也创造了大量工作机会，为城市和区域发展带来新的活力。

粤港澳大湾区在经济快速发展的同时，也产生了城市粗放蔓延发展、生态环境破坏等较为严重的问题，尤其表现为城市建设对农地、林地、湿地、水体资源的侵蚀以及大气、水体和土壤的污染问题。根据广东省环境状况公报，珠三角城市除惠州外均受酸雨污染，其中深圳、佛山属于重酸雨区。根据广东省海洋环境状况公报，海水质量最差的海域主要集中在珠江口，入海排污对近岸生态环境的影响依然存在。粤港澳大湾区整体环境质量问题，不仅影响到区域的生机和活力以及对资源要素的吸引力，而且影响到区域的可持续发展。在这方面，粤港澳大湾区距离世界一流湾区尚有一定距离。

4.3 机遇

4.3.1 新一轮科技革命和产业变革为粤港澳大湾区再创新优势孕育新动能

科技革命和产业变革正在兴起，全球新一轮产业竞争的制高点与经济发展的新增长点正在涌现：脑科学、量子计算和材料基因组等前沿科技领域展现重大应用前景，区块链技术的集成应用在新的技术革新和产业变革中起着越来越重要的作用，多学科、多技术和多领域交叉融合创新趋势更加明显，信息技术、生物技术和材料科学等不同领域相互渗透、互为支撑，跨学科创新成果、颠覆性技术层出不穷，新技术、新产品、新业态和新模式不断涌现。

粤港澳大湾区多年来布局前沿科技，创新驱动发展基础扎实，新一轮科技革命和产业变革为大湾区带来重要机遇。一是推动传统产业转型升级。新一代信息技术和智能制造技术融入传统制造业的产品研发、设计、制造过程，大幅提升传统产业发展能级和发展空间。二是促进制造业和服务业融合发展。新一代技术全面嵌入到制造业和服务业领域，促进二者在产业链上融合，现代产业体系将加速重构，产业质量效益将获提升。三是形成新的经济增长点。越来越多的新产业、新业态给粤港澳大湾区的科技创新从“跟跑”与“并跑”向“领跑”转变带来“弯道超车”的历史机遇。这些让全球创新版图加速重构，创新资源加速流动，多节点、多中心、多层级的全球创新网络加速形成，给粤港澳大湾区不断提升在全球创新版图中的位势带来机遇。

4.3.2 全球主要区域动能转换的先进经验提供后发优势

1. 全球主要区域以创新驱动动能转换的先进实践

(1)硅谷。

硅谷(Silicon Valley)以其硬件、软件和网络开发领域的优势，成为全球最具影响力的高技术园区、世界信息技术和高新技术产业的中心，引领带动全球高技术产业的发展。其特点主要如下。一是以“流动共享”为核心的创新创业生态系统。包含人才、企业、组织机构以及各实体之间的网络关系和互动模式，系统内各要素相互竞争、合作和反馈，促进知识学习、创意理念、技术人才、创业资本的必要流动。基于优胜劣汰规律的企业进入或退出，为区域创新创业生态系统提供了源源不断的高端创新要素。硅谷创新创业生态系统主要包括专业化创业服务体系、规范的资本市场、完善的契约规则、多渠道的创新创业人才培养和引进、以研用结合为特征的校企协同和以宽容失败为特色的区域文化。二是“硅谷-斯坦福”模式中介服务组织。1968年，斯坦福大学首创OTL（技术许可办公室）模式，现已成为当代美国大学技术转移的标准模式。OTL负责管理斯坦福大学的知识产权资产，主要包括受理来自大学教职工和学生的发明申请、在价值潜力评估基础上提出统一的专利申请、与企业进行专利授权协议谈判等。设立专门的技术许可办公室负责技术转移工作，提供多种动力机制和高效率的管理办法，充分强调经济效益，使大学教育研究工作与技术转移之间形成良性循环。

(2)波士顿大都市区。

波士顿大都市区是全球知识高密度中心之一，拥有包括哈佛大学、麻省理工学院等顶尖高等学府。波士顿依靠知识经济和科技创新成功实现转型升级，发展成为仅次于硅谷的美国第二大高科技就业城市、全美最大的医疗研究中心和第二大生物科技中心。其特点如下。①以“独立包容”为特征的创新生态环境。高品质教育资源、科技创新资源与高新技术产业资源的有效聚合对当地创新起到了至关重要的作用。开放包容的社会文化、思想独立、自由交流是吸引创新人才集聚的重要因素。实行“创、产、城”融合发展模式，充分考虑创新创业文化生态软环境建设以及创新支撑载体等硬件环境建设。②区域联合巩固扩大创新优势的联盟发展模式。2016年1月，波士顿市、布伦特里市、剑桥市、切尔西市、昆西市和萨默维尔市联合宣布建立“大波士顿地区区域经济联盟(Greater Boston Regional Economic Compact)”，联盟区域包括上述六个城市和一些小镇及远离波士顿的郊区，同时还包括新罕布什尔州的部分区域，其中波士顿市位于该联盟中心。③交叉学科创新和知识产权共享模式。为了满足实验室交叉学科创新的需要，MIT媒体实验室(MIT Media Lab)将教育背景迥异的研究人员相互交叉，各小组每周举行固定的课题群会议，相互交流研究思路和心得。与媒体实验室有正式研发合作关系的企业有权分享媒体实验室的知识产权、研究成果，获得技术咨询而无需支付知识产权转让费及专利费，这种知识产权共享模式大大加快了创造性研究以及高技术成果的产业化进程。

(3)以色列。

以色列政府投资和支持科技研发，不以商业成功作为主要考量，政府一般不持股创业公司，也不要求过高的投资回报，甚至对失败的初创公司进行债务豁免。以色列政府通过《产业创新促进法》集中授权给首席科学家办公室，用来统筹管理政府科研资金，有效做好对重点行业、关键技术领域的资金支持，并设立了四类资助计划。①不计企业规模的研发支持计划。申请企业无论规模大小，只要符合条件，政府最高可提供占研发预算成本50%的支持资金。支持条件是研发项目必须由申请者实施，研发产品必须在以色列境内生产，研发技术的专利成果不得转让或出售给第三方。对已有民用产品的改进创新或工艺创新，提供不高于研发预算成本30%的支持资金，军用产品为20%。对获得资助的项目数量不设限制，要求获得商业成功的项目按一定比例偿还政府的资助资金及利息，一般是在成功之后的前3年每年偿还销售收入的3%，此后每年偿还3.5%。②政府承担主要风险的技术孵化器资助计划。每个孵化器都有限定的产业领域，每年可接受4～5个该领域的孵化项目，孵化期2年。

经首席科学家办公室批准的孵化项目一般可获得50万～80万美元的资金支持，其中政府负担85%，孵化器负担15%，项目知识产权归创业公司所有，出资最多的以色列政府并不持有创业公司的股权，而孵化器则可获得最高达50%的股权。因此，在孵化初期，大部分风险由政府承担，孵化器则可以在企业成功后获得丰厚的股权回报。③“联盟式”磁石资助计划。组建大型研发联盟，开展共性、基础性的技术合作开发计划。对于联盟内企业，政府最高可承担66%的研发成本；对于联盟内的学术机构，可承担80%的研发成本，不设补偿归还规定。为了防止垄断，研发联盟的研究成果必须归全社会共享，不得以任何形式垄断技术或垄断价格。磁石项目具有非常严格的竞争筛选机制，对关键技术领域的选取、经济可行性、就业潜力等多方面进行多轮论证，重点支持生物技术和纳米技术等领域。此项政策的核心目标是在重点技术领域形成由“科学”向“产业”转移的路径，一旦进入试生产阶段，政府对研发联盟的资助立即终止。④双边产业研发基金计划。两国根据协议各投入一定比例的资金，设立双边产业研发基金，用于资助合作项目。参与欧洲科技发展计划，如欧盟研究与技术开发示范计划(RTD)，重点是生命科学、健康基因和生物技术、信息社会技术、智能材料、航空和航天技术、食品质量和安全、可持续发展、全球变化和生态系统。进行双边研发合作，通过双边政府部门签订合作协议，确定向研发合作项目提供支持的指导原则，具体项目的审批和实施由签约国各自负责、各自监督。

2. 粤港澳大湾区的几点不足

(1)引领性、基础性、源头性的核心技术成果欠缺。粤港澳大湾区很早就建立了以企业为主体的技术创新体系，创新更多来源于产品创新、应用创新和工艺创新。企业往往避开投入大、风险高、见效慢的基础性和源头性创新领域，而更多采用模仿跟随、投资并购等方式快速获取已有的技术成果。这种技术跟随策略加速了企业和产业的创新步伐，导致的后果是前沿领域的核心技术和关键零部件被发达国家垄断，受制于人。

(2)国际化、尖端化人才培养和输送的潜力不足。硅谷是世界高端智力资源最为密集区域，拥有美国科学院院士近千人，英国《泰晤士高等教育报》公布的全球高校诺贝尔奖前十排行榜中，斯坦福大学、加州伯克利分校分别位居第一、第三位 。波士顿汇聚了麻省理工学院、哈佛大学等全球最顶尖的学术机构，拥有超过100所大学，超过25万名大学生。以色列理工学院诺贝尔奖获得者人数排在世界第八位。粤港澳大湾区应充分发挥先行先试的优势，在人才和高校引进的政策和制度创新上进行更多新的探索。

(3)高成长型创新企业数量较少。“独角兽”企业是区域创新发展的重要力量。硅谷在过去十年，平均每年就出现四家“独角兽”公司，而且这一产生速度还在持续增加。与硅谷、北京相比，粤港澳大湾区类似“独角兽”的高成长型创新企业数量和增长速度落后。

(4)科技体制机制障碍抑制企业主体的创新活力。美国、以色列等对本国的政府产业投入已建立了各具特色的绩效评估体系，在项目财务规范管理和项目执行过程管理方面形成了行之有效的指标体系。在推进创新成果产业化方面，探索出多种创新的产学研合作模式，包括美国硅谷的OTL技术转化支撑体系和以色列的技术转移公司(TTC)模式，有效提高了科技成果转化率。粤港澳大湾区科技评价机制绩效导向不突出，创新活动与产业对接不足，成果转化不畅等问题仍比较突出。大湾区需要继续推进科技体制机制的全面创新，积极借鉴国外的先进经验，理顺科技创新及成果转化间各链条关系，最大限度激发创新主体活力。

4.4　挑战

目前粤港澳大湾区已有合作基础，但要实现建设目标与战略价值仍面临诸多挑战。需要在两种制度、三个关税区、三个法律体系的异质城市群内，按照湾区经济和城市群的发展规律，进行跨境合作与治理。

4.4.1　如何在跨境多中心区域内进行合理城市定位和错位发展

多中心城市群的协同发展，一是需要有合理的定位，二是要形成互补互动的产业链条，强化内在经济联系。目前与世界一流湾区比较，粤港澳大湾区规模大但不强，内部联系的浓度和密度均不足，区域内城市间呈现一定程度的疏离状态，具有较大的发展空间。就定位而言，国家发展和改革委员会、广东省人民政府、香港特别行政区政府以及澳门特别行政区政府四方签订的《粤港澳大湾区建设框架协议》明确了粤港澳三方的合作目标，要在产业分工上进行错位发展，构建协同发展现代产业体系，完善产业发展格局，加快向全球价值链高端迈进。广东的发展目标是强化广东作为全国改革开放先行区、经济发展重要引擎的作用，构建科技、产业创新中心和先进制造业、现代服务业基地。香港的发展目标为巩固和提升香港国际金融、航运、贸易三大中心地位，强化全球离岸人民币业务枢纽地位和国际资产管理中心功能，推动专业服务和创新及科技事业发展，建设亚太区国际法律及解决争议服务中心。澳门的发展目标则是推进澳门建设世界旅游休闲中心，打造中国与葡语国家商贸合作服务平台，建设以中华文化为主流、多元文化共存的交流合作基地，促进澳门经济适度多元可持续发展。上述合作目标表明，粤港澳力求错位发展，但目前只有广东总体定位，尚未见到9个城市的细分角色。此外，城市群中各经济功能形成和演变，并不完全是按政府规划逻辑发展的，大多是市场竞合的结果。在适度竞争的环境中，城市群多中心网络化格局将更为明显。形成区域协同互动发展的良性格局取决于湾区的基础条件以及政策要素的配套。

4.4.2　如何实现三个独立关税区内生产要素的高效便捷流通

市场优化资源配置的前提和基础，是市场的互联互通以及要素的自由流通。随着港珠澳大桥的开通，“一地两检”的突破，大湾区基建方面的互联互通将逐步完善。但在软环境上，粤港澳大湾区的经济融合面临一系列客观条件的限制。港澳与广东经济制度不同、法律相异，又分属三个不同的经济体和关税区，致使区内人员、资金、货物及信息等要素在三地间并不能自由流通，存在边界管理。此外，三地的关税水准、资金流通制度、投资开放程度、对外经济政策亦有实质性区别。由于广东并非一个独立经济体，与外界的经济整合受制于全国的开放水准和对外经济政策。这意味着在“一国两制”框架下，粤港澳大湾区城市群的经济整合程度只能是有限度的整合。未来如何突破，这既取决于内地的开放深度和速度，也取决于大湾区制度创新与跨境管理模式上的突破。

4.4.3　如何实现有效的跨境协调机制与运作模式

粤港澳大湾区面临的最大的特殊性，是涉及“一国两制”下的跨境治理，存在如何完善协调机制的艰巨任务。目前的“机制体制安排”由国家发展和改革委员会与粤港澳四方共同签署协议来推进。此外，签署四方每年将定期召开磋商会议，协调解决大湾区发展中的重大问题和合作事项，并就推进大湾区建设订定年度重点工作，由相关部门达成一致意见后，共同推动落实。粤港澳政府共同建立推进粤港澳大湾区发展日常工作机制，分别设在广东省发改委、香港特区政府政制及内地事务局、澳门特区政府行政长官办公室，日常运作中将更好发挥工作机制在合作中的联络协调作用，来推动规划深入实施。较之过往的粤港、粤澳合作机制，这种模式增加了国家发展和改革委员会在其中的牵头协调功能，加大了总体规划和协调的力度。但由于所推进落实的内容仅限于达成一致意见的事项，如果有一方难以落实，或是预期在落实程序上存在不确定性，就会影响到合作进程顺利开展。此外，政府功能强弱上的落差、规划内涵及执行力的不同、行政程序的繁复差异等，都会影响到合作的具体进展。香港一直没有类似内地综合性的发展战略规划。例如《香港 2030＋：跨越 2030 年的规划远景与策略》，主要是为人口增长和经济发展提供最基本的要素，如土地及其相应规划配套，其规划要素类似城市规划。而澳门制定的澳门本地首个五年规划，规划期与国家五年规划相对应。如何处理好资源配置中市场与政府的关系，如何协调政府间的差异与分歧，既发挥政府对区域总体发展的顶层设计与引领作用，又在微观领域为企业松绑，鼓励良性竞争，营造国际化营商环境和优质生活环境，吸引国际优质资源落户大湾区，对于大湾区内生动力的培育及国际一流湾区目标的实现至关重要。

4.4.4 如何处理粤港澳进一步融合对各地的社会政治影响

区域经济融合，既有促进区域整体发展的积极作用，但同时对区域内多元主体产生不同影响。目前港澳社会民间层面对粤港澳大湾区城市群建设的战略意义和价值的认识还不够，部分香港人在观念、理念上对进一步融合存在疑虑，担心香港在区域整合中会失去自身发展空间。此外，也有观点对“两制”下的独立关税区作简单划分与区隔，认为互联互通与要素便捷流通会对“两制”造成破坏。的确，衡量经济整合程度的核心标准是要素流通的自由程度，不同制度下的跨境城市群整合，会对不同的地区带来不同的政治社会影响，这对城市的承载力、社会开放压力以及政府管治能力都将是一个考验。需要协调与平衡区域内经济发展、基本建设、社会发展和环保教育的要求，政府与社会应共同研讨、宣传、交流大湾区的发展蓝图，凝聚共识，将有助于粤港澳三地政府形成并落实大湾区建设的总体目标及年度重点。

第5章　粤港澳大湾区推进动能转换的目标愿景与定位

5.1　发展理念

牢固树立并贯彻落实“创新、协调、绿色、开放、共享”的发展理念，遵循“基础支撑，创新驱动，深度合作，辐射带动”的总体思路，以加强区域合作为导向，以合作共赢为核心，充分发挥市场的资源配置作用，改革体制机制，创新管理模式，完善基础设施配套，逐步将粤港澳大湾区建设成为世界级城市群。

5.2　目标愿景

粤港澳大湾区的目标愿景是打造基础设施高度发达、创新要素高度聚集、未来产业高度发展、制度环境高度开放、具有全球要素资源配置能力和全球影响力的世界一流大湾区都市圈，形成以创新为主要引领和支撑的经济体系和发展模式。预计至2030年，粤港澳大湾区核心圈层城市GDP达到20.0万亿元，人均GDP达到18万元，R&D经费[①]支出占GDP比重达到4.5%，第三产业比重达到85%；紧密圈层城市GDP达到22.1万亿元，人均GDP达到15.1万元，R&D经费支出占GDP比重达到3.5%，第三产业比重达到75%；辐射圈层城市GDP达到50.7万亿元，人均GDP达到8.5万元，R&D经费支出占GDP比重达到3%，第三产业比重达到65%。

5.3　目标定位

落实国家对珠三角“三个定位、两个率先”“建设世界级城市群”的总体要求，紧紧围绕国家“一带一路”倡议，通过巩固基础、提升地位、扩大开放、深化改革、创新驱动，抓住机遇期，加快发展、率先发展、协调发展，全面提升粤港澳大湾区的整体竞争实力，努力将其打造成为重要的区域性国际经济中心和繁荣的世界级城市群，创建世界一流湾区，打造“一带一路”倡议枢纽，建设服务南海战略的重要基地，构建我国新时期重要增长极，打造全球经济中心、金融中心、创新中心、文化创意中心。

5.3.1　创建世界一流湾区

建立粤港澳大湾区经济协同发展机制体制，统筹协调解决制约粤港澳大湾区发展的重大问题；积极推进高水平大学建设；坚持高端发展的战略取向，建设自主创新新高地，打造若干规模和水平居世界前列的先进制造产业基地，培育一批具有国际竞争力的世界级企业和

① R&D经费指全社会研究与试验发展经费。

品牌；大力发展现代服务业体系，将粤港澳大湾区地区建设成为国际航运、物流、金融、贸易和创新中心。

5.3.2 打造“一带一路”倡议枢纽

进一步强化对外开放的门户地位和沟通枢纽作用，以粤港澳合作、泛珠江三角洲区域合作、中国与东盟合作为重要平台，大力推进对内对外开放，全面加强与世界主要经济体的经贸关系，积极主动参与国际分工，率先建立全方位、多层次、宽领域、高水平的开放型经济新格局，推进粤港澳大湾区与“一带一路”沿线国家的基础设施互联互通，将粤港澳大湾区打造成具有世界影响力的国际交往中心，形成“一带一路”发展轴上的重要枢纽。

5.3.3 建设服务南海战略的重要基地

大力发展海洋经济，抢占新时期国际海洋开发的战略制高点，科学谋划海洋空间资源综合开发，培育海洋战略性新兴产业，率先构建现代海洋产业体系，将粤港澳大湾区打造成为建设海洋强国的主力军。依托南海开发和粤港澳港口、航道、市场优势，把粤港澳大湾区建成我国重要的油气资源战略储备基地之一。按照“着眼长远、超前布局”的思路，由近海向深远海拓展，推进南海全方位保护开发，不断提升我国南海资源调查、科技支撑、生态保护、维权执法等方面的能力，为承担国家南海开发战略任务做好储备。发挥粤港澳大湾区作为国家南海开发的物资供应和补给基地，研发和后勤保障基地，资源综合利用和加工基地，产品的推广营销基地，资金筹措和技术人才储备基地等重要作用，将粤港澳大湾区建设成为我国南海战略资源保护开发和权益维护的一个重要保障基地。

5.3.4 构建我国新时期重要增长极

坚持“一国两制”方针，推进粤港澳大湾区紧密合作、融合发展，共同打造亚太地区最具活力和国际竞争力的城市群，乃至具有全球竞争力、以人为本、可持续发展的世界级城市群，创新国际区域合作机制，全面提升经济国际化水平，完善内外联动、互利共赢、安全高效的开放型经济体系。联动北部湾、海西经济区和湖南、江西等省区，构建“一核两翼广腹地”华南经济圈，打造重要增长极。

5.3.5 打造全球经济中心、金融中心、创新中心、文化创意中心

促进区域科技资源共建共享、加大高端创新人才引培、优化产业创新载体发展定位与布局，健全以市场为导向、产业为支撑、政产学研紧密合作的科技金融服务体系，带动和提升粤港澳大湾区科技、金融、文化与产业的融合发展，构建资源互补、产业关联、梯度发展的多层次产业圈，将粤港澳大湾区建设成为带动全国经济、金融、创新和文化发展的更为强大的引擎。

5.4 空间形态

5.4.1 构建开放、高效的一体化综合交通运输体系

构建以粤港澳大湾区核心圈层为枢纽、紧密圈层为辅助、辐射圈层为延伸的综合交通布

局。重点加强核心圈层的综合交通枢纽建设，完善紧密圈层的交通网络建设，推动辐射圈层的对外廊道建设，从而提升核心圈层的综合交通集疏运能力、紧密圈层的交通可达性、辐射圈层的对外扩散能力。

1. 形成三大“双核”综合交通枢纽系统

统筹区域交通资源，建立粤港澳大湾区三大“双核”枢纽系统，明确“深港”“广佛”“珠澳”为三大综合交通运输枢纽，提升深圳-香港、广州-佛山、珠海-澳门对粤港澳大湾区的交通运输顺畅衔接和物流高效运行的全局性作用(见图 5-1～图 5-4)。

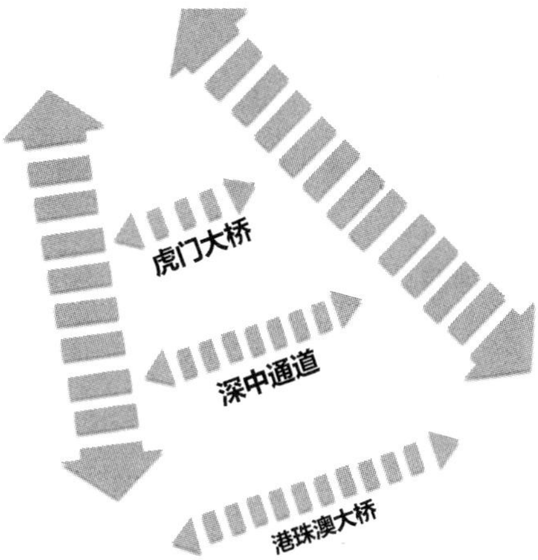

图 5-1　粤港澳大湾区三大“双核”枢纽系统空间结构

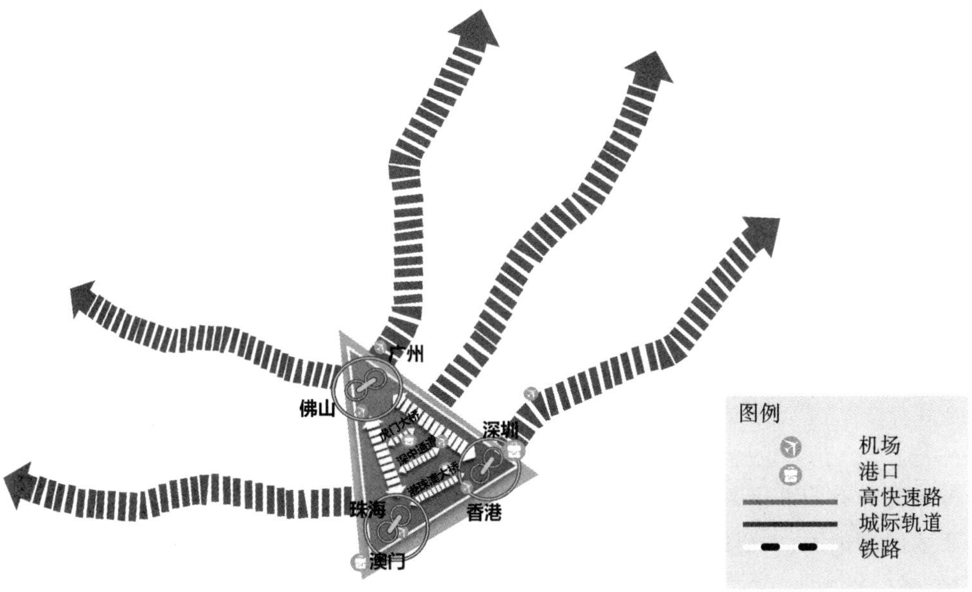

图 5-2　粤港澳大湾区三大“双核”枢纽对紧密圈层的辐射

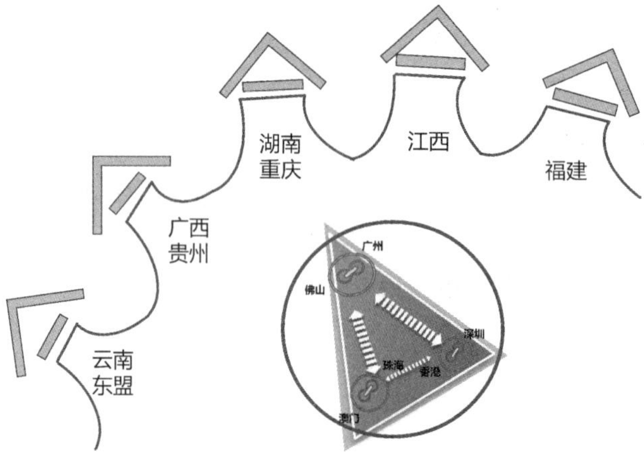

图 5-3　粤港澳大湾区三大“双核”枢纽对泛珠区域的辐射

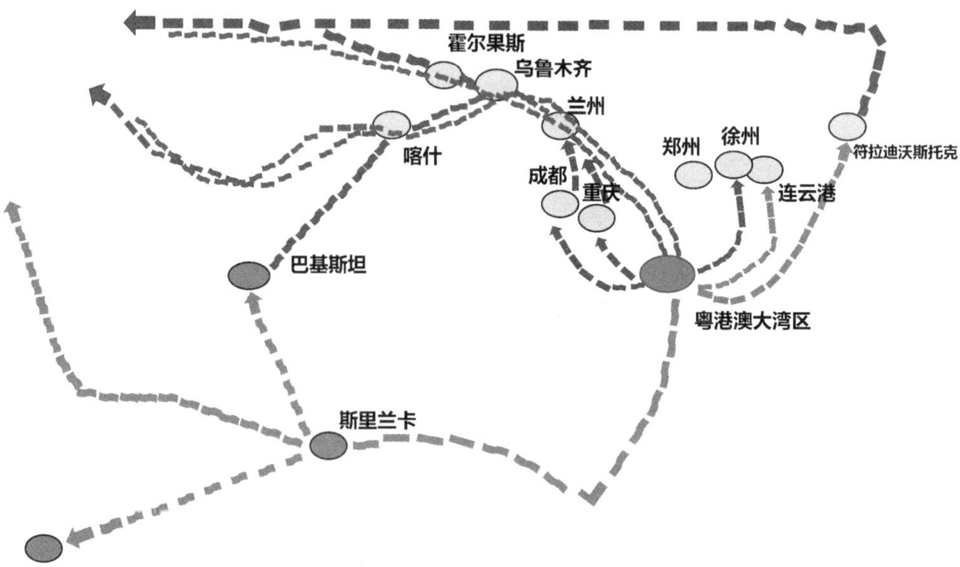

图 5-4　粤港澳三大“双核”枢纽与“一带一路”

2. 形成高效衔接的城际轨道交通网络

构建以广州、深圳、香港、澳门、珠海为主枢纽，覆盖核心圈层 11 座城市的“三环八射”城际轨道交通网络，形成 1 小时城市圈。并以此交通网络为骨干构建连通粤东、粤西的区域快速公交走廊，逐步形成连通粤港澳大湾区的城际轨道交通和快速干线铁路网络，提高全区域的可达性(见图 5-5)。

3. 构建世界级港口群体系

形成以香港港、广州港、深圳港为区域性主要港口，以珠海港、惠州港、虎门港、中山港、江门港、澳门港为地区性重要沿海港口，以佛山港、肇庆港为主要内河港口，打造错位发展、合作共赢的世界级港口群体系。同时，畅通泛珠区域的内河航道体系，打通珠江、西江航线，形成以肇庆港、佛山港、南宁港、贵港港、梧州港五大内河港为主要港口的内河港口体系(见图 5-6)。

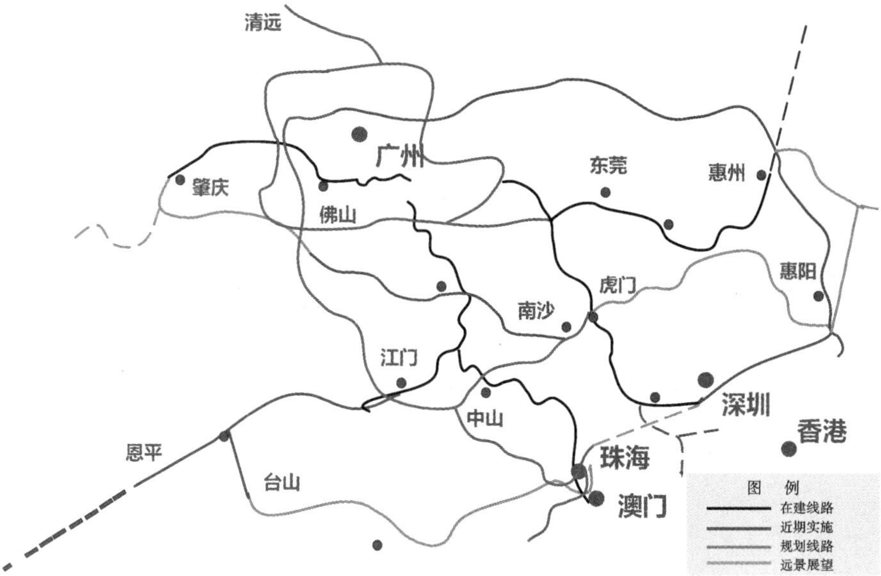

图 5-5　粤港澳大湾区核心圈层城际轨道交通布局规划

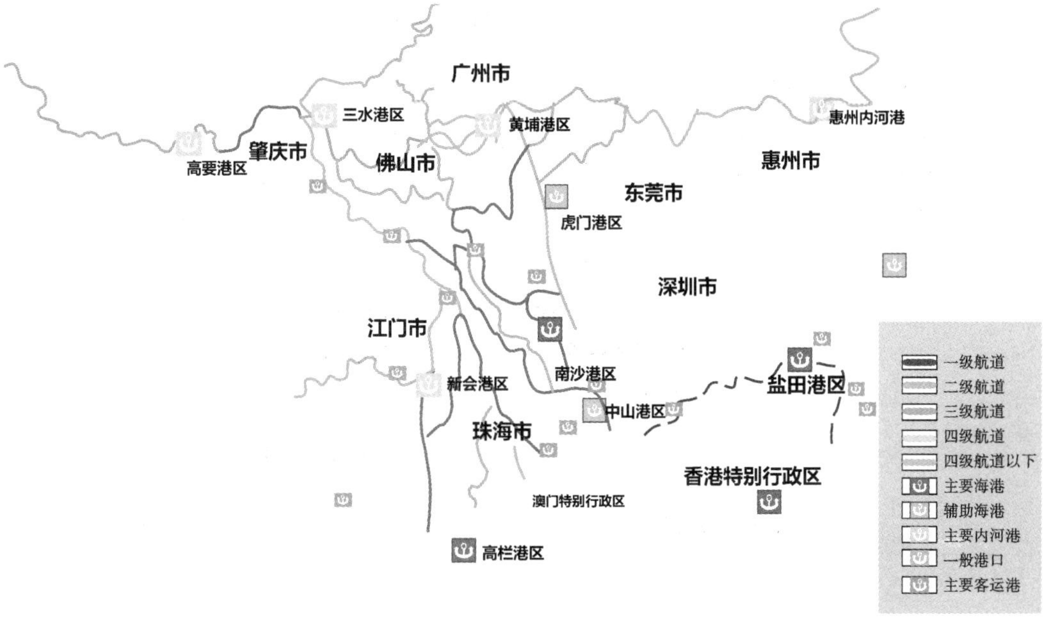

图 5-6　粤港澳大湾区核心圈层港口与内河航道布局规划

4. 形成客货分流的铁路运输网络

连通香港、澳门，打通粤东西北地区的连接，形成东连海峡西岸、沟通长三角地区，西通桂黔、辐射大西南地区，北达湘赣、连接中原地区的高快速铁路网络骨架。促进京广、广深、广珠实现客货分线，形成客运专线、快速铁路、普速铁路分层次格局。加快核心圈层具备多式联运功能的铁路国际集装箱货运枢纽网络的建设，形成以广州南沙、广州大田、东莞石龙、深圳平湖、江门鹤山为主的区域铁路物流中心，以深圳笋岗、惠州、江门南、珠海西站、佛山丹灶、佛山官窑等为主的地区铁路物流中心（见图 5-7）。

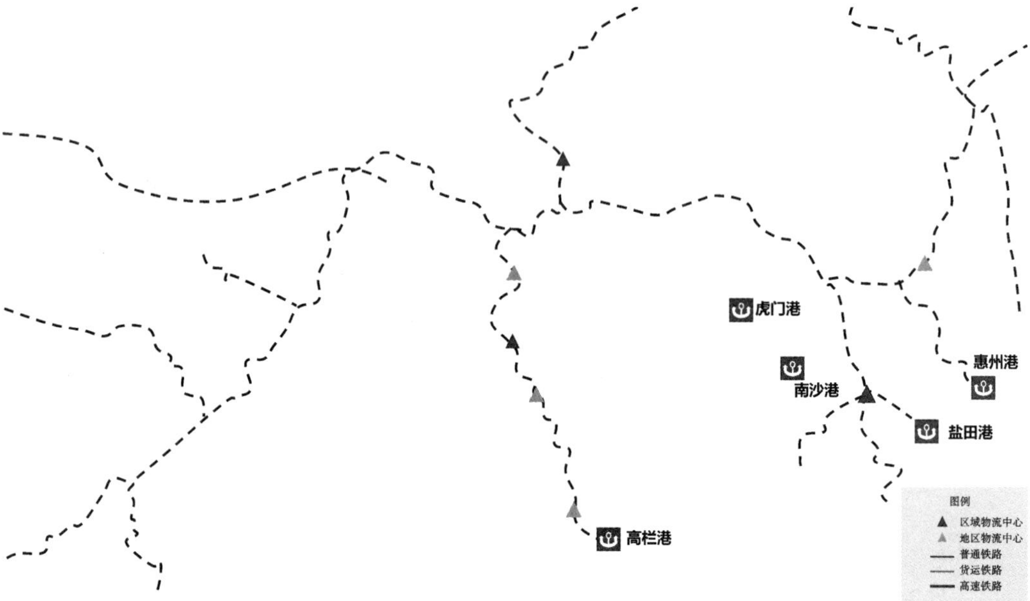

图 5-7 粤港澳大湾区核心圈层铁路物流中心布局

5. 形成连通国际国内的公路网络

对内，提升粤港澳大湾区紧密圈层内部交通联系，形成连通粤港澳大湾区重要沿海城市的快速公路环线（见图 5-8）；加快辐射圈层泛珠通道的贯通，加强紧密圈层与南宁、贵州、重庆、昆明等城市的高速公路联系。对外，加快国际通道建设，形成向西对接连通东盟、南亚的国际公路通道，向北对接连通中亚、欧洲的国际公路通道（见图 5-9）。

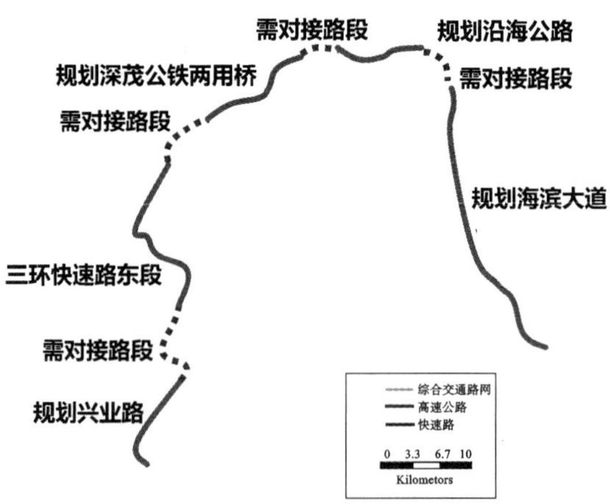

图 5-8 粤港澳大湾区紧密圈层快速环路规划

6. 构建世界级航空运输网络体系

形成以香港、广州、深圳为辐射全球的大型国际航空枢纽，以昆明为面向东南亚、南亚的

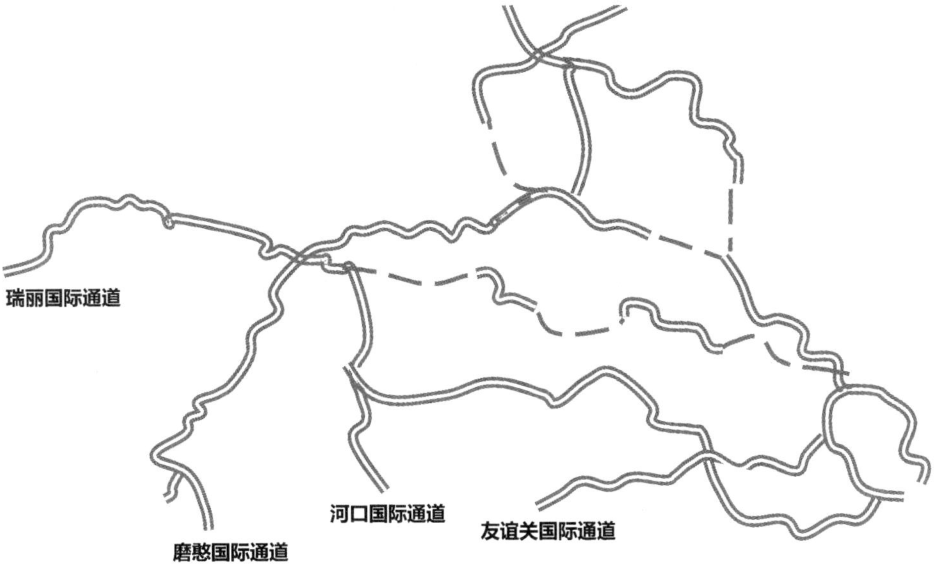

图 5-9　粤港澳大湾区公路网络通道建设规划

枢纽门户机场，以澳门、厦门、长沙、成都、重庆、海口、南宁为区域枢纽机场，以珠海、佛山、福州、南昌、贵州为地区性骨干机场，以各地支线机场为辅助的民用航空网络(见图 5-10)。

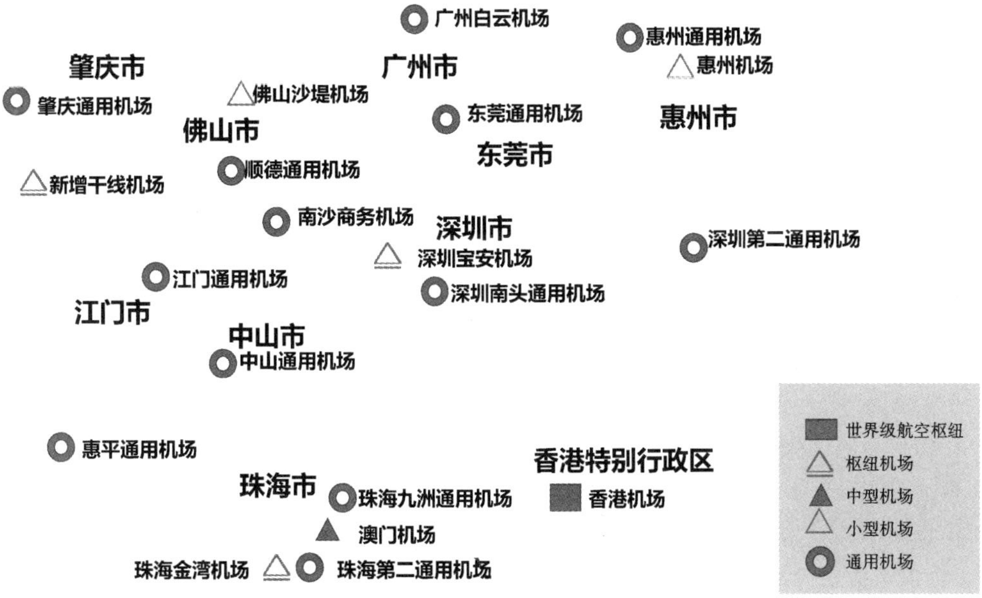

图 5-10　粤港澳大湾区核心圈层机场网络布局

5.4.2　打造"三区一廊"的湾区核心产业布局

充分对接国家战略，发挥湾区开放创新与区域合作优势，围绕广东自贸试验区三大片区核心，集聚创新资源，构建粤港澳科技创新走廊，实现湾区核心产业空间的优化组合。

1. 强化广东自贸试验区三大片区支撑

(1)前海蛇口片区。进一步发挥前海“自贸试验区+现代服务业合作区”叠加优势,推动更多港资港企入驻自贸片区,推进粤港澳服务贸易自由化,共同将前海打造成为内地服务业走向国际的“双跳板”;加强城市管理治理领域务实合作,深化教育、医疗卫生、环境保护、公共安全等民生领域合作,努力为两地市民创造更多民生福祉。

(2)南沙片区。以广州南沙粤港深度合作区建设为抓手,推动粤港澳全面、深度合作,重点强化基础设施对接、公共服务合作共享,推动与港澳营商规则对接,打造粤港深度合作新载体,为粤港经济融合发展提供示范,紧密对接港澳在商事登记、人才引进、融资、跨境交易、投资者保护等方面的先进规则,设立营商服务专职机构,共同创建良好的国际营商环境。

(3)横琴片区。深入推进粤港澳服务贸易自由化。支持澳门建设“一中心一平台”,促进港澳地区长期繁荣发展,扩大对葡萄牙语系、西班牙语系国家的开放合作,促进湾区核心圈层经济社会发展转型升级,为我国全面深化改革和扩大开放探索新途径、积累新经验(见图5-11)。

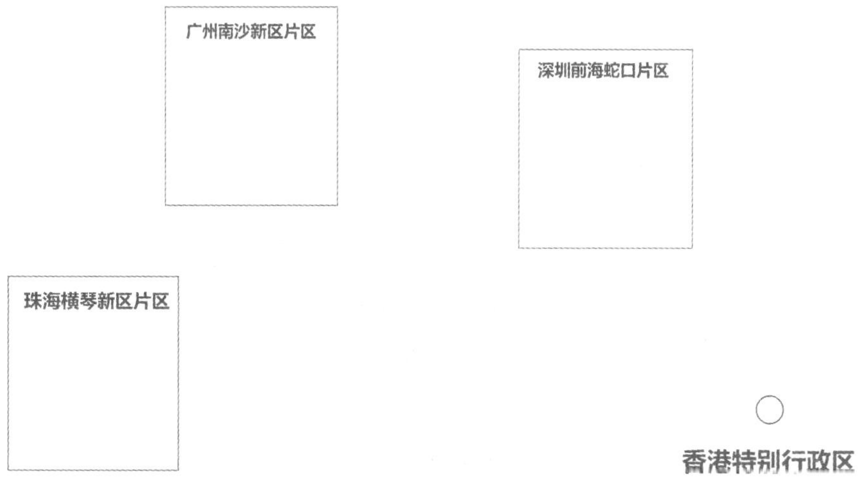

图 5-11　强化广东自贸试验区三大片区支撑

2. 构建粤港澳大湾区创新走廊

根据未来产业发展趋势,“知识域”将决定空间形态。结合珠三角自主创新示范区建设,着力构建东中西三条粤港澳大湾区创新走廊(见图 5-12)。

(1)东廊道是粤港澳创新走廊的主廊道,连接香港、深圳光明新区、深圳大学城、深圳高新区和东莞松山湖等。

重点突出大沙河创新走廊的作用,打造南山—前海“双中心”,把大沙河创新走廊建设成为深圳国家自主创新示范区的核心区、前海—蛇口片区的支撑区、粤港澳大湾区的先锋区。东莞重点依托松山湖,承接深圳创新资源辐射,加强与深圳创新资源的融合、吸收和再创新,推动科技成果产业化,加快高技术产业和新兴产业集聚发展,建设“环深创新资源融合发展带”。

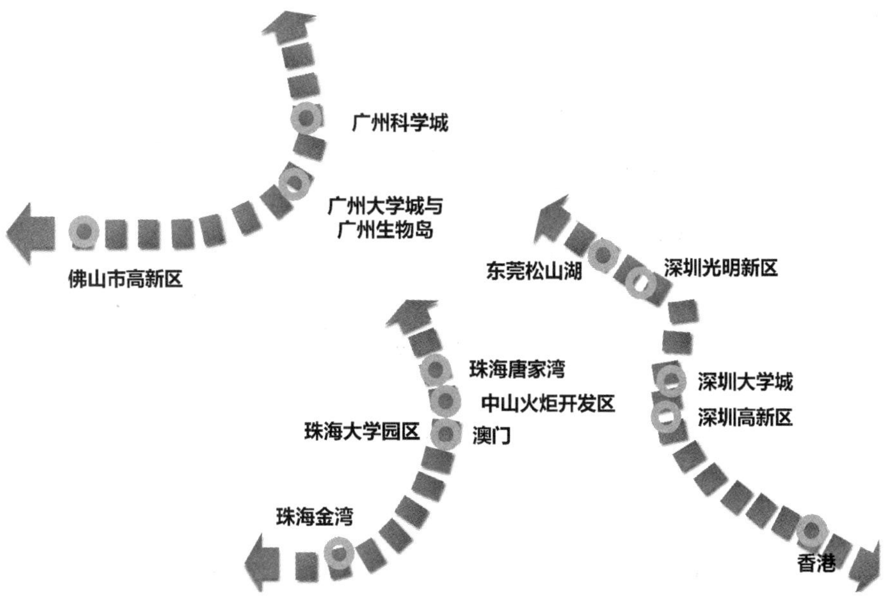

图 5-12　粤港澳大湾区创新走廊

(2)中廊道主要连接广州科学城、广州大学城、广州生物岛和佛山高新区等。

重点以珠江两岸的珠江新城、员村、琶洲、官洲、小谷围等区域为载体，以国际金融城、国际生物岛、琶洲互联网创新聚集区、大学城研发创新区等重点开发建设为抓手，利用创新创业、总部会展、现代金融等经济资源聚集优势，大力集聚国际高端要素资源和完善优质公共配套服务，着力发展总部经济、金融保险等高端产业及新业态，形成广州“三中心一体系”及珠江-西江经济带经济发展的核心引擎。

(3)西廊道主要连接澳门、珠海金湾、珠海大学园区、珠海唐家湾和中山火炬开发区等。

重点以国际商务服务基地和国际金融创新区为目标，充分利用香港国际贸易中心的地位及资讯发达的优势，拓展澳门作为国际性商贸平台的带动效应，发挥港澳的商务服务优势，在横琴重点发展信息资讯服务、外包服务、商贸服务、会议展览、中医保健、会计、法律等产业。充分利用深中通道建设创造的地缘优势，承接、聚集深圳转移的创新资源，将中山火炬区建成一个创新资源聚集洼地。

5.4.3　规划布局粤港澳大湾区城市群

结合粤港澳大湾区空间结构特征，以粤港澳大湾区核心城市、骨架交通为依托，着力打造粤港澳大湾区东中西三大城市群(见图 5-13)。

1. 东岸城市群

以深圳为核心，以深莞惠经济圈(3＋2)为主体，强化深港合作，带动深汕合作区、汕尾市、河源市发展。向粤东、闽西拓展，打造南部蓝色经济带。以深圳中心城区为主中心，东莞中心城区、惠州中心城区为副中心，虎门、常平、惠阳等为重要节点，优化人口结构，提高土地利用效率，提升城市综合服务水平。建立深、莞、惠之间的分工协作机制，重点加强在城乡规划、基础设施、产业协作、环境保护、公共服务、科技创新、旅游合作、社会管理等领域的合作，推进深莞惠经济一体化建设，促进要素集聚和集约化发展，增强自主创新能力，提高核心竞

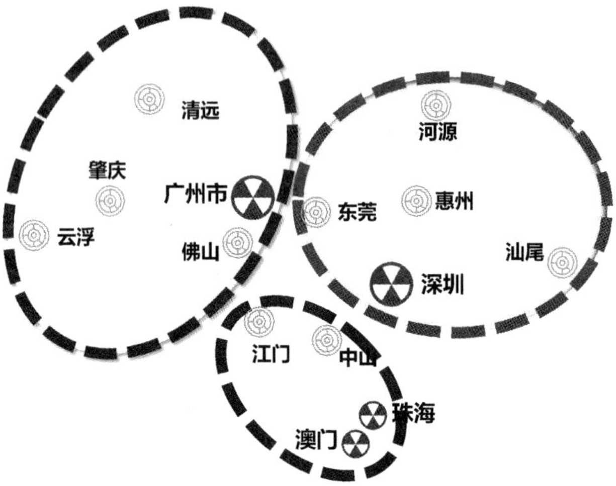

图 5-13　粤港澳大湾区城市群

争力和辐射带动能力。以推进港珠澳大桥建设、深港邻接地区开发和共建国际性金融、贸易、航运中心为新起点，深化东岸都市区与港澳的合作。

2. 中部城市群

以广州为核心，以“广佛肇＋清远＋云浮”大都市圈为主体。向北拓展珠三角地区发展脊梁，带动沿轴线城镇产业发展，打造辐射能力强大的综合服务中心以及具备较强国际竞争力的产业中心。以广州中心城区、佛山中心组团（禅城、桂城）同城化建设为核心，以广州南沙、从化、增城，佛山顺德、高明、三水，肇庆（端州区、鼎湖区）、四会、高要等为外围组团，推进广佛肇一体化发展。建立广佛同城化、广佛肇一体化合作机制，重点推进广佛肇在城乡规划、基础设施、产业协作、环境保护、公共服务、科技创新、旅游合作、社会管理等领域的协调与合作，提高参与国际经济合作与竞争的能力。

3. 西岸城市群

以珠海、澳门为核心，以珠中江经济圈（3＋1）为主体，加强粤澳合作，带动阳江市发展。以珠海中心城区为核心，中山中心城区、江门中心城区为副中心，县级市中心城区为外围组团中心，优化城镇体系和产业布局，提高产业和人口集聚能力，增强要素集聚和生产服务功能。建立珠海、中山、江门之间的分工协作机制，重点加强在城乡规划、基础设施、产业协作、环境保护、公共服务、旅游合作、社会管理等领域的合作，推进珠中江经济一体化建设。以港珠澳大桥、横琴新区的开发建设为新起点，深化西岸都市区与港澳的合作。

理论依据

1. 湾区经济发展理论

经济统计意义上的都会区或湾区，在世界城市发展和城市群形成进程中是一种客观存在，都会区或湾区建立统计指标体系、开发统计产品也是一种惯常的约定俗成。都会区或湾区统计数据的变化轨迹，就是都会区或湾区内城市自身发展和彼此合作的轨迹，也是区域形象展示的重要手段、区域知名度提升的重要方式，可以对政府和工商业的决策形成重要支撑。统计具有综合功能，是将区域内的城市和人口、经济和产业、社会和民生、行政管理和公共服务、文化建设和生态保护等连成整体的纽带，也是区域经济社会发展健康与否的温度计和体检表。例如，硅谷指数是硅谷网络联合投资公司为促进硅谷持续发展而制定的一个地区评价指标体系，也是旧金山湾区经济发展的晴雨表，人口、经济、社会、空间和地方行政管理是硅谷指数长期关注的五个方面，近年来生态和金融的部分指标也被纳入指数体系。

2. 哈维时空压缩理论

时空压缩(compression of time and space)是一种研究因交通运输和通信技术的进步而引起人际交往在时间和空间方面变化的理论。这一理论认为，一定地域范围内人际交往所需的时间和距离，会随着交通与通信技术的进步而缩短。现代交通运输通信越发展，两地来往越节约时间与费用，由此提高了人际交往的频率与办事效率，密切了人际关系，在一定程度上加强了地区凝聚力，沟通了区域之间的联系。发达和便捷的交通、信息网络能克服时间空间的障碍，缩短地域间的流通成本，由此提高人际交往的频率与办事效率以及货物流通速率，增进地区间的联系，加强区域的凝聚力。时空压缩理论突出了交通通信技术与方式对现代社会生活和人际交往的重要作用，为人们进一步认识区域的内部区位结构和外部联系，完善区域的各种分工，改善人们的交往关系等，提供了重要的理论依据。

第6章　粤港澳大湾区推进动能转换的战略与行动计划

6.1　战略

为实现粤港澳大湾区建设“‘一带一路’倡议枢纽地区及世界一流湾区”的发展愿景，推进粤港澳三地政府开展更紧密的合作，本研究围绕湾区的产业、生态、海洋资源、基础设施等核心要素，提出三大发展战略，包括协同发展战略、转型引领战略及深度开放战略。

6.1.1　协同发展战略

1. 资源整合

推动区域战略性资源共同保护利用、优势特色资源互补、分散资源优化整合。促进土地、资金、人才、科技、信息、生态环境、基础设施等资源要素的优化配置、优势互补，整合零散破碎的资源分布结构，提高资源利用和保护效率，实现优质资源的区域共享。

(1)推进区域战略性资源的积极保护。合理安排与布局珠三角的山水格局、河流水系、湿地系统、大气环境、绿道体系等生态景观要素，由点、线、面、网组成多目标、多层次和多类别的资源空间配置模式。整合翠亨新区、横琴新区、高栏港、广海湾等滨海岸线资源，统筹安排产业功能布局，重点发展装备制造业、海洋产业、能源产业、现代物流等生产性服务业，建设国际化宜居湾区。同时依托城市优质的山水田园生态环境，以海岛、华侨文化等资源为依托，大力发展以滨海旅游、文化旅游和观光休闲为内涵的现代化、国际化旅游产业。

(2)推动特色资源的共享融合。进一步整合、盘活粤港澳三地各类资源与要素，充分发挥资源的辐射和带动作用，健全区域资源共享的法规制度和政策措施，建设科技数据共享平台等资源共享载体，探索资源开放的利益分享机制。

(3)促进公共资源的区域联合配置。扩大公共服务、住房保障、生态空间和历史文化等公共资源的覆盖范围，深化粤港澳三地在教育、社会福利和医疗方面的合作，探索粤港澳医疗、养老保障服务合作新模式。超前规划建设一批医疗卫生重大项目，推进跨境生态基础设施建设，引导、组织各类行业龙头企业、科研机构共建产学研创新联盟，打造高品质的湾区生活环境，提升对区域内外资本、人才、机构的吸引力。

2. 文化融合

利用粤港澳三地“地缘相近、人缘相亲、文缘相同”的优势，加强三地文化的紧密融合，构建区域发展软实力，塑造面向多元融合的粤港澳大湾区整体文化形象，促进区域传统文化、现代文化、都市文化、乡村文化、人文文化、科技文化、治理文化、市民文化的交融发展，形成“相互投资、相互开放、资源共享”的粤港澳三地文化合作格局。

(1)积极发挥政府引导作用，构建和完善粤港澳文化合作机制。继续支持三地轮流举办粤港澳文化合作会议制度，深化在影视娱乐、文化产业园区、新媒体制作、人才培养、版权行销、文物拍卖等领域的紧密合作，推动产业结构转型升级，促进三地文化共建共享。并对涉港澳文化创意产业的管理体系、税收政策、投融资方法和市场准入制度等进行大胆试验，不断深化粤港澳文化合作。

(2)培育文化创意产业园、国际性文化艺术基地等文化合作载体。积极开展包括文化产业在内的“文化合作示范点”建设，在横琴、前海、南沙等区域开发中规划建设“粤港澳文化产业合作示范区”，合理布局有关文化创意产业园区，培育发展国际会展、文化创意、信息资讯、高端赛事等新兴业态，建设国家对外文化贸易基地，合力打造丝绸之路文化产业带。

(3)打造文化品牌。依托广东在平面媒体、数字出版的产业规模优势，香港在影视娱乐、文化公共平台、文化产业推广平台建设方面的经验优势，澳门的旅游资源、归侨侨眷资源优势，促进三地文化产业的深度融合，培育一批有竞争力的文化企业和产品，拓展文化消费市场，打造国际性文化艺术项目、舞台艺术作品、文化交流活动等文化品牌，提升粤港澳大湾区的整体文化形象。

6.1.2　转型引领战略

1. 创新引领

高端产业体系和区域创新体系引领区域转型。加强环珠江口湾区核心区的创新功能对延伸区产业转型发展的引领作用，培育战略性新兴产业。

(1)打造高端创新平台。以建立国家大科学中心为目标，通过国际合作创建多所国际一流大学、国际领先技术的研究院所和检测机构、国际工程技术中心。推进深圳、广州国家自主创新示范区，中山、珠海、佛山等创新型科技园区，肇庆、江门等创新型特色园区建设，塑造区域品牌。集中优势力量建立和完善一批技术研发、工业设计等高水平的公共创新平台及科技金融服务平台。

(2)推进高端创新人才的培养。依据湾区产业和科研布局的发展需求，依托区域内高等院校、职业技术学校、企事业单位与重大科研基地，加快引进更多创新团队和领军人才，联合培养一批科研、经营管理、技术技能型人才以及公共服务高层次人才。创新人才使用模式，完善区域间人才流动的体制机制，打造粤港澳大湾区成为创新人才集聚的洼地。

(3)加强区域自主创新能力。加快实施战略性新兴产业自主创新工程及重大专利技术与产业化计划，加强科技攻关和标准研制的产学研合作，加快发展专利联盟，强化珠三角地区知识产权保护合作。

2. 品质提升

构筑区域生态安全格局，共建绿色基础设施，促进区域践行新型城镇化内涵提升。通过公共空间提升城市化品质和内涵，提倡以优质生活和绿色发展为导向的空间发展理念。

(1)以“集合城市”重构区域城镇空间关系。以适度人口规模为标准，在湾区内划定“集合城市”区域，通过集合城市内部公共中心、公共绿心、公交走廊等要素的共建、共享，在更精细化的尺度上组织城镇功能，实现区域整体的优化与提升。

(2)建设面向区域环境持续改善的生态安全格局。优化山水格局、河流水系、湿地系统、大气环境、绿道体系等生态景观要素的空间配置，开展天然林保护修复、蓝色海湾整治行动，构建对区域生态环境问题有效控制和持续改善的区域性安全格局。通过生态控制线和生态保护区域的引导划定，充分保护和预留生态用地，严格控制城市空间拓展对生态用地的侵占。

(3)建立绿色低碳循环发展产业体系。以能源、产业、交通、建筑、碳汇五方面为重要抓手,结合区域实际情况,推进绿色能源的高效利用,建设清洁低碳、安全高效的现代能源体系,强化传统产业向低碳循环产业的转型升级,推进近零碳排放区示范工程。

3. 节点示范

以自贸区、海洋经济区、空港新城、跨界合作区等战略性新兴节点为载体,通过先行打造引领区和示范区的方式以点带面,促进区域整体转型提升。

(1)打造体制机制突破试点地区。推进广州南沙新区、前海深港现代服务业合作区、珠海横琴新区承担国际级、突破性职能,力争在制度创新、区域协同、产业创新及环境品质提升方面取得突破,促进广东"金三角"协力联动一体化发展,建设成为粤港澳大湾区体制机制创新试验区、建设粤港澳优质生活圈示范区及高端现代产业新高地。

(2)打造功能优化的综合枢纽地区。推动广州空港经济区、广州南站商务区、深圳大空港新城、惠州环大亚湾新区、珠海高栏港经济区、江门大广海湾经济区构建人流、物流、信息流、资金流融通汇聚、多元互联的综合枢纽,促进湾区空港、海港、信息港的联动,在交通优化和产业互动方面重点突破。

(3)打造创新转型的引领地区。推进东莞水乡经济区、中新广州知识城、佛山中德工业服务区成为创新转型的引领地区、中外合作创新试点及体制创新示范区,充分发挥粤港澳大湾区外向型经济发展优势及其在政策优惠、体制探索中先行先试的作用,在知识产权与专利技术转移、区域性产业合作、人才联合培养等方面深化合作。

(4)打造合作共建的最佳实践区。推进中山翠亨新区、前海深港现代服务业合作区、广州南沙新区、珠海横琴新区、中新广州知识城、深圳国际低碳城成为多方合作共建的实践区,在产业合作、生态保护、品质建设等经济、社会领域展开合作机制的深入探索与创新尝试,将全球流动要素转化为本地内生性发展资源。

6.1.3 深度开放战略

1. 促进交通互联互通

以海港、空港为支撑,以信息港为平台,打造湾区多港联动新格局,促进国际通关、拼装分拨、多式联运有机衔接,努力成为海上丝绸之路互联互通的重要门户。

(1)构建新港口联盟。在现有"友好港口联盟"的基础上,合作组建"21世纪海上丝绸之路国际港口联盟",创新国际港口交流合作新机制,鼓励粤港澳大湾区企业参与沿线国家港口、航道等重大基础设施建设,推动现代化航运服务业发展。

(2)构建与沿线国家主要城市"4+12小时航空交通圈"及"8小时高铁交通圈"。构建国际化港口群,强化国际机场枢纽建设,畅通国际陆路通道,完善陆路出省通道,推动以珠三角沿海港口群为起点的第三亚欧大陆桥建设,搭建联通内外、便捷高效的海陆空综合大通道。

(3)共筑"信息丝绸之路"。加大电子口岸建设力度,搭建跨境信息共享平台,积极参与东盟信息港等亚太互联互通网络建设,建设服务沿线国家的大型国际数据中心。

2. 开拓新兴合作领域

(1)促进新兴产业的互利合作。培育发展国际会展、文化创意、信息资讯、高端赛事等新兴业态,大力发展法律、会计、检验检测、认证等专业服务,深化与沿线国家的服务外包、新兴传媒、文化旅游、新能源、新材料等新兴产业领域的合作，提升服务业外溢发展水平，培育具备持续竞争力的经济增长点，打造海上丝绸之路重要的高端价值服务基地。

(2)实现医疗、教育等优质资源的共享与联动。超前规划建设一批医疗卫生重大项目，着力引进国内外名医、名院、名诊所等优质医疗资源，形成一流国际医疗卫生设施布局，大幅提高医疗服务管理水平。引进国内外名校和顶尖学校合作办学，探索设立国际化研究中心和特色学院，加大高端创新人才引培，完善区域间人才流动的体制机制。

(3)构建多元化多层次的人文交流体系。充分利用海外华人华侨资源优势，加强与海上丝绸之路沿线国家的人文交流合作和旅游往来，促进合作项目向教育、文体、科技、会展、旅游等更多领域延伸，大力培育多元包容的开放文化，提升湾区活力。

3. 构建经贸合作枢纽

(1)建构开放的经济合作载体和平台。找准经贸合作契合点，拉紧利益纽带，谋求与东盟、非洲、欧洲等“21 世纪海上丝绸之路”沿线国家的共同发展。在投资准入政策、货物贸易便利化措施、扩大服务业开放等方面先行先试，率先实现新区内货物和服务贸易自由化。

(2)打造多元化的产业经济合作。依托珠三角港口群和海上丝绸之路商贸物流大通道，大力发展临港产业及临海先进制造业，扶持面向临港产业的保险仲裁、信息服务、大宗产品交易等生产性服务业发展。

(3)深化经贸合作机制。争取海上丝绸之路开发银行总部、亚洲基础设施投资银行分部落户粤港澳大湾区核心城市，先行先试筹建开发性金融机构和投融资平台，探索在欧美发达国家设立地区性招商总部，完善粤港澳联合赴海外推介机制。

(4)促进沿线国家贸易政策的对接。构建统一的区域市场，实现与沿线国家间的法律、法规、政策对接。在贸易投资促进、基础设施建设、发展电子商务等领域加强合作，深化对现行对外投资管理体制的改革，寻求外汇、税收政策创新。

6.2　行动计划

6.2.1　湾区协调机制创新行动计划

1. 整合现有资源

在粤港、粤澳联席会议组织架构基础上，建立粤港澳大湾区联席会议制度，深化专项事务协调机制，就区域发展的战略问题进行沟通协商，制定粤港澳大湾区合作框架及近期合作议题。纳入广义范围的粤港澳大湾区“联合舰队”的成员，提高市级层面与港澳协调沟通的参与程度，并常设或采用观察员制度，增强区域协调机制的开放性。同时，整合现有的粤港合作联席会议联络办公室和粤澳合作联席会议联络办公室，设立粤港澳合作联席会议联络办公室，由分设粤、港、澳三地的联络办公室共同组成，负责日常交流沟通，及时交流反馈实施进展等。

2. 构建参与者多元化的沟通协商机制

充分利用互联网下的现代资讯平台，除了官方的沟通协调机制外，建立起政府、企业、商界、学界、社会团体及公众参与的半官方、非官方沟通协商机制。通过社会各界的参与，确保政府推行的区域政策与措施的可行性和可操作性，同时也起到社会监督的作用。同时有效动员和组织各地工商专业组织建立联系机制，设立行业协会合作平台，鼓励工商企业界、专业服务界、学术界等社会各界加强交流与合作，建立企业合作与交流平台，为企业间的投资、贸易、研发等活动提供有效的机制和载体。

3. 拓宽基建、环保、产业等多领域的区域协调内容

深化粤港澳跨界大型基建合作机制。将粤港澳三地共同编制的重要跨界基础设施建设合作计划纳入国家相关规划，设置统领区域内大型基础设施规划建设的专项协调机构，探索建立公共基金、公私合作开发等多种模式，建设区域战略性基础设施。深化在教育、社会福利和医疗方面的合作。继续扩大社会服务设施的覆盖面，提高公共服务共建能力和共享水平，探索粤港澳医疗、养老保障服务合作新模式。完善区域环境保护的协调互动机制。粤港澳之间探索率先建立区域环境保护专项基金和排污交易、碳排放交易机制。构建区域产业转移与扩散的协调机制。优化区域产业转移园的利益分享机制，促进港澳地区参与产业转移园建设。促进国家通过中央财政贴息、转移支付等纵向利益补偿机制，在信息、技术、融资和职业培训等公共服务平台建设方面予以资助，减少产业转移成本。

4. 探索法律、行政、经济等多样化的区域协调手段

(1)法律手段。制定粤港澳大湾区协调发展的法律法规，促进粤港澳三方政府间行政协议的制度化，建立完善严格的污染防治监管体制、环境执法体制和环境监测预警体制。

(2)行政手段。结合区域协调机构的完善，创造粤港澳三地高层共同磋商的渠道和平台。由目前的“一事一议”的应对式协调向前瞻式协调转变。

(3)经济手段。以投资导向方式推动特定地区的发展，建立制度化的利益补偿和共享机制。借鉴区域开发银行模式，组建粤港澳大湾区开发银行，参与区域大型投资项目的融资。并在此基础上，建立区域结构基金，用于奖励积极遵守区域协调发展的地区及补贴由于承担区域责任而利益受损的地区。

(4)研究手段。通过设立非政府的研究咨询机构，打造“产、官、学”相结合的平台，创建粤港澳三地协调发展的智库。由研究咨询机构组织或由三地政府直接委托粤港澳大湾区区域内的科研机构、高等院校、专业学会和行业协会等开展合作研究。

6.2.2 基础设施互联互通行动计划

1. 构建良性竞争、开放合作的国际化港口群

在现有“友好港口联盟”的基础上，鼓励支持招商局等优势企业参与沿线国家重要港口国际合作，合作组建“21世纪海上丝绸之路国际港口联盟”，扩大与深化友好港范围。以广州港、深圳港为龙头，以珠海港及周边中小港口为支撑，联合港澳港区，发展航运经纪、航运保险、航运融资等现代航运服务业，拓展港口物流、金融、商贸等现代化功能。加强珠三角港口与新加坡港、马来西亚巴生港、印尼丹戎不碌港、泰国林查班港、越南胡志明港、菲律宾马尼拉港等沿线国家重要港口的合作。加强互访交流，共建友好港口、临港物流园区和产业园区，连接海上物流通道，形成港口合作机制，强化战略支撑作用。支持粤港澳大湾区企业参与沿线国家港口、航道等重大基础设施建设。开辟新航线、缩短航运距离、提升运输效率。

2. 加强国际航空门户建设，构建与沿线国家主要城市“4+12小时航空交通圈”

以香港、深圳、广州国际机场为龙头，将珠三角机场群建设成为重要的国际航空门户。

增加并优化与“一带一路”沿线国家的客运、货运航线，构建与国内、东南亚主要城市“4 小时航空交通圈”，与全球主要城市“12 小时航空交通圈”。加强粤港澳之间和泛珠区域之间航空合作，整合区域航空资源，激活航空市场需求，提高枢纽机场集疏运能力。完善多层次航空运输服务体系基础设施，加密与沿线国家的航空客货航线，提高国际航班中转率和航运效率，着力提升枢纽机场航线网络通达能力和综合服务保障能力，建设面向东南亚、南亚的航空客货运转中心。

3. 增强陆路骨干网对接，构建与沿线国家主要城市“8 小时高铁交通圈”

构建珠三角经广西、云南至越南、缅甸、泰国等东盟地区的铁路通道，积极推动珠三角与沿线国家互联互通，充分发挥“粤港澳-西南省份-东盟国家”国际综合物流大通道的作用，构建“无缝多样式衔接”和“零距离换乘”的中国与中南半岛的陆路主通道。加快推进干线铁路建设及国家高速公路粤境段项目建设，积极对接珠三角与海峡西岸经济区、长江三角洲、北部湾经济区、长株潭城市群及港澳地区的高速公路通道。同时，推动以珠三角沿海港口群为起点的第三亚欧大陆桥建设，将其打造成为连接“三亚”（东亚、东南亚、南亚）的中枢、沟通“三洋”（太平洋、印度洋、大西洋）的纽带、横贯“三洲”（亚洲、欧洲、非洲）的桥梁，促进中国与东南亚和中东地区的互联互通和区域合作。

4. 构筑“信息丝绸之路”

大力整合珠三角港航信息大数据资源，逐步建设港口货物互联网、港区职能管理系统，实现对进出港区船舶、车辆、货物的实时监控、智能感知、智能调度和管理。推进物流大通关及集装箱智能物流信息平台建设，建设智能数据交换、智能业务协同及客户“一站式”综合服务的公共信息平台，实现政府监管与港口、船公司、物流企业、代理企业“一站式”服务。加快港口信息化建设，促进港口间交通运输信息的互联互通与资源共享，推动实现电子口岸间的一票检验、一票通关，打造全国口岸服务优势区域。

6.2.3　产业融合发展行动计划

1. 从“大进大出”转向“优进优出”共促产业升级

未来的产业升级总体上应按照“垂直升级”和“横向升级”两个维度推进，坚持先进制造业与现代服务业“双轮驱动”，强化外资外贸两大“支柱”，进口紧缺的先进技术、关键设备和重要零部件，出口高档次、高附加值的产品，促进产品、技术、服务的“全产业链出口”，推进中哈产能合作计划等国际产能合作项目，推动粤港澳大湾区升级为向世界提供先进装备的重要基地和面向国内、国际两大市场的服务核心，在全球范围内配置产能要素、开拓产能市场，促进湾区经济提质增效。

同时，利用粤港澳大湾区与经济发展和工业化水平相对较低的国家和地区之间存在的产业梯度差，有序进行有关产业制造与终端组装环节的转移。促进粤港澳大湾区与新加坡等国家和地区先进制造业和高新技术产业开展投资合作，推动“两国双园”合作产业园建设，通过跨界工业园的形式承接产业转移，确保升级产业和原支撑产业都有合适的空间支撑。

2. 区域产业品牌竞争力塑造

提高粤港澳大湾区产业竞争力。培育一批战略性产业，实施工业强基工程，开展加快发展现代服务业行动，促进粤港澳大湾区成为“中国智造”基地，促进工业 5.0 发展。在“互联网十”时代背景下，实施湾区大数据战略，发展分享经济，以国外市场需求结构调整为导向，重点发展战略性新兴产业和装备制造等先进制造业。同时，通过扩产增效、智能化改造、设备更新、公共服务平台建设和绿色发展等手段，推动优势传统产业的转型升级，强化区域产业的整体竞争力。依托中心城市和湾区重要节点，大力发展研发设计、第三方物流、融资租赁、信息技术及法律会计等专业服务，节能环保服务、检验检测认证、电子商务、服务外包、人力资源服务和品牌建设等生产性服务业，与沿线国家合作建成区域性产业集聚区、海洋经济示范区、科技合作园，打造区域优势产业品牌，如中国的电子信息产业中心，中国硅谷、中国软件谷、智造基地、南海休闲旅游中心等。

3. 促进产业的纵横向分工协作

深化产业横向分工协作，明确地区产业发展定位与目标，实现优势互补、产业联动、错位发展，搭建核心湾区创新服务基地和湾区外围先进制造业基地。以广州和深圳为两大核心，以环湾区南沙、前海、横琴三大国家级新区和广州知识城、深圳空港新城等重大平台为依托，大力发展现代服务业，构筑世界级城市群的高端服务和科技研发等功能高度密集的核心湾区。引导珠江西岸地区重点发展先进装备制造产业及战略性新兴产业，强化传统优势制造业技术升级与改造；引导珠江东岸地区以信息技术、生物制造业、新能源、新材料为主要发展方向，逐渐形成一批具有较强创新自主性和技术引领性的骨干企业和特色鲜明的产业链及产业集聚区，联手西岸共同打造湾区外围先进制造业基地。同时，增强湾区的金融、贸易、航运等资源配置能力，推动产业链和价值链向高端延伸，促进产业链纵深分工协作，在区域内形成与产业内部相配套的垂直分工体系。

6.2.4 建设粤港澳国家大科学中心行动计划

1. 共建创新载体

广东将按照“需求牵引、规划先行、平台依托、项目带动、人才集聚”的原则，紧扣共建国家科技创新高地这一目标，深入实施创新驱动发展战略，发挥科技创新在全面创新中的引领作用，在重大创新领域牵头组建一批国家实验室、国家工程(技术)研究中心等研发平台，建设粤港澳国家大科学中心，链接高校、科研机构与企业，形成与产业应用需求融合的组织机制和嫁接平台，构建利益共享、风险共担的创新链和产业链，催生变革性创新技术，带动和影响相关产业发展，集聚高新技术企业，为区域创新驱动发展提供强大动力。

2. 转移转化科技成果

结合产业空间融合战略，推进科技成果研发核心区、孵化空间和制造支撑空间的相互合作。优化科技创新布局促进协调发展，引导科研院所与当地企业联合科技攻关、共同实施合作项目，以产业分工和科研布局为导向，建立与粤港澳大湾区经济发展要求相符合的人才资源动态优化机制，吸引包括“千人计划”“百人计划”在内的海内外优秀创新创业人才进入粤港澳大湾区开展科技创新和成果产业化工作，促进高层次创新创业人才的交流与合作，推动重大科技成果在粤港澳大湾区内的转移转化应用，着力提升粤港澳大湾区的自主创新能力。

3. 优化科技资金配置

进一步优化财政科技资金配置方式，成立合作专项资金、协同创新与平台环境建设专项资金，尝试共建粤港澳创新圈基金。加大对基础研究、前沿探索、战略高科技、生态、环保等领域的科技投入，引导金融资本、社会资本对创新的投入，加快推进科技金融有机结合，扩大小微企业融资担保资金规模以及大中小企业发展专项资金对技术创新的支持力度，搭建粤港澳国家大科学中心新型科技创新投融资平台。

4. 推进体制机制创新

广东应争取在知识产权、高等教育、人才流动、国际创新合作等领域，改革科技创新战略规划和资源配置体制机制，深化粤港澳科技资源创新合作，优化区域科技资源配置，促进国际科技资源的高效利用。着力推进粤港澳大湾区协同创新机制建设，健全科技人才流动机制与分类评价激励机制，完善科研立项与评价机制，构建知识产权利益机制，努力克服传统科研体制的弊端，建立面向市场、产学研紧密结合、高效灵活的体制机制，增强创新驱动发展的动力和势能，促进产业技术研发与成果转化。

5. 重大科技项目推进

集中优势力量，重点突破一批制约粤港澳大湾区产业转型升级和经济社会发展的重大科技问题。加快推进中国（东莞）散裂中子源、中微子二期实验室（江门）、中国（深圳）基因库、国家超级计算机深圳中心、中国科学院（惠州）加速器驱动嬗变系统研究装置和强流重离子加速器装置等重大科学工程建设，依托“天河二号”国家超级计算机广州中心，建设国家大数据科学研究中心，助力粤港澳国家大科学中心建设计划。

6.2.5　打造世界级城市群行动计划

1. 中心城市引领发展

香港、澳门、广州、深圳作为粤港澳大湾区世界城市群的中心城市，应加快先行、深化合作、融入区域发展战略、提升建设水平、塑造国际影响力、引领城市群发展。着力提升港澳在经济发展和对外开放中的地位和功能，维持香港、澳门繁荣稳定发展。

(1)香港。打造世界城市、海洋中心城市，发挥国际金融、贸易、航运和信息中心作用。抓住“一带一路”机遇，积极牵头商会与企业。借助“海上丝绸之路协会”等协会团体平台，进一步凝聚在港各沿海省市同乡华侨及海内外各界精英的力量，发挥香港“超级联络人”的作用，跟随国家“扬帆出海”。构建以香港为基地的全球融资体系。加强与 21 世纪海上丝绸之路沿线国家的业务联动，扩大香港在离岸人民币市场的领先优势。鼓励香港企业参与基建项目投资和管理。通过银团贷款和发行基建债券等方式向丝路基建项目提供融资；利用 PPP 模式及其他常用方式参与湾区基建投资、建设和管理；为中资企业“走出去”提供基建项目贷款、过桥贷款、发债融资、顾问咨询、项目管理和专业服务等。加强深港海洋经济、香港-东盟自贸区合作。结合香港在金融、法律方面的优势与海洋领域的资源禀赋，推动香港“海洋经济”的发展和升级；丰富和发展与贸易及航运相关的“海洋金融”及“海事法律与仲裁”的服务；将香港打造成中国与东盟间“引进来、走出去”的双向服务平台。

(2)澳门。打造国际休闲旅游中心，构建葡语国家商贸、文化交流平台。深度参与横琴新区的开发和建设。将澳门的资金、品牌、商业法律及税制优势与珠海的土地、资源、人才、环境和政务服务优势相结合，鼓励澳门直接在横琴投资新建公共基础设施，更多地参与横琴新区的开发和建设，为澳门经济适度多元化发展提供广阔的空间。打造粤澳跨境旅游产业链，培育壮大新的增长极。联合开发旅游新路线，建设由内地景点直达澳门大小景点的文化走廊；注重粤澳旅游休闲、商务服务业的错位发展，促进客源互动及市场的一体化，打造粤港澳大湾区"世界旅游休闲中心"。继续发挥中葡商贸合作服务平台角色。积极协助中国企业开拓拉美、非洲等葡语系国家市场，探索建立粤澳葡金融合作的沟通联络机制；推进粤澳及葡语系国家间互设法人机构、分支机构和后台服务机构，鼓励葡语国家金融机构在澳门设立分支机构，扩大人民币境外结算区域；利用中葡论坛框架下专设的"中葡发展资金"这一杠杆支持重大合作项目。

(3)广州。建设国家中心城市，打造国际航运和物流中心、贸易中心。以自贸试验区为载体构建高水平对外开放格局。以南沙自贸区为核心，推进体制机制改革，营造市场化、法制化、国际化营商环境；打通国际国内市场，推进内地高端制造业和国际商品、资本以广州为枢纽的互动。以国际航空、港口建设打造海上丝绸之路枢纽。推进南航进一步优化面向"海上丝绸之路国家"的航线网络建设，搭建中外经贸交流空中要道和国际物流通道；推动北美、东南亚、非洲和地中海区域海上国际航线的进一步完善，促进国际港口基建合作。以创新推进产业发展。以中心知识城建设为平台，推动科技基础设施优势发挥；围绕空港建设，发展航空物流业、飞机维修与制造业等航空核心产业；依托集装箱物流中心，布局现代物流、先进制造、综合服务等功能。

(4)深圳。建设现代化国际化创新型城市，打造具有国际影响力的生产服务中心。以自贸区为载体，大力发展湾区经济。依托前海自贸区打造粤港澳大湾区门户枢纽，发挥集自贸区、经济特区、国家级新区、综合配套改革试验区等综合优势，以现代金融、现代物流、商贸会展、信息服务、科技服务、专业服务等服务业发展为重点，推动湾区经济发展，建设具有国际影响力的现代服务业基地。促进深港组合协同发展。以深港世界级海港枢纽为依托，打造粤港澳大湾区超级港口群，增强深港组合港的全球航运中心功能；深化深港机场的协同合作，拓展航空配套服务市场、增强国际空港辐射功能；共建深港信息港，推动国际信息网络核心节点建设；共谋海洋中心城市建设，打造海洋产业创新示范基地。建设面向全球的创新策源地。强化创新、创业、创投、创客"四创联动"，努力建设更高水平的国家自主创新示范区；加强与"一带一路"沿线国家产业技术合作和重大技术问题的联合研究；拓展海外引智渠道，争取国家支持开展与"一带一路"沿线国家人才技能支撑互认试点。布局深圳东向发展轴，合力推进"深圳东进"战略。加大对深圳东部地区的战略布局，促进战略资源"向东"倾斜，在全局性、战略性、前瞻性的城市基础设施上有所突破，全面优化商业环境，扶持金融业、旅游业、生物及生命健康产业的协同发展。建设珠江口东岸新型都市区。打造以深莞惠经济圈、深汕合作区为支撑，包括粤东和闽西在内的东向发展轴线，以深汕特别合作区为支点，推动汕尾、河源按"3＋2"模式参与深莞惠经济圈建设。

2. 深化南海资源开发合作

(1)促进粤港澳六大湾区协同发展。优化岸线资源和产业分布，优化海洋生态和公共管理，促进大汕头湾区、大红海湾区、大亚湾区、环珠江口湾区、大广海湾区、大海陵湾区六大湾区建成串珠式湾区海洋经济科学发展和生态文明建设示范带、滨海旅游黄金海岸带。以环珠江口湾区作为打造粤港澳大湾区的战略核心区及建设"21世纪海上丝绸之路"的重要枢纽，以海洋经济发展和生态文明建设为重点，促进湾区核心区与延伸区在产业发展、生态资源保护利用、能源基础设施方面的协同与合作。推进大汕头湾区、大红海湾区、大亚湾区、大广海湾区、大海陵湾区五大湾区的统筹规划、错位发展，打造粤港澳大湾区的战略支撑节点及海洋经济崛起的蓝色引擎。

(2)共建国家南海开发战略基地。推动南海周边国家和地区的海洋科研院所、高校与企业组建若干海洋工程技术创新联盟，打造国家级南海开发和深海研究公共技术平台；发挥湾区地缘优势和油气服务基地优势，参与中国南方海上油气田生产指挥中心建设，争取南海油气开发企业落户；积极参与中国-东盟现代化海洋渔业技术合作及产业化示范项目；加强与文莱、马来西亚、泰国等东盟国家及太平洋岛国的渔业交流与合作，建设境外渔业养殖基地，在良种繁育、养殖生产等环节进行全产业链的合作；以新能源与可再生能源、海水淡化、海洋生物制药等为重点，加强与沿线国家海洋产业合作，合作建设一批海洋经济示范区、海洋科技合作园，进一步创新合作机制；建立海洋污染防治协作机制，科学制定污染物排放控制总量，探索建立海域使用生态补偿制度，出台海洋生态损害评估办法，完善海洋环境监测体系，积极推进南海生态保护。

3. 共建粤港澳优质生活圈

(1)打造与世界级城市群发展水平相匹配的优质生态与人居环境。严格保护具有重要生态价值的自然山林、绿地、海岸、湿地及基本农田，促进形成覆盖全区域的生态安全支撑体系。对区域水、大气环境进行联合检测，增加用于自然资源保护的公共资源投入，探索粤港澳大湾区生态补偿机制，为人们提供安全可靠的自然环境保障。

(2)引领经济发展走向低碳与可持续。大力发展现代服务业、高新技术产业和现代都市农业，加快推进区域经济向知识型、服务型转变。加快对新能源和能源节约技术及产品的研发和推广，大力促进环保产业发展，推广循环经济的模式和技术，争取在大湾区率先建立低碳、循环型产业体系。

(3)健全区域公共服务和民生治理架构。珠三角地区应围绕着“加快转型升级、建设幸福生活”这一核心，大力推动社区建设和发展，初步实现珠三角地区基本公共服务均等化。完善公共服务的多元化供给机制，鼓励境内外社会资本参与公共服务设施和产品的投资及运营管理。不断完善社会服务领域跨界协作机制，提高跨界生活的便利程度。

(4)转变空间发展模式。积极推动人口和产业在珠三角地区与粤东、西、北地区之间，以及在珠三角核心地区与边缘地区之间的“双转移”，促进产业合理布局和区域相对均衡发展，将产业转移对生态环境影响降低到最小。建立满足不同层次、不同类型居民居住需求的多样化住房供给机制，以及相应的空间保障措施。继续推进珠三角的区域绿道建设，不断扩展、完善区域绿道网络，逐步建设城市、社区的绿道系统和生态廊道。鼓励珠三角各市、镇之间，以及珠三角各地与香港、澳门之间积极探索各种内容、形式多样的空间发展跨界合作区，在相关的规划、资源、土地及经济社会核算等方面允许适度灵活的探索和创新。

(5)构建智慧化、绿色、高效、以人为本的交通运输系统。构建以干线铁路和轨道交通为骨架、以常规公共交通和长途客运为主体的交通运输体系。进一步完善区域交通网络布局，协调不同运输方式之间的衔接，促进就业地与居住地之间、城镇中心与外围之间、各城市之间，以及珠三角与港澳之间的跨界交通联系便捷化。力争在运输工具的节能减排以及交通新能源的推广方面取得一定成效，促进发展区域绿色交通。

第 7 章　推进粤港澳大湾区动能转换研究——基于流量经济的视角

7.1　基于流量经济视角分析的创新价值

基于流量经济理论分析区域经济演进是一种崭新的视角。在一般区域经济比较分析中，常用的都是用人口总量进行比较。例如，2016 年，深圳常住人口 1190.84 万，广州常住人口 1404.35 万。在人口流动结构不发生重大变化时，上述比较是有意义的。然而，在人口流动结构经常发生重大变化时，仅比较“人口总量”就会忽视数字背后的经济现象。例如，根据 2015 年全国 1%人口抽样结果显示，深圳常住人口中，现居住地与户口登记地所在的县（市、区）不一致且离开户口登记地半年以上的人口为 887.87 万，占 78.03%；而广州常住人口中，现居住地与户口登记地所在的区不一致且离开户口登记地半年以上的人口为 572.98 万人，仅占 42.44%。这说明两地人口的流动结构有重大差异，2016 年比较的深圳人口总量和广州人口总量已经不是“同一批人的比较”。仅仅分析人口总量数据会遗漏真实人口结构变动的内在信息。又如，在分析广州和深圳的科研实力时，常使用在校大学生指标。根据统计，2016 年广州的在校大学生数量将近 114 万，而深圳在校大学生数量仅 9.19 万，由此会得出结果“深圳创新基础远远落后于广州”。但实际上，如果考虑大学生毕业以后的流动性特征，上述分析得到的结论就会站不住脚。

7.2　流量经济概述

流量经济是在现代经济发展变化中形成的一个全新的经济发展理论，它既不同于通常所说的流通领域的经济活动，也有别于经济学中的“流量”“流动”概念。基于流量经济理论分析粤港澳大湾区的形态发展演进是一种新的视角。

7.2.1　流量经济的概念

流量经济是指经济领域中各种依靠经济要素或生产物的流动而带来经济效益与发展的经济存在形态的总称。流量经济的主体内容包括人流、物流、商流、资金流、信息流、技术流等。从区域流量经济表现形式来看，流量经济是指一个地区以相应的平台和条件，吸引区外的物质、资金、人才、技术和信息等资源要素集聚其中，并在该地区重组、整合和运作，进而带动各产业部门的发展，再以由此形成并倍增的经济能量向周边乃至更远的地区辐射。

需要说明的是，流量经济中的“流量”不同于经济学中的“流量”。流量经济中的“流量”是指要素或生产物的流动，尤其是以人流、物流、商流、资金流、信息流、技术流等为主要代表形式的“流动”。而经济学中的“流量”是指一定时期内发生的某种经济变量变动的数值，它是在一定的时期内测度的，其大小有时间维度。例如，反映社会产品和劳务的生产、分配情况的国内生产总值、劳动者收入总额、投资总额、流动资金增加额等都是流量。与之相对应的是存量，存量是在某一时点上测度的，其大小没有时间维度。例如：资产负债表中的期初资产、期末资产、流动资金、存款、黄金储备、外汇储备等都是存量。

7.2.2　流量经济的结构体系

组成流量经济体系的构件主要有三项：流量经济的载体、流量经济的发展平台和流量经济的发展环境。

1. 流量经济的载体

流量经济的载体主要是指流量经济赖以运行和发展的机体或机构组织。流量经济区别于其他经济发展模式的主要特征就是资源要素的流动，所以，流量经济的载体必须是能大规模地带动并有效地促进要素流动的机构组织。从目前的实际经济运行状况来看，流量经济的载体主要表现为两大类：一是以骨干龙头企业为主导的企业集群；二是市场中介机构。其中，龙头企业可以表现为一个地区的国际金融机构、跨国公司或大型公司总部。市场中介可以是国内机构，也可以是国外机构。这些机构，可以为城市的发展带来资源要素的流动；也可以直接为集团公司提供市场中介服务，对打造企业生态链、营造良好的营商环境十分重要。

2. 流量经济的发展平台

中心城市要吸引流量经济的载体机构进入，必须首先建立供这些机构进行资源要素实际运作所需的设施、场所和市场体系等，这就是流量经济发展的平台。按照功能的不同，流量经济的发展平台可以分为基础平台、操作平台和服务平台三大类。其中，基础平台主要是指道路交通设施、港口码头、航空港、信息通信设施以及适宜的办公居住场所等，这是公司机构完成资源要素在地区空间的移动所必须具备的硬件设施；操作平台主要是指要素市场体系，包括商品市场、资本市场、期货市场、技术市场和人才市场等。要素流动除了在空间的位移，还包括要素所有权在不同所有者之间的转移，而这都必须通过交易来完成。要进行交易就必须建立市场，所以市场体系是进行要素流动的不可缺少的平台。服务平台就是为要素的交易和流动提供配套服务的市场中介组织体系，包括会计师事务所、律师事务所、资产评估师事务所、企业咨询机构等。中介机构作为市场运行的润滑剂，对提高整个市场体系的运行效率有着非常重要的作用。所以，建立完善的中介服务平台，也是流量经济运行和发展的必备条件。

3. 流量经济的发展环境

流量经济的发展环境主要是指发展流量经济所需的社会、政治、经济和文化等方面的环境条件。在经济发展日益全球化的趋势下，流量经济也必将超出国内范围，走向全球化发展。在这种情况下，完善流量经济的发展环境应特别重视各种环境条件与国际接轨。

7.2.3　流量经济的层次结构

按照区域范围、发展能级、主导动力、表现形态等不同角度，流量经济可以划分为不同的层次结构和表现形态。

1. 低能级流量经济与高能级流量经济

一般而言，要素的技术含量、技术层次和其他素质水平越高，要素以及要素组合的运作效率越高、辐射能力越强，整个流量经济的能级水平就会越高。城市要素聚集中心地位刚确立时，要素聚集的质量层次、效率水平和辐射能力通常较低，属于低能级流量经济。随着聚集中心的流量经济发展影响力不断外扩，原有的仅局限于区域层面的要素聚集会逐步向更大范围、更高层次、更高效率的要素聚集模式转变，资源要素的全球化配置和辐射力的全球化提升会形成一种高能级流量经济。

2. 低流速流量经济与高流速流量经济

从城市或区域发展的历程来看，受区域基础设施的完善程度、信息技术手段、制度差异化等因素的影响，城市内部或不同城市之间的要素流动通常会受到极大限制，进而表现为一种低流速流量经济的形式。随着技术信息手段的不断提升、基础设施的不断完善和制度一体化的发展，城市或区域内部或不同区域之间的要素流动壁垒会不断打破，进而形成一种高流速流量经济。显然，相比低流速流量经济，高流速流量经济的要素配置效率更高，更有利于经济发展和区域发展的平衡。

3. 传统性流量经济与现代性流量经济

一般情况下，在经济发展初期，流量经济的发展总是以物流、商流为主导，带动相应的资金流，但对其他要素流的带动作用相对较小。因此，这一阶段流量经济的运行相对简单、内涵也比较低。在经济发展初期，由于产业体系不完善，发展中国家各个产业门类通常都会存在较大的资金缺口，故资金流的分布流动往往会决定一个城市或区域的经济繁荣程度。但随着产业体系的不断完善和供给能力的不断提高，经济发展初期的数量扩张逐步向质量提升转变，知识经济、创新经济的发展使得技术、人才、信息要素流动等成为较资本更加稀缺的资源，故以新流量要素为代表的现代流量经济形态逐步成为决定一个地区发展繁荣的根本，传统流量经济必然需要向现代流量经济转换。需要说明的是，传统流量经济的发展并非是一个可以完全脱离传统流量经济实现跨越发展的过程，而是与传统流量经济在过程上有所承接、在发展内容上有所延续的过程。传统流量经济是现代流量经济发展的基础，现代流量经济是传统流量经济的进一步升华。

7.3 流量经济视角下湾区经济的演进形态

流量经济是目前学术理论研究一个崭新的经济范畴。经济学的经典理论表明，资本只有在运动中才能实现增长。在当代现实经济中，不仅资本要素，而且包括物资、技术、信息和人才等在内的所有经济资源要素，也都只有在运动中或者说在流动中，才能实现价值增值。湾区经济的发展兴衰与流量的变化息息相关。

7.3.1 流量经济对分析湾区经济形态演进的基本价值

在区域经济中，湾区是指围绕同一海域连绵分布，由众多海港和城镇组成的具有较强功能协作关系的城市化区域。从区域经济层面看，湾区由于其独特的地理区位条件，具有较强资源与产业集聚能力，由此衍生的经济效应，即为湾区经济。从流量经济的角度来看，湾区经济的发展演化过程就是流量变动的缩影，流量经济是湾区经济形态演化的本质决定因素。

1. 流量决定湾区发展地位

对于一个市场经济较为发达的城市或区域而言，市场的广度和深度决定城市高度。市场对城市的决定作用主要表现为资源要素的流动。如果一个城市的发展对于要素资源而言呈显著的聚集作用，那么这个城市显然会获得更大的扩张动能，经济社会发展也往往较为活跃。相反，如果一个城市的发展对于要素资源而言呈显著的排斥作用，资源要素在不断流出，那么这个城市的持续发展显然就会受到影响，甚至会形成停滞。湾区经济是一种更高能级要素集聚的产物。没有国际一流的资源要素聚集，显然也就没有国际一流的湾区经济。

2. 流量决定湾区演化格局

湾区一般由城市或城区组成。一个湾区中城市格局的变化很大程度上由市场资源要素的性质及资源要素的流量、流向决定。资源要素的流量、流向、流速决定了湾区中不同城市的优势地位，同时随着发展，资源要素的流量不断叠加，就形成了一个城市不可撼动的市场地位，同时也会引发湾区中城市格局的基本变化。

3. 流量决定湾区发展边界

湾区发展的边界是由市场要素流动的体量和空间分布特征决定的。近年来，以一线城市为代表的特大城市快速扩张，资源要素的高度集聚和向外扩张是影响城市规模的主要因素。近年来，以杭州为代表的新一线城市快速崛起，很大程度上是受流量经济尤其是以阿里巴巴为代表的信息流、数字流开发企业集聚的影响。相反，东北的衰落则与人流的净流出有一定关系。这2个案例说明，市场流量对一个区域繁荣发展具有深远影响。

7.3.2　世界三大知名湾区流量经济发展的基本经验

以海洋、城市或者区位命名的湾区，不仅是海洋与陆地经济的接合部，也是人类社会经济活动的主要聚集地。旧金山、纽约、东京是世界三大知名湾区，总结这三大湾区在发展演变过程中流量经济的作用表现对分析粤港澳大湾区的演变趋势具有较强的参考意义。

1. 物流聚集是三大湾区成长的共同起点

三大湾区经济初期最基本的功能是连接各种运输方式，保证运输系统的整体运行，发展动力来自海港的运输中转功能。工业革命前期，由于交通运输多靠船运，所以诸多优良的湾区被用作港口的建设，并在此基础上兴建了大量的工厂，由此带来了湾区的空前繁荣。两次世界大战期间，国际贸易受到巨大冲击，世界港口发展也受到严重影响，从而导致湾区经济长达半个世纪的落寞。20世纪60年代末，随着全球经济的复苏，世界上许多城市出现了旧港区和临海工业地区的改造建设，一股湾区经济的复兴浪潮遍及北美洲和欧洲地区，到20世纪80年代进入高潮。在此期间，美国巴尔的摩内港区的复兴、旧金山海湾的建设、日本大阪湾的建设等都取得了卓著的成就。同时，在港口、造船、运输、渔业等传统优势产业的发展基础上，又发展了旅游、休闲等新兴海洋产业，并由此形成了世界城市密集、经济最繁荣的现代湾区经济形态。三大湾区的发展演变最初都经历了物流、商流集聚的阶段。

2. 流量聚集的性质差异决定了湾区发展特色的不同

从区域经济的发展规律来看，一个城市或区域的经济发展到一定阶段以后，就不再决定于自身的资源条件，而是取决于其在大区域范围乃至全球的资源配置能力。在聚集全球要素资源的过程中，纽约湾区对全球金融资源集聚作用突出，成为全球金融中心。目前，美国10大银行中的4大银行在纽约。美国10大保险公司中的4家在纽约。美国10大金融服务公司中的3家在纽约。旧金山湾区对全球科技资源集聚作用突出，成为全球知名的科技创新中心。在美国500强企业中，科技企业总部设在旧金山湾区的有28个，惠普、英特尔、Google、苹果、思科、升阳、旭电、甲骨文科技等皆是知名的大企业。东京湾区则基于湾内的东京港、千叶港、川崎港、横滨港、木更津港、横须贺港6个港口，衍生出金融、保险业、信息服务业、专门服务业等一系列知识密集型、高附加值服务行业。

3. 加快向现代流量经济转型是目前三大湾区的共同趋势

值得关注的是，旧金山、纽约、东京三大湾区近年来都在大力发展以现代流量经济为特色的产业形态。以纽约湾区为例，20世纪90年代，随着劳动力成本的提高，服装、纺织等制造业开始向都市圈内成本较低的地区转移，为该地区知识与技术密集型产业的发展提供了发展机会。计算机制造、软件等行业成为区域的支柱性产业，促进了高新技术经济的蓬勃发展。最近几年，纽约正进一步发展其高新技术产业，并希望赶超硅谷。大量高科产业开始大量在曼哈顿和布鲁克林涌现。金融危机以后，纽约地区以资金流、信息流等为主要代表的现代流量经济形态(如金融保险、专业和科技服务、信息产业)都呈上升趋势。旧金山湾区是典型的现代流量经济驱动的湾区形态，东京湾区也在加快由传统流量经济驱动向现代流量经济驱动转型。

7.3.3 当前全球流量经济发展的总体趋势

随着全球文明加速由工业文明向信息文明转换和一系列信息技术的迅猛发展，流量经济的发展也呈现出如下几种趋势。

1. 流量经济在全球经济中的价值和贡献不断提升

数据显示，仅在2016年，全球商品贸易进出口总额就超过30万亿美元，全球外商直接投资流量高达1.52万亿美元。在国内，以人流、物流、商流等流量经济形式直接带动的交通运输、仓储和邮政业、住宿和餐饮业、批发和零售业、金融业和其他服务业增加值在2015年已经超过30万亿，占我国GDP的43.73%(见图7-1)。在北京、上海等一些经济较为发达的地区，上述主要流量经济业态占GDP的比重在2015年甚至超过60%(见表7-1)。

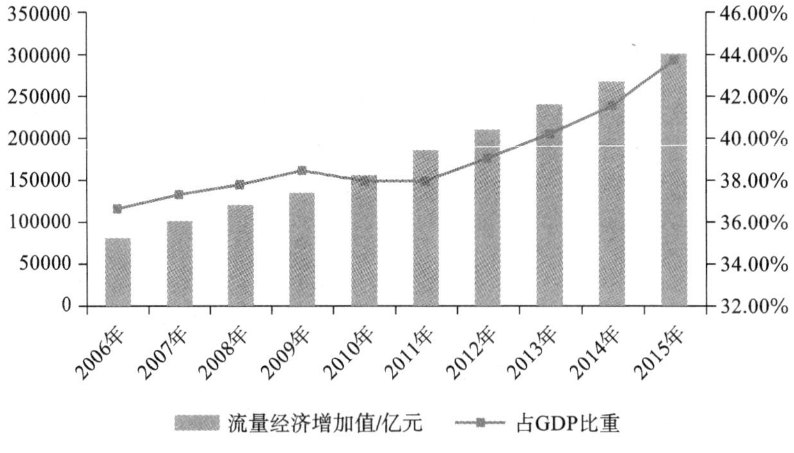

图7-1 中国2006—2015年流量经济发展情况

数据来源：基础数据来源《中国统计年鉴》，此处流量经济增加值用交通运输、仓储和邮政业、住宿和餐饮业、批发和零售业、金融业和其他服务业增加值之和代替。

表 7-1　中国部分省份 2011—2015 年流量经济占 GDP 发展情况

地区	2015 年	2014 年	2013 年	2012 年	2011 年
北京市	72.83%	71.22%	70.21%	69.50%	69.46%
天津市	48.29%	45.84%	44.40%	43.50%	42.52%
河北省	35.25%	32.94%	31.94%	31.62%	30.86%
山西省	47.75%	39.47%	37.18%	36.17%	33.25%
内蒙古自治区	37.83%	36.88%	34.27%	33.03%	32.25%
辽宁省	41.31%	36.84%	35.25%	33.85%	32.77%
吉林省	35.15%	32.49%	32.23%	32.74%	32.56%
黑龙江省	45.71%	41.02%	37.72%	36.65%	35.18%
上海市	60.87%	58.19%	56.52%	54.76%	52.74%
江苏省	42.93%	41.22%	39.67%	37.97%	36.84%
浙江省	44.06%	42.22%	41.47%	39.67%	38.69%
安徽省	34.63%	31.01%	29.98%	28.83%	28.37%
福建省	37.02%	34.68%	34.22%	33.99%	33.98%
江西省	35.49%	33.14%	31.65%	31.39%	30.07%
山东省	40.71%	38.76%	37.29%	36.01%	34.24%
河南省	35.19%	32.20%	30.52%	27.42%	26.01%
湖北省	38.66%	37.05%	35.80%	33.78%	33.68%
湖南省	41.05%	39.21%	37.83%	36.45%	35.70%
广东省	43.35%	42.17%	41.88%	40.09%	39.05%

数据来源:《中国统计年鉴》(2012-2016)。

2. 流量经济成为发达地区巩固竞争优势的关键途径

根据 DHL 发布的全球连通度指数,在所监测的 140 个地区中,荷兰、新加坡等国家稳居全球连通度指数排行榜的前列(见表 7-2)。这些地区的竞争力来源主要是从事金融、会计、广告、法律等高级生产服务业的顶级跨国公司,其遍布全球的业务网络及其带来的资金流、信息流、人才流等是竞争力的主要体现。与此同时,发展中国家的城市也依托自身在货物贸易、劳动力流动上的优势不断提高其在全球流量网络中的参与度和连通度,流量经济正在成为各国争夺竞争优势的重要抓手。

表 7-2　全球连通度指数排名(2016 年)

地区	指数得分	排名	地区	指数得分	排名
荷兰	91	1	比利时	81	6
新加坡	87	2	德国	75	7
爱尔兰	84	3	英国	75	8
瑞士	83	4	丹麦	74	9
卢森堡	83	5	阿联酋	74	10

续表

地区	指数得分	排名	地区	指数得分	排名
瑞典	73	11	挪威	69	16
匈牙利	72	12	韩国	69	17
马耳他	71	13	马来西亚	68	18
法国	70	14	澳大利亚	68	19
以色列	70	15			

3. 以数字化为载体的流量正在变革全球传统贸易和服务网络

数字化平台不仅直接促进了跨境产品和服务交易，并且不断通过对物理、实物形态的产品流进行数字化转换与包装，以实现价值的永续和增值。目前，以数字化为载体的流量正在成为各国流量经济竞争的新的制高点。根据华为 2017 年发布的衡量全球数字经济进程的全球联接指数(GCI)，每增加 1 美元数字领域的基础设施建设，就可以拉动 3 美元的 GDP 增长；如果投资可以持续，那么到 2025 年，每新增 1 美元投资就可以拉动 5 美元的 GDP 增长产出。与此同时，反映数字流量经济进程的 GCI 得分每提升 1 分，国家竞争力可提高2.1%，国家创新力可提高 2.2%，国家生产力可提高 2.3%。在数字经济快速发展的背景下，商品的实体形态存在于何处的重要性已经显著下降，如何成为全球要素及信息网络的功能性枢纽才是各国或区域竞争的关键。

7.3.4 流量经济视角下粤港澳大湾区经济形态演化的基本方向

从珠三角经济的兴起到珠三角一体化进程的不断推进，再到粤港澳合作、粤港澳大湾区的建设，上述粤港澳大湾区成长的历程从流量经济的角度来看，其本质主要体现在如下几个方面。

1. 从低能级流量经济走向高能级流量经济

在改革开放初期，广东与香港、澳门的要素流动主要集中在中心城市的周边地区，集聚的要素来自周边地区，辐射的影响力作用于周边地区，相对来说要素流动的规模较小，对外辐射的能级层次也较低。随着粤港澳合作的不断深入，要素流动逐步扩张到更广的领域，要素流动的规模不断增长，要素的种类和层次提高使得区域向外辐射的能级也相应提高。到粤港澳大湾区建设阶段，粤港澳配置资源的能力逐步由区域层面扩展到国际层面，无论是要素的吸引力还是能量的辐射力都将走向国际化，届时粤港澳大湾区的流量经济体系也将更加完善，优越的环境条件吸引全世界的优秀企业在此集聚并进行高效率的运作，粤港澳大湾区的全球影响力将显著增强。

2. 从低流速流量经济走向高流速流量经济

改革开放初期，由于制度边界隔阂、交通基础设施条件、经济发展条件等诸多条件的限制，珠三角和香港、澳门之间仅是松散经济体的贸易合作，要素在不同区域之间的流动瓶颈较多、流速较慢。随着粤港澳大湾区阶段的来临，珠三角与香港、澳门之间的基础设施建设将更加便捷，贸易、经济、文化等各领域的交流合作将更加深入，各种要素在不同区域之间的流速将更快。因此，从流量流速的角度来看，粤港澳大湾区的建设，本质上也是从低流速流量经济走向高流速流量经济的过程。

3. 从传统性流量经济走向现代性流量经济

在粤港澳大湾区发展的初级阶段，以人流、物流、商流为动力驱动的传统流量经济模式很大程度上决定了粤港澳大湾区中城市发展的格局。随着信息技术的迅猛发展和数字化方式的日益盛行，传统的流量经济模式必将重新整合，以资金流、信息流、人才流、技术流为代表的新兴流量经济模式将成为驱动粤港澳大湾区城市发展格局变化的重要力量。如何加快从传统流量经济驱动走向现代流量经济驱动是未来粤港澳大湾区发展的重要战略目标。

7.4　粤港澳大湾区流量经济发展的总体现状

大力发展流量经济对塑造、优化湾区经济发展格局具有深远的战略意义。粤港澳大湾区地处西太平洋—印度洋航线要冲，在发展流量经济方面具有先天的优势，但也面临诸多问题。

7.4.1　粤港澳大湾区流量经济发展的主要优势

1. 基础条件优越

与东京、纽约和旧金山湾区相比，粤港澳大湾区占地 5.6 万平方千米，人口达到 6671 万人，在全球四大湾区中规模体量最大，具有发展大流量经济形态的良好基础。此外，粤港澳大湾区拥有世界上最大的海港群、空港群以及高速、轨道系统等快速交通网络，有泛珠三角区域作为粤港澳大湾区的重要腹地，是世界物流量最大区域。其中，香港是国际金融、贸易和航运中心，澳门正在建设世界旅游休闲中心和中国与葡语系国家商贸合作服务平台，这些都为粤港澳大湾区建设更高能级的流量经济体系提供了良好的前提（见表 7-3）。

表 7-3　粤港澳大湾区与世界其他三大湾区流量经济基础条件比较（2015 年）

湾区名称	东京湾区	纽约湾区	旧金山湾区	粤港澳大湾区
面积/万平方千米	3.68	2.15	1.79	5.6
人口/万	4347	2340	715	6671
集装箱吞吐量/(万标准箱)	766	465	227	6520
机场旅客吞吐量/(亿人次)	1.12	1.3	0.71	1.75
GDP/(万亿美元)	1.8	1.4	0.8	1.36
人均 GDP/(万美元/人)	4.14	5.98	11.19	2.04
第三产业比重/(%)	82.3	89.4	82.8	62.2
世界 100 强大学数量/个	2	2	3	4
世界 500 强企业总部数量/个	60	22	28	16

2. 经济实力雄厚

粤港澳大湾区是中国重要的经济区之一，2022 年经济规模达到 13.044 万亿元，相当于世界第十二大经济体的规模，对外贸易总额、利用外资总额等重要经济指标已和国际三大湾区处于同一行列。粤港澳大湾区产业体系完备，是重要的制造业基地，号称“世界工厂”，是海上丝绸之路沿线国家工业制成品的重要供应地，已经形成较强的分工协作网络。湾区第三产业比重逐步上升，占比超过60%，香港第三产业占比超过90%。金融业发达，拥有香港、深圳等金融中心城市，吸引了70家世界排名前100位的银行，港交所和深交所IPO总额突破1754亿港元，仅次于纽交所的1788亿港元，位居全球第二。2023年全球金融中心指数显示，粤港澳大湾区内香港排名全球第3，深圳排名全球第12，广州排名全球第22。

3. 创新能力突出

粤港澳大湾区以良好的自然、生态、社会、文化环境，形成了鼓励创新的浓厚氛围，拥有四所世界百强大学和众多研发机构，拥有国家级高新技术企业总数超过1.89万家，居全国第一位。近年来，粤港澳大湾区涌现出华为、比亚迪、腾讯等一批知名企业，PCT国际专利申请量占全国的56%，接近韩国专利申请总量，在全球排名中位居第6位。

4. 要素流动活跃

CEPA、粤港和粤澳合作机制已运行多年，目前香港与内地之间每天有近70万人次跨境往来。除了深港要素流动，粤港澳大湾区其他城市分工较为明确，特色明显，优势互补，要素流动极为活跃。港珠澳大桥、深中通道、虎门二桥等跨珠江通道的完成，以及"一小时城轨交通圈"的建设，使珠江东西两岸流动更加畅顺，城市群"通勤圈"更加清晰，粤港澳的要素流动将更加频繁。

7.4.2 粤港澳大湾区流量经济发展的总体现状

1. 流量经济成为粤港澳经济体系的重要组成部分

2016年，以人流、物流、商流等流量经济形式直接带动的交通运输、仓储和邮政业、住宿和餐饮业、批发和零售业、金融业和其他服务业增加值在广东达到35586.87亿元，在全国所有省市中排名第1位。流量经济占广东GDP的比重为44.76%。粤港澳大湾区中，珠三角九市流量经济总量为29021.11亿元，占广东省流量经济总量的91.93%。香港在2011—2016年期间，流量经济从14264.46亿港元增长到19018.19亿港元，每年流量经济占GDP的比重约75%。澳门在2011年至2015年期间，流量经济从2123.9亿澳门元增长到4133.9亿澳门元，每年流量经济占GDP的比重接近95%（见表7-4）。

表7-4　粤港澳大湾区流量经济总体情况（2011—2016年）

年份	广东		香港		澳门	
	总量/（亿元）	占GDP比重	总量/（亿港元）	占GDP比重	总量/（亿澳元）	占GDP比重
2011年	21211.66	39.84%	14264.46	73.74%	2123.9	95.13%
2012年	23516.37	41.15%	15561.79	76.39%	2839.4	95.85%
2013年	26295.98	42.09%	16400.82	76.71%	3298	95.95%
2014年	28736.36	42.38%	17222.07	76.26%	3952	96.27%
2015年	31735.52	43.59%	18033.85	75.23%	4133.9	94.81%
2016年	35586.87	44.76%	19018.19	76.35%	—	—

数据来源：广东数据来源于《广东统计年鉴》（2012—2017），香港和澳门的数据分别来源于香港和澳门统计年鉴。

2. 流量经济基础指标位居全国前列

从衡量粤港澳大湾区贸易流量的贸易进出口指标来看，2015年，按经营单位所在地计算，广东贸易进出口总额为 1.02 万亿美元，占全国贸易流量的 25.87%；衡量信息化普及水平的移动终端普及率为 133.47 部/百人，仅次于北京；互联网上网人数为 7768 万人，高居全国第一，占全国互联网上网用户总数的 11.29%；网络域名数 497.1 万个，占全国网络域名总数的 17.37%。流量经济基础指标表现与一个地区的经济发展活力有较大关系，在珠三角和香港、澳门地区，流量经济指标的总体水平高于广东总体水平，更远高于全国平均水平(见表 7-5)。

表 7-5　广东与国内其他省市流量经济部门指标比较(2015 年)

地区	贸易进出口总额/(千美元)	移动终端普及率/(部/百人)	互联网上网人数/(万人)	网络域名数/(万个)
北京市	319440570	181.73	1647	485.7
天津市	114282803	88.54	956	34.9
上海市	449240723	129.69	1773	204.8
江苏省	545560447	100.21	4416	130.3
浙江省	346783826	131.5	3596	208.8
福建省	168845931	108.2	2648	200.6
山东省	240607798	92.3	4789	199.3
广东省	1022495683	133.47	7768	497.1

数据来源：2016 年《中国统计年鉴》。

3. 新兴流量经济模式对经济的拉动作用稳步增强

以广东省为例，2013—2016 年，以人流、物流、商流等流量经济形式直接带动的交通运输、仓储和邮政业、批发和零售业增加值由 9774.06 亿元增长至 11590.83 亿元，年均增长 5.85%，较 GDP 平均增速低 2.52 个百分点。与之相反，2013—2016 年，以资金流、信息流、人才流、技术流等流量经济形式直接带动的金融业和信息服务业、研发服务业等其他服务业快速增长，增加值由 16521.91 亿元增长至 23996.05 亿元，年均增长 13.25%，较 GDP 年均增速高 4.88 个百分点(见表 7-6)。

香港地区的流量经济发展的结构特征总体上也与广东类似。2011—2014 年，香港交通运输、仓储和邮政业、住宿和餐饮业和批发零售业占 GDP 的比重由 32.94%下降到31.20%，金融保险、信息通讯及个人服务业的增加值总额占 GDP 的比重由 32.78%上升至34.04%。截至 2016 年，香港人工智能和 FinTech 领域累计融资超过 1700 万港元，香港新兴流量经济势头强劲。

表 7-6　广东部分行业产值变化情况(2011-2016 年)　(单位：亿元)

行业	2013 年	2014 年	2015 年	2016 年
批发零售业	7323.55	7778.82	7625.98	8382.48
交通运输、仓储及邮政业	2450.51	2740.76	2928.90	3208.35
住宿、餐饮业	1257.44	1333.81	1447.48	—
金融业	4122.81	4447.43	5757.08	6127.05
其他服务业	12399.1	13769.4	15423.6	17869.0

数据来源：来源于《广东统计年鉴》(2014—2016)。

7.4.3 粤港澳大湾区流量经济发展面临的主要问题

1. 流量经济能级有待进一步提升

从经济总体规模上看，粤港澳大湾区总体规模低于东京湾区和纽约湾区。流量经济驱动的直接产业形态主要是服务业形态。在粤港澳大湾区的经济总量中，服务业占 GDP 的比重为 62.2%，而东京湾区、纽约湾区、旧金山湾区服务业占 GDP 的比重分别为 82.3%、89.4%和 82.8%，世界三大著名湾区的服务业规模远超粤港澳大湾区。

从流量经济的结构上看，目前粤港澳大湾区的流量经济比较优势主要集中在港口物流等传统物流领域，在其他诸多方面仍存在不足。如根据英国欧艾吉航空国际有限公司（简称"OAG"）发布的全球航空枢纽的连接度指数排名，粤港澳大湾区中仅有香港机场位居全球枢纽机场连接度指数排名的 41 位，广州白云机场、深圳宝安机场连接度指数的排名均不在前 50 名，由此可见粤港澳大湾区的空港竞争力仍有较大的提升空间。

在科技领域，根据世界知识产权组织（WIPO）发布的全球各国创新基地国际专利申请情况，日本的东京-横滨地区专利申请数高居榜首，中国的深圳-香港地区排名第二，旧金山-圣何塞地区排名第三。深圳-香港地区的专利申请总量不及日本东京-横滨地区的 50%（见表 7-7）。在数字经济等流量经济尖端领域，根据华为 2017 年发布的衡量全球数字经济进程的全球联接指数（GCI），中国总体排名 23 位，与美国、新加坡等国家仍有较大的差距。

表 7-7 全球各国创新基地国际专利申请数量排名

名次	地区	专利数量/个	领军企业
1	东京-横滨	94079	三菱电机
2	深圳-香港	41218	中兴通讯（ZTE）
3	圣何塞-旧金山	34324	谷歌
4	首尔	34187	LG 电子
5	大阪-神户-京都	23512	村田制作所
6	圣迭戈	16908	高通
7	北京	15185	京东方科技集团
8	波士顿-剑桥	13819	麻省理工学院
9	名古屋	13515	丰田学院
10	巴黎	13461	欧莱雅

2. 各地市流量经济发展极不均衡

在粤港澳大湾区的 11 个城市中，香港流量经济最为发达，2016 年流量经济增加值高达 15858 亿元。流量经济规模最低的为肇庆，增加值仅为 702 亿元，最高值和最低值相差近 1.5 万亿元，说明不同地市之间的流量经济发展极不均衡。在粤港澳大湾区的 11 个城市中，香港、广州和深圳是主要龙头，三个城市流量经济规模均超过 9000 亿元，而其他城市流量经济规模整体较低（见图 7-2）。

一般来说，珠三角可以进一步划分为广佛肇、深莞惠和珠中江三大经济圈。根据上述区域划分，可以测算出，2016 年，广佛肇经济圈流量经济总量为 15270 亿元，深莞惠经济圈流量

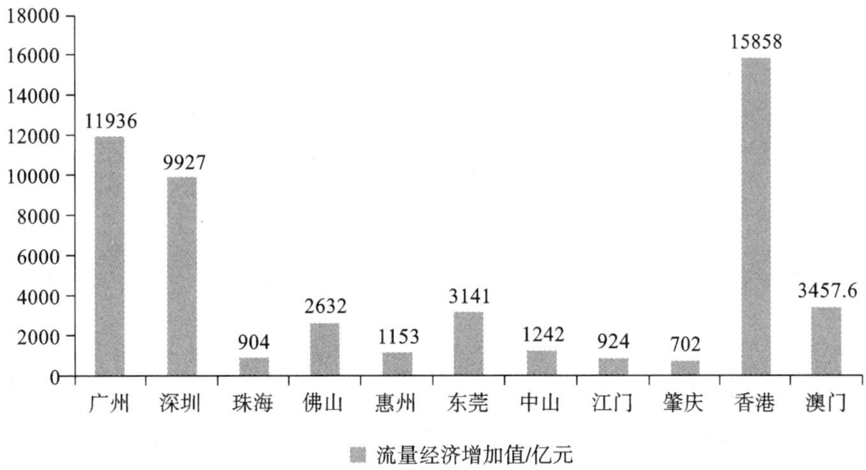

图 7-2　粤港澳大湾区各市流量经济增加值分布(2016 年)

数据来源:广东数据来源于《广东统计年鉴》(2016),香港和澳门数据分别来源于香港和澳门统计年鉴。

经济总量为 14221 亿元,珠中江经济圈流量经济总量为 3070 亿元,三大经济圈之间流量经济的发展水平极不均衡。根据地理毗邻的原则,"深莞惠+香港"的流量经济总量将达到 30079 亿元,占粤港澳大湾区流量经济总量的 57.98%,是粤港澳大湾区中经济最活跃的地区(见图 7-3)。

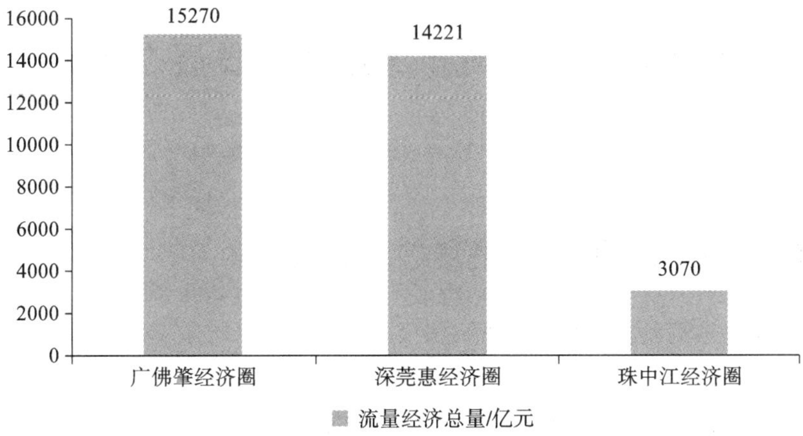

图 7-3　珠三角三大经济圈流量经济总量分布(2016 年)

数据来源:广东数据来源于广东统计年鉴(2016),香港和澳门数据分别来源于香港和澳门统计年鉴。

3. 湾区一体化水平有待提高

从成熟的湾区形态来看,目前东京湾区、纽约湾区城市及人口流量分布均呈现出显著的圈层结构分布。核心区是要素高度集聚、流量经济高度活跃的区域,就业人口密度最高,其次是次中心区和郊区。以东京湾区为例,根据日本政府实施的国势调查中城市人口密度(densely inhabited district,DID)调查结果,东京目前每平方千米 4000 人以上连片的人口密集地区已高达 98.2%,日本全国为 67.3%。在人口密度上,东京大都市圈 DID 分布比较好,城市化水平也更高,3800 万人口靠近海湾连成一片,相当集中,效率相对较高。纽约湾区也有相似的特征(见表 7-8)。相较东京湾区而言,目前粤港澳大湾区城市规模、人口密度和对海岸线的利用还有较大差距，粤港澳大湾区的城区分布结构较为松散，城市聚集效应仍有进一步提高的空间。

表 7-8　东京和纽约湾区的人口分布圈层结构

主要城市	中心城区就业人口密度比	中心城区居住人口密度比
东京	都心区(中心城区)：其他区部(次中心)：市郡岛部(郊区)＝1：0.14：0.02	都心区(中心城区)：其他区部(次中心)：市郡岛部(郊区)＝1：1.79：0.33
纽约	纽约曼哈顿(中心城区)：布鲁克林与昆士(次中心)：布朗克斯与里士满(郊区)＝1：0.06：0.04	纽约曼哈顿(中心城区)：布鲁克林与昆士(次中心)：布朗克斯与里士满(郊区)＝1：0.39：0.27

影响粤港澳大湾区一体化进程的因素主要有两个方面。一是粤港澳大湾区的制度瓶颈。粤港澳大湾区作为三个独立关税区下的“多核心”区域经济体系，在区域制度协调方面存在诸多影响要素自由流动的瓶颈。二是由于粤港澳三地分属不同的管辖权，故限于不同主体之间的利益诉求不同，在资源要素流动方面形成激烈的竞争。如在港口方面，粤港澳大湾区中覆盖包括香港、深圳、南沙、珠海、虎门等在内的大大小小 60 多个港口。近年来，珠三角各地纷纷在港口经济上大做文章，计划加大投入，以获取在珠三角大大小小 60 多个港口的竞争优势，由于缺乏统一的协调组织，港口竞争也在变相削弱粤港澳大湾区的整体竞争力。

7.5　粤港澳大湾区各城市流量经济发展态势比较

流量经济的主体内容是人流、物流、商流、资金流、信息流、技术流、人才流。以下分别从上述七种流量形式进行比较分析。

7.5.1　人流聚集格局和发展趋势比较

1. 人流聚集的格局及发展趋势指标比较

人口总量：从人口基础数量上看，在粤港澳大湾区中，广州、深圳位居第一梯队。2016 年，两市常住人口均超 1000 万。佛山、东莞、香港位居第二梯队，2015 年，三市常住人口均超 700 万；其他市人口总量均低于 500 万人，澳门人口数量最少，仅为 64.49 万人。按珠三角三大经济圈统计，广佛肇经济圈在人口规模总量上基本与深莞惠经济圈持平，珠中江经济圈约为两大经济圈的 1/3。若考虑地域毗邻因素，叠加与深莞惠紧密接壤的香港人口，深莞惠与香港人口总量将达到 3228.1 万人，占粤港澳大湾区人口总量的 47.50％。从发展趋势上分地市来看，2012—2016 年，深圳人口年均增速最快，常住人口年均增速为 2.61％；其次是广州，近五年常住人口年均增速为 1.95％。这说明深圳和广州近五年人口吸引力较强。分城市圈来看，深莞惠经济圈近五年人口年均增速为 1.32％，略低于广佛肇经济圈的1.35％；珠中江人口增速最慢，仅为 0.59％。

人口就业结构：从人口的就业数量来看，深圳的就业人口数量远高于广州。2016 年，深圳从业人员总量较广州高近 100 万人。且从增速上看，2012—2016 年，深圳就业人员年末人数年均增长 3.92％，广州为 2.36％，佛山、江门就业人口数量年均增速均呈下滑态势。从人口就业参与度(就业人口数量/常住人口数量)上看,东莞和深圳就业参与度最高,而香港、江门、肇庆人口就业参与度最低。人口就业参与度与一个地区的老龄化程度、就业率、经济发展活力等有直接关系。深圳、东莞人口就业参与度最高与本地区人口年龄结构有直接关系。广州人口的老龄化程度显著高于深圳,故人口就业参与度也显著低于深圳。

人口日常流动情况:2017 年,根据深圳大学空间信息智能感知与服务深圳市重点实验室发布的使用手机人口流动迁移的数据,广州每日出入人口近 300 万,深圳每日出入人口近 200 万,东莞和佛山每日出入人口分别为 170 万和 150 万,惠州、中山和江门每日出入人口在 50 万至 100 万之间。

人口年流动情况:从户籍人口迁移数量方面来看,深圳户籍人口净迁入数量最多,达到 20 万人,广州户籍人口迁入仅为 7.25 万人。江门和肇庆户籍人口呈现出向外流出的迹象。深莞惠经济圈在吸引外来人口就业方面也具有明显的优势。在三大经济圈中,珠中江经济圈户籍人口甚至呈现出不断流出的态势。以上指标说明,深莞惠经济圈在珠三角的人才吸引力总体高于广佛肇和珠中江两大经济圈。

2. 广深港人流聚集的优劣势比较

无论是从总量还是从人口流量上看,广州、香港和深圳都是人流聚集的三大主要城市。其中,深圳人流聚集的优势主要有两点:一是劳动参与率和人口流动性较高,二是深圳和深莞惠经济圈对人口流量具有较强的吸引力。深圳的劣势主要是交通枢纽地位仍待改善。相比深圳,广州人流聚集的优势一是人口总量高,二是具备交通枢纽地位优势,公路里程远超深圳,客运量和客运周转量较高。广州的劣势主要体现在劳动参与率较低,人口流动性弱。香港人口总量较多,人口素质较高,国际化人流聚集,但其劣势是劳动参与率较低,内地赴港居民的人口流量最近几年呈下降态势。

3. 人流聚集的区域比较

《珠江三角洲地区改革发展规划纲要(2008—2020 年)》将珠三角划分为广佛肇、深莞惠和珠中江三大经济圈。根据上述人流聚集的基础分析,按人口总量测算,广佛肇和深莞惠是人流流量聚集的主要区域。其中,广佛肇常住人口总量占优势,而深莞惠就业人口总量占优势。按就业参与度测算,深莞惠是珠三角中就业活力最活跃的区域(见图 7-4)。放大到整个粤港澳大湾区的角度来看,按照空间毗邻的角度,“深莞惠＋香港”的经济圈人口聚集度更

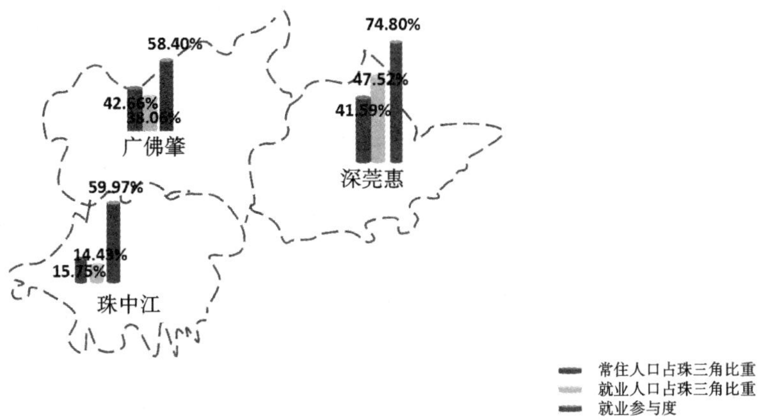

图 7-4　珠三角内部的人流聚集程度比较

高，无论是常住人口占粤港澳大湾区的比重，还是就业人口占粤港澳大湾区的比重，以及就业参与度方面，“深莞惠＋香港”都是粤港澳大湾区中最活跃的区域（见图 7-5）。

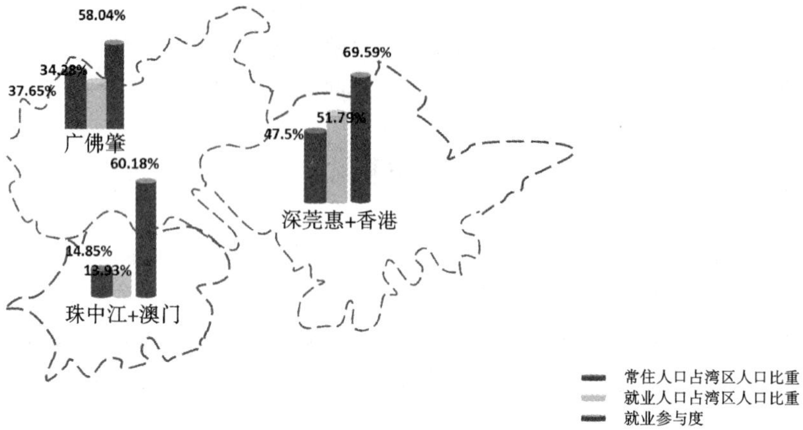

图 7-5　粤港澳大湾区内部的人流聚集程度比较

7.5.2　物流聚集格局和发展趋势比较

1. 物流聚集的格局及发展趋势指标比较

海港物流情况：在粤港澳大湾区的 11 个城市中，深圳、香港和广州占据粤港澳大湾区中港口物流集聚三强。广州、香港、深圳都是拥有国际一流港口、一流机场基础设施的特大型城市。2016 年，深圳、香港分列国际集装箱港排名第三位和第五位，广州港位居第七位，但从增速上看，广州港在全球前十大集装箱港排名中位居第一，与香港港和深圳港的差距越来越小。从近年来广州港与深圳港的码头泊位、码头泊位长度等指标来看，广州港上升势头明显，码头泊位数量、万吨级码头泊位和码头泊位长度均已显著超过深圳，在深圳港集装箱吞吐量增长乏力的大背景下，广州港仍有较大的增长空间（见表 7-9、表 7-10）。

表 7-9　全球前十大集装箱港排名（2014—2016 年）

排名	港口名称	2016 年		2015 年		2014 年	
		吞吐量/（万 TEU）	同比增速	吞吐量/（万 TEU）	同比增速	吞吐量/（万 TEU）	同比增速
1	上海港	3713	1.71%	3651	3.47%	3529	4.96%
2	新加坡港	3090	−0.06%	3092	−8.70%	3387	3.96%
3	深圳港	2411	−0.37%	2420	0.71%	2403	3.23%
4	宁波-舟山港	2157	4.54%	2063	6.07%	1945	12.25%
5	香港港	1963	−2.40%	2011	−9.50%	2223	−0.56%
6	釜山港	1943	−0.09%	1945	4.13%	1868	5.63%
7	广州港	1858	9.50%	1967	5.00%	1616	5.56%
8	青岛港	1801	2.88%	1751	5.30%	1662	7.12%
9	迪拜港	1480	−5.70%	1559	2.57%	1520	11.43%
10	天津港	1450	2.76%	1411	0.43%	1405	7.99%

表 7-10　广州港和深圳港港口条件比较

指标	港口	2010 年	2012 年	2013 年	2014 年	2015 年	2016 年
码头泊位合计/个	广州港	633	657	568	579	584	553
	深圳港	172	172	159	153	156	152
万吨级码头泊位/个	广州港	62	68	68	71	74	76
	深圳港	69	69	67	67	67	72
码头泊位长度/米	广州港	51673	55675	49273	50654	51722	54507
	深圳港	31377	31461	30790	30231	30627	31922
货物吞吐量/(万吨)	广州港	42526	43517	45517	48217	50053	52254
	深圳港	22097	22807	23398	22324	21706	21410
集装箱吞吐量/(万 TEU)	广州港	1270.00	1454.74	1531.11	1638.86	1739.66	1866.18
	深圳港	2250.96	2294.13	2327.85	2403.73	2420.45	2397.94

数据来源:广东数据来源于《广东统计年鉴》(2012—2016)。

空港物流情况:在粤港澳大湾区的 11 个城市中,广州、深圳和香港是承载空港物流的主要城市。从机场货运吞吐量上看,香港机场货运量最高,远高于广州和深圳机场货运吞吐量的总和。广州和深圳在粤港澳三大机场中分别排名第二和第三位。但从机场货运吞吐量增速上看,香港近年来机场货运量增速显著放缓,而广州和深圳机场货运吞吐量快速上升,尤其是广州机场,近年来在全国前十大机场中货运吞吐量上升较快(见表 7-11、表 7-12)。

表 7-11　广州、深圳和香港机场货运吞吐量比较(2011—2016 年)　(单位:万吨)

年份	广州	深圳	香港
2011	118.00	82.84	393.8
2012	124.88	85.49	402.5
2013	130.97	91.35	412.7
2014	145.40	96.39	437.6
2015	153.78	101.37	438
2016	165.22	112.60	461.57

表 7-12　中国内地十大机场货运吞吐量排名(2016 年)　(单位:吨)

排名	机场名称	2016 年
1	北京/首都	1943159.7
2	上海/浦东	3440279.7
3	广州/白云	1652214.9
4	成都/双流	611590.7
5	昆明/长水	382854.3
6	深圳/宝安	1125984.6
7	上海/虹桥	428907.5
8	西安/咸阳	233779.0

续表

排名	机场名称	2016 年
9	重庆/江北	361091.0
10	杭州/萧山	487984.2

货运情况:2016 年,在珠三角 9 个城市中,广州的货运量最高,达到 10.31 亿吨,占珠三角货运总量的 40.84%;深圳货运量占珠三角城市货运总量的 12.28%。从货运周转量上看,广州货运周转量为 15348.54 亿吨公里,占珠三角九市的 79.53%;深圳货运周转量为 2232.10 亿吨公里,占珠三角九市的 11.57%。两类数据指标相比较,广州平均每吨货物耗费的物流距离更长,且广州对货流的聚集程度更高,这也说明广州的货运枢纽地位更加突出。从三大经济圈的货运量来看,广佛肇经济圈的货运量显著高于深莞惠经济圈和珠中江经济圈。广佛肇经济圈的货运量甚至高于深莞惠经济圈和珠中江经济圈的总和,是深莞惠经济圈货运量的近 2 倍。从货运周转量上看,广佛肇经济圈的货运周转量规模也显著高于深莞惠经济圈和珠中江经济圈,总体规模甚至超过深莞惠经济圈货运周转量的 5 倍(见表 7-13、表 7-14)。

表 7-13　珠三角主要城市货运量变化情况　(单位:万吨)

地区	2015 年	2016 年
广州	89662	103083
深圳	30814	30999
珠海	10528	10869
佛山	27880	29372
惠州	21711	23455
东莞	15386	15593
中山	18076	18336
江门	13177	14046
肇庆	6200	6626
广佛肇经济圈	123742	139082
深莞惠经济圈	67911	70046
珠中江经济圈	41781	43251

注:数据来源:广东数据来源于《广东统计年鉴》(2017)。数据仅含公路和水路运输,铁路和民航运输没有在此反映。

表 7-14　珠三角主要城市货运周转量变化情况　(单位:亿吨公里)

地区	2015 年	2016 年
广州	8144.78	15348.54
深圳	2254.79	2232.10
珠海	158.97	149.38
佛山	246.36	271.81
惠州	396.19	436.43

续表

地区	2015 年	2016 年
东莞	504.85	455.23
中山	160.72	164.95
江门	158.49	169.24
肇庆	67.47	71.06
广佛肇经济圈	8459	15691
深莞惠经济圈	3156	3124
珠中江经济圈	478	484

数据来源：广东数据来源于《广东统计年鉴》(2017)。

物流产值规模情况：按交通运输仓储和邮政增加值比较，广州和香港在物流综合优势方面稳居粤港澳大湾区城市前列。2015 年香港交通运输仓储和邮政增加值是深圳的 1.92 倍。2016 年，广州交通运输仓储和邮政增加值是深圳的 2.18 倍，按三大城市圈划分，广佛肇经济圈是深莞惠经济圈交通运输仓储和邮政增加值的近 2 倍，是珠中江经济圈交通运输仓储和邮政增加值的近 8 倍。如果深莞惠和香港率先实现一体化，那么深莞惠和香港的交通运输仓储和邮政增加值总额将超过广佛肇，占粤港澳大湾区交通运输仓储和邮政增加值总额的 51.32%(见表 7-15)。

表 7-15　粤港澳主要城市交通运输仓储和邮政业增加值比较(2016 年)

地区	交通运输仓储和邮政业增加值/(亿元)
广州	1364.64
深圳	626.32
珠海	46.29
佛山	289.63
惠州	82.32
东莞	210.46
中山	78.24
江门	92.14
肇庆	67.74
香港	1201.78
澳门	73.32
广佛肇经济圈	1722.01
深莞惠经济圈	919.1
珠中江经济圈	216.67
深莞惠＋香港	2120.88
珠中江＋澳门	289.99

数据来源：广东数据来源于《广东统计年鉴》(2017)。

2. 广深港物流聚集的优劣势比较

从上述指标比较的结果来看，广州、深圳和香港是粤港澳大湾区中物流聚集的核心城市。其中，广州物流聚集的优势在于货运量、货运周转量在全省居首，全市交通运输仓储和邮政业规模为全省最高。广州物流聚集的主要成因还在于交通枢纽地位和优越的土地供给条件。相较广州而言，深圳和香港土地面积狭小，不利于重资产经营的物流企业聚集，而在以轻资产经营的供应链管理、快递等领域有较强的优势(见图 7-6)。

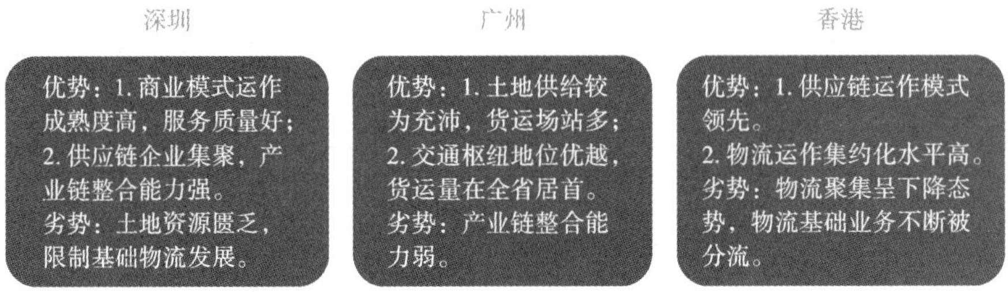

图 7-6　广深港物流聚集的优劣势比较

3. 物流聚集的区域比较

按照广佛肇、深莞惠和珠中江三大经济圈的划分，广佛肇货运量可以占到珠三角的五成，货运周转量可以占到珠三角的八成，显示出广佛肇在物流尤其在公路货运领域具有较强的活跃度。但如果按照地缘毗邻因素，将香港纳入深莞惠经济圈，那么由此测算得到的“深莞惠＋香港”的交通运输仓储邮政业的产值将占到粤港澳大湾区的 51.21％。物流聚集的区域比较说明，如果不考虑港澳物流经济的融合，那么以广州为中心的广佛肇将在整个珠三角地区中占据物流集聚的主导地位；而考虑港澳物流经济的融合以后，整个粤港澳大湾区将有可能形成以广州和深港两地为代表的双中心物流集聚格局(见图 7-7、图 7-8)。

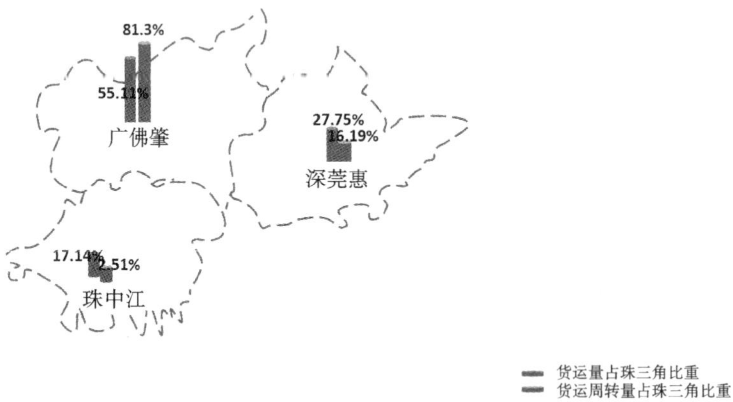

图 7-7　珠三角内部的物流聚集程度比较

7.5.3　商流聚集格局和发展趋势比较

1. 商流聚集的格局及发展趋势指标比较

批发零售业增加值：按批发零售业增加值比较，香港在粤港澳大湾区 11 个城市中占据绝对优势。2016 年，香港批发零售业增加值总额高达 4226.8 元(人民币)，占粤港澳大湾区

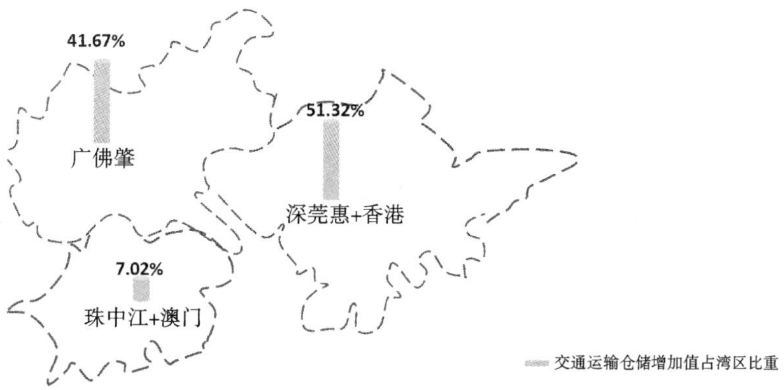

图 7-8　粤港澳大湾区内部的物流聚集程度比较

11 个城市批发零售业总额的 34.5%，几乎是广州和深圳两大城市批发零售业增加值的总和。

按三大城市圈划分，广佛肇经济圈的商流聚集水平略高于深莞惠经济圈。2016 年，广佛肇经济圈批发零售业增加值为 3738.93 亿元，较深莞惠高约 350 亿元。珠中江经济圈批发零售业增加值约为广佛肇和深莞惠经济圈批发零售业增加值的 1/5。若将深莞惠经济圈延伸为“深莞惠＋香港”四个城市，那么该区域批发零售业增加值为 7606.89 亿元，将占据粤港澳大湾区商贸业总额的 62.09%(见表 7-16)。

表 7-16　粤港澳主要城市批发零售业增加值变化情况(2016 年)

地区	批发零售业增加值/(亿元)
广州	2938.36
深圳	2175.07
珠海	227.59
佛山	620.13
惠州	350.88
东莞	854.14
中山	294.97
江门	197.30
肇庆	180.44
香港	4226.8(2015 年)
澳门	185.94(2015 年)
广佛肇经济圈	3738.93
深莞惠经济圈	3380.09
珠中江经济圈	719.86
深莞惠＋香港	7606.89
珠中江＋澳门	905.8

数据来源：广东数据来源于《广东统计年鉴》(2017)。

社会消费品零售总额:在珠三角九市中,广州商贸业最为活跃。作为“千年商埠”,广州历史上的商业中心无可撼动。从社会消费品零售总额上看,2016 年,广州约是深圳的 1.6 倍,广州、佛山和肇庆形成的广佛肇经济圈社会消费品零售总额达到 12456.23 亿元,远超深莞惠的 9211.42 亿元,约为深莞惠经济圈和珠中江经济圈的总和。从批发企业个数和零售企业个数来看,广佛肇经济圈也有显著的优势(见表 7-17)。

表 7-17 珠三角主要城市内贸商流聚集特征比较(2016 年)

地区	社会消费品零售总额/(亿元)	批发企业个数/(个)	零售企业个数/(个)
广州	8706.49	4671	1734
深圳	5512.76	3727	939
珠海	1016.13	581	277
佛山	3017.76	1504	491
惠州	1227.88	294	337
东莞	2470.78	869	539
中山	1205.84	513	531
江门	1159.06	414	360
肇庆	731.98	112	197
广佛肇经济圈	12456.23	6287	2422
深莞惠经济圈	9211.42	4890	1815
珠中江经济圈	3381.03	1508	1168

数据来源:广东数据来源于《广东统计年鉴》(2017)。

外贸商流情况比较:在外贸领域,香港外贸业发达。2016 年,香港外贸进出口总额为 9498.30 亿美元,高于粤港澳大湾区其他城市的总和。剔除香港对内地的贸易进口、出口和转口额,香港与其他地区的贸易进出口总额为 4652.51 亿美元,仍高于粤港澳大湾区的其他城市。在珠三角九市中,深圳占珠三角进出口贸易总额的 43.78%。按三大经济圈统计,深莞惠经济圈在珠三角外贸进出口中占据绝对优势,深莞惠是广佛肇经济圈外贸进出口总额的 3.1 倍,是珠中江经济圈外贸进出口总额的 6.5 倍。从区域层面看,“香港+深莞惠”外贸进出口总额在 2016 年高达 10823.26 亿美元,占据粤港澳大湾区 11 个城市贸易的 78.62%。从发展趋势上看,近年来,粤港澳大湾区进出口总额仍主要集中在香港和深莞惠经济圈。2011—2016 年期间,惠州、东莞等进出口规模较大的城市仍然保持较快的增长速度,年均增长显著快于粤港澳大湾区主要城市的平均水平(见表 7-18)。

表 7-18 粤港澳主要城市外贸商流聚集特征比较(2016 年)

地区	进口/(亿美元)	出口/(亿美元)	进出口总额/(亿美元)
广州	511.32	781.77	1293.09
深圳	1610.97	2373.39	3984.36
珠海	144.02	273.29	417.32
佛山	152.04	469.80	621.84
惠州	162.67	298.78	461.44

续表

地区	进口/(亿美元)	出口/(亿美元)	进出口总额/(亿美元)
东莞	734.82	990.14	1724.95
中山	71.88	266.61	338.48
江门	40.59	150.31	190.89
肇庆	22.58	46.80	69.37
香港(含与内地贸易额)	5031.68	4466.63	9498.30
香港(不含与内地贸易额)	2625.50	2027.01	4652.51
澳门	11.2	1.45	12.65
广佛肇经济圈	685.94	1298.37	1984.3
深莞惠经济圈	2508.46	3662.31	6170.75
珠中江经济圈	256.49	690.21	946.69
深莞惠＋香港(不含内地贸易)	5133.96	5689.32	10823.26
珠中江＋澳门	267.69	691.66	959.34

2. 广深港商流聚集的优劣势比较

在商流聚集领域,广深港的发展特色都比较明显。对于广州而言,作为“千年商埠”,广州有雄厚的商贸业基础,商贸业规模较高,交通枢纽地位优势优越,便于商品集散。但相较深圳和香港,广州的外贸商流聚集度低。深圳的主要优势为:①外贸商流集聚度较高;②易受香港辐射带动,国际化水平较高;③电子商务基础雄厚。但相较广州和香港,深圳的商贸业产值规模较低。香港是国际化大都市,同时也是知名的“购物天堂”,在发展商贸业领域优势明显。香港是国际化商品的集散地,商贸业高度发达。香港是自由港,税制条件优越,这是深圳和广州都难以企及的优势。但香港的劣势是随着内地自贸区发展,商流有向外疏散的态势(见图 7-9)。

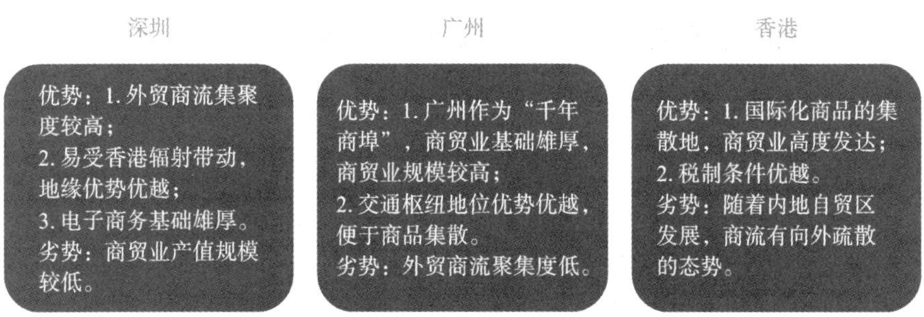

图 7-9　广深港商流聚集的优劣势比较

3. 商流聚集的区域比较

从珠三角内部的商流聚集结构来看,广佛肇经济圈占据珠三角内贸流量集聚的主体。2016 年,广佛肇经济圈社会消费品零售总额和批发零售企业占珠三角总量的近 50%,深莞惠经济圈社会消费品零售总额和批发零售企业占珠三角总量的比重不足 40%。但在外贸流量聚集领域,深莞惠经济圈具有绝对的优势。从粤港澳大湾区的商流聚集结构来看,按商贸业增加值来测算,"深莞惠+香港"将占据粤港澳大湾区中商贸流量聚集的62.09%,"珠中江+澳门"占粤港澳大湾区中商贸流量聚集的比重仅为7.39%(见图7-10、图7-11)。

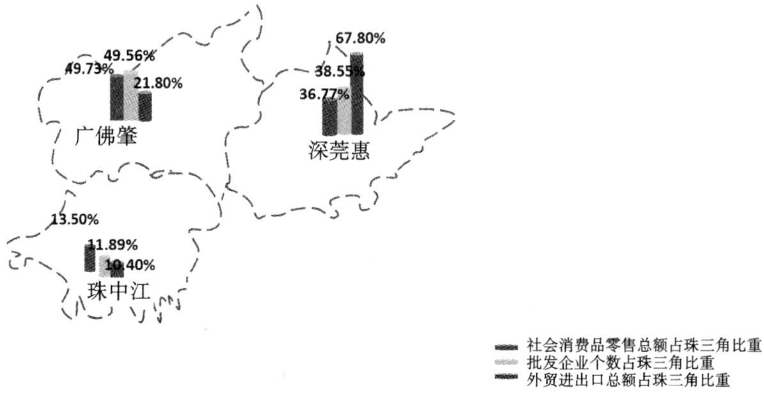

图7-10 珠三角内部的商流聚集程度比较

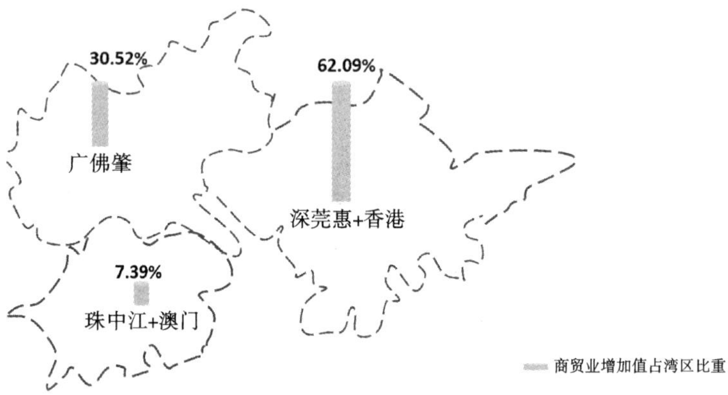

图7-11 粤港澳大湾区内部的商流聚集程度比较

7.5.4 资金流聚集格局和发展趋势比较

1.资金聚集的格局及发展趋势指标比较

金融业产值:在粤港澳大湾区十一个城市中,香港国际金融中心的地位在粤港澳大湾区中不可撼动。2016年,香港金融业增加值达3282.74亿元,远超粤港澳大湾区其他各市。2016年,与香港毗邻的深圳市金融业增加值为2810.73亿元,力压广州,成为粤港澳大湾区中金融业实力排名第二的城市(见表7-19)。

表7-19 粤港澳主要城市金融业增加值变化情况(2016年)

地区	金融业增加值/(亿元)	地区	金融业增加值/(亿元)
广州	1809.37	惠州	152.92
深圳	2810.73	东莞	441.77
珠海	166.76	中山	180.20
佛山	378.82	江门	128.91

续表

地区	金融业增加值/(亿元)	地区	金融业增加值/(亿元)
肇庆	64.29	深莞惠经济圈	3405.42
香港	3282.74	珠中江经济圈	475.87
澳门	164.33	深莞惠＋香港	6688.16
广佛肇经济圈	2252.48	珠中江＋澳门	640.2

本外币存贷款及其他金融指标：从本外币存款指标上看，深圳较广州高约 1.5 万亿元，超出广州和佛山两市本外币存款总和 3000 亿元。从本外币贷款指标来看，深圳较广州高约 5000 亿元，但在金融业机构个数和从业人员数量方面来看，深圳金融机构数仅为 1648 个，较广州少约 1000 个；从业人员数量为 55359 人，较广州少约 15000 人。从珠三角三大经济圈的分布来看，深莞惠经济圈的金融业机构数量和从业人员数量也显著低于广佛肇经济圈（见表 7-20）。

表 7-20　粤港澳主要城市金融业规模比较(2016 年)

地区	本外币存款/(亿元)	本外币贷款/(亿元)	机构数/个	从业人员/人
广州	42843.67	27296.16	2654	70506
深圳	57778.90	32449.04	1648	55359
珠海	5383.73	2969.70	487	10714
佛山	11867.67	7950.53	1904	32196
惠州	3836.10	2701.60	722	11973
东莞	9968.80	5980.90	1357	23880
中山	4378.36	2894.32	636	11617
江门	3766.81	2218.01	892	13093
肇庆	1785.01	1281.52	550	8433
广佛肇经济圈	56496	36528	5108	111135
深莞惠经济圈	71584	41132	3727	91212
珠中江经济圈	13529	8082	2015	35424

证券保险业发展指标：香港、广州、深圳是粤港澳大湾区中证券保险业集聚的主要城市。2016 年，广州证券市场共有上市公司 78 家，市价总值 12897.68 亿元，全市拥有保险法人机构 3 家，市场主体 97 家，全年保费收入 1166.2 亿元。深圳证券交易所上市公司 1870 家，上市公司市价总值 223078.25 亿元，全年保险机构原保险保费收入 834.45 亿元。香港港交所共有 1973 家上市公司，总市值达 24.76 万亿港元（合 20.39 万亿元），比 2015 年底上涨 0.31%，全年保险机构保费收入高达 4488 亿港币（合 3742.09 亿元）。由此可以看出，深圳、香港在证券保险业中均占据优势地位。

2. 广深港资金流聚集的优劣势比较

广州的优势是：①机构数和从业人员规模占优；②省一级金融资源聚集。劣势在于缺乏国际化的金融平台。相较广州，深圳和香港的金融业发展具有较高的国际化色彩。其中，香港作为全球公认的金融中心，不仅拥有全球一流金融业发展水平，金融业规模最高；金融市场规则与国际接轨，金融市场化成熟度最高。但香港金融发展的缺陷在于缺乏实体经济支撑，在科技金融、产业金融领域的创新显著不足。深圳金融业发展较快，其最大优势一是有香港辐射带动，有深交所平台。二是实体经济基础雄厚，与金融业深度融合。但深圳金融发展的市场化条件仍较国际一流水准有差距(见图 7-12)。

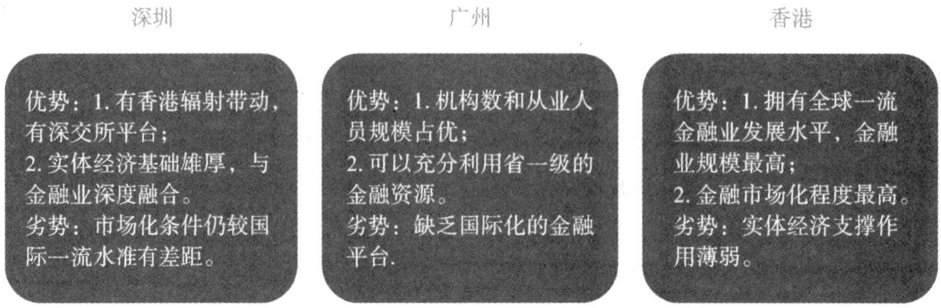

图 7-12　广深港资金流聚集的优劣势比较

3. 资金流聚集的区域比较

按金融业本外币存款指标来看，珠三角三大经济圈中，深莞惠本外币存款总量占整个珠三角的近 50%，广佛肇占比不足 40%。在珠三角三大经济圈中，深莞惠经济圈金融业增加值接近香港金融业增加值，为 3405.42 亿元，超过广佛肇经济圈的 2252.48 亿元和珠中江经济圈的 475.87 亿元。在粤港澳大湾区中，“深莞惠＋香港”的金融业增加值占到整个粤港澳大湾区的近 70%，是粤港澳大湾区中金融业最集聚的地区。而广佛肇和珠中江经济圈中的金融业增加值占大湾区金融业增加值总量的 30%(见图 7-13、图 7-14)。

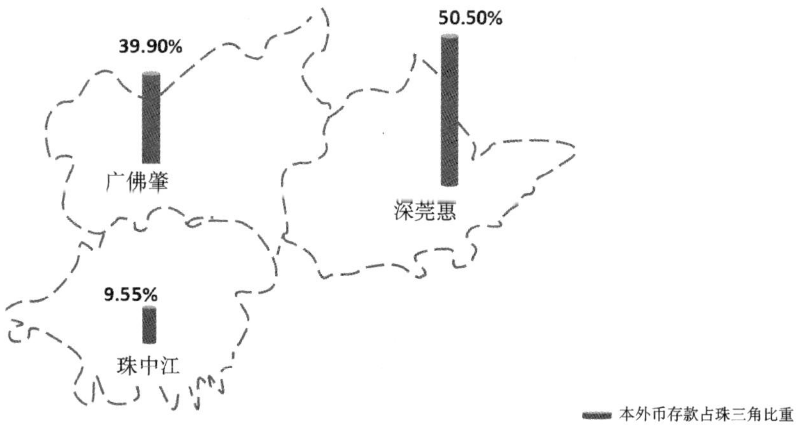

图 7-13　珠三角内部本外币存款指标的分布情况

7.5.5　信息流聚集格局和发展趋势比较

1. 信息流聚集的格局及发展趋势指标比较

从珠三角九市信息服务业发展水平的指标来看，深圳信息流集聚程度略高于广州。2017 年 5 月，深圳电信业务收入较广州高 13.1 亿元，移动用户较广州多近 50 万用户，固定宽带用户和光纤接入用户总数两个地区基本持平。在珠三角三大经济圈中，广佛肇电信业务收入为 217.6 亿元，深莞惠电信业务收入为 260.4 亿元，珠中江电信业务收入为 67 亿元，

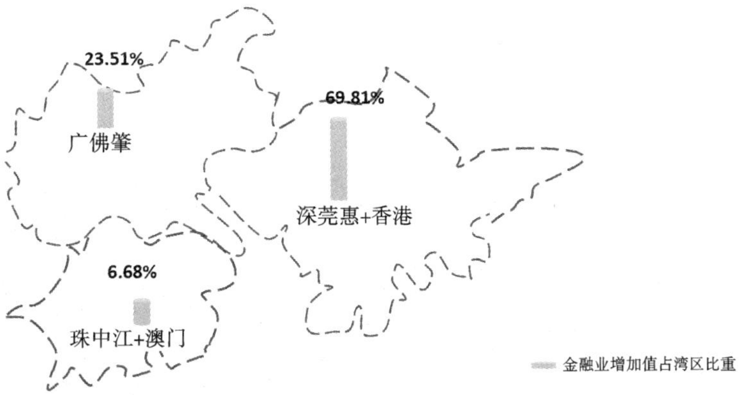

图 7-14　粤港澳大湾区内部金融业增加值指标的分布情况

深莞惠电信业务收入水平显著高于其他两大经济圈水平。从移动用户数量来看，深莞惠经济圈的移动用户数量较广佛肇经济圈的移动用户数量高约 900 万户，其中，光纤接入用户数量较广佛肇经济圈用户高 70 万用户。珠中江经济圈在以上各种指标中均处于劣势（见表 7-21）。

表 7-21　粤港澳主要城市信息流聚集特征比较（2017 年 5 月）

地区	电信业务收入/（亿元）	固定电话用户/（万户）	移动用户数量/（万户）	固定宽带用户/（万户）	光纤接入用户/（万户）
广州	145.4	455.8	2774.6	487.2	294.4
深圳	158.5	478.6	2825.3	436.8	323.7
珠海	17.6	63.5	324.1	89	59.6
佛山	59.1	224.5	1184.7	244.5	199.4
惠州	28.4	98.6	548.9	158.3	120.8
东莞	73.5	250.8	1811.9	241.8	181.3
中山	28.1	94.1	605	162.1	127.2
江门	21.3	108.9	469.1	139.1	109.1
肇庆	13.1	60.6	307.4	86.7	60
广佛肇经济圈	217.6	740.9	4266.7	818.4	553.8
深莞惠经济圈	260.4	828	5186.1	836.9	625.8
珠中江经济圈	67	266.5	1398.2	390.2	295.9

2. 广深港信息流聚集的优劣势比较

基于广州、香港和深圳信息服务业的发展态势，可以看出：在粤港澳大湾区的三个核心城市中，深圳信息流集聚的基础最为雄厚，这不仅是由于深圳电子商务基础雄厚，移动用户数量众多，而且深圳拥有一批诸如华为、腾讯等世界级的信息技术和信息服务企业。其劣势是相比欧美国际先进水准，深圳在核心技术等领域仍有一定的差距。在广州、香港和深圳三个核心城市中，广州的信息流聚集优势在于传统商贸业基础为电子商务发展提供了有力的支撑，近年来信息服务业发展速度也较快，但劣势是缺乏世界级的信息服务企业，信息服务人群覆盖率低。在广州、香港和深圳三个核心城市中，香港的优势主要体现在专业领域，如金融、物流等主导产业的信息化程度较高；在与信息技术相关的制造、研发、应用领域劣势明显（见图 7-15）。

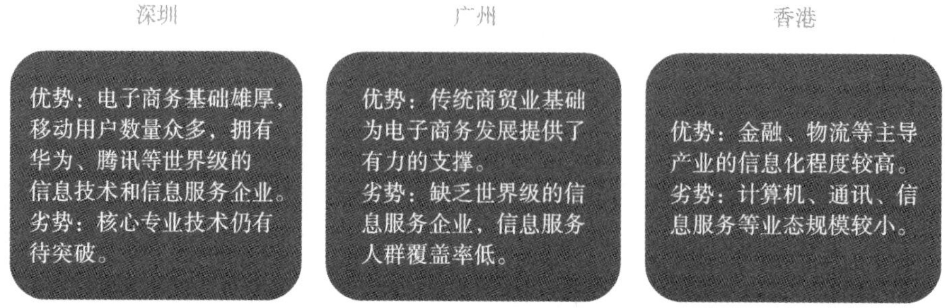

图 7-15　广深港信息流聚集的优劣势比较

3. 信息流聚集的区域比较

由于香港和澳门在信息流聚集方面没有和内地较为一致的统计指标，故在此以广东省通信管理局发布的相关信息流聚集指标为基础，仅比较珠三角内部的信息流聚集情况。总体来看，在珠三角三大经济圈中，深莞惠仍然占据主体地位。2016 年，深莞惠经济圈中移动用户数量占珠三角的 47.79%，4G 用户数量占珠三角的 46.16%，光纤接入用户数量占珠三角的 42.41%，与劳动就业人口在珠三角中的分布结构非常契合。相比之下，广佛肇和珠中江经济圈三项指标在珠三角中的比重均较低，难以占据核心主体地位（见图 7-16）。

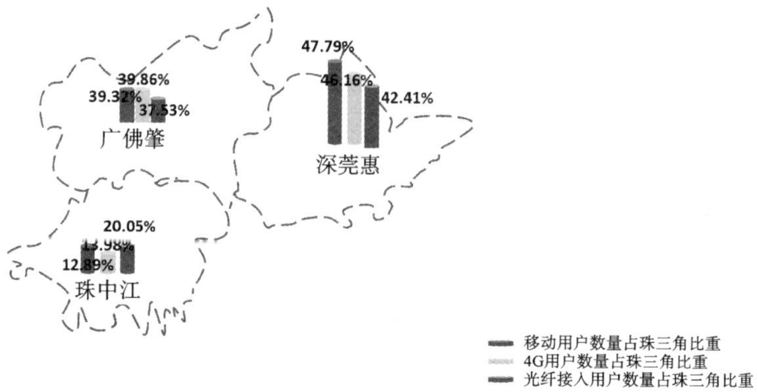

图 7-16　珠三角内部信息流聚集指标的分布情况

7.5.6　人才流聚集格局和发展趋势比较

1. 人才流聚集的格局及发展趋势指标比较

虽然无法确切统计出粤港澳大湾区中 12 个城市的人才数量，但可以从相关关联指标反映出某些重点领域的人才分布情况。基于人才流集聚的基础指标，对粤港澳大湾区主要城市的人才流集聚情况分析如下。

研发人员数量：研发人员是人才的重要组成部分，从研发人员数量来看，2013—2016 年期间，深圳研发人员数量均是广州的 2 倍左右，也远远高于其他九市的平均水平。在三大经济圈中，深莞惠研发人员数量高于广佛肇和珠中江两大经济圈的研发人员总和。2013—

2015 年期间，香港工商机构、高等教育机构和政府机构的研究员、技术员和其他辅助人员数量维持在 2.5 万人至 2.9 万人之间，为深圳研发人员总量的 1/6（见表 7-22）。

表 7-22　珠三角研发人员人数变化情况（2013—2016 年）　（单位：人）

地区	2013 年	2014 年	2015 年	2016 年
广州	74008	80623	82594	80509
深圳	187045	176345	174953	202684
珠海	15814	18408	16229	16737
佛山	75852	78933	68198	74427
惠州	18678	20010	24376	34929
东莞	53258	58752	59469	64963
中山	37857	38551	38488	38970
江门	16033	18098	17584	17120
肇庆	10568	11200	11513	12100
广佛肇经济圈	160428	170756	162305	167036
深莞惠经济圈	258981	255107	258798	302576
珠中江经济圈	69704	75057	72301	72827

创业人才数量：创业人才数量可以通过每年各市新增企业数量的结果来反映。仅从 2015 年新登记企业数量的增量来看，2015 年珠三角新登记企业数量的增量增速平均增长 19.89%，其中，广州、深圳、惠州、珠海增速均领先于珠三角的平均水平，而其他 5 个地市新登记企业数量的增量增速均落后于珠三角的平均水平。按 2015 年珠三角九市新增企业数量的绝对数测算，深圳仍然领先于珠三角地区。按投资规模测算，深圳新登记企业的投资规模占珠三角的 70.55%（见表 7-23）。

表 7-23　珠三角九市新登记企业情况（2015 年）

地区	2014 年注册机构数量/家	2015 年注册机构数量/家	增长率
广州	86860	107544	23.81%
深圳	234032	283428	21.11%
东莞	43565	51766	18.82%
佛山	28858	29876	3.53%
惠州	13676	16586	21.28%
中山	17040	17082	0.25%
珠海	11984	17402	45.21%
肇庆	3059	3636	18.86%
江门	6770	7204	6.41%
广佛肇经济圈	118777	141056	18.76%
深莞惠经济圈	291273	351780	20.77%
珠中江经济圈	35794	41688	16.47%

高校人才数量：从各大城市在校大学生数量指标来看，广州是当之无愧的高校人才集聚强市。从2011年至2016年，广州大学生数量五年间增长了16.94万人。而珠三角中的深圳从2011年至2016年，大学生数量从7万人增长至9.19万人，五年间仅增长2.19万人。但从高校毕业生分布状况来看，深圳是全国大学生重要的输入地，而广州则是珠三角地区毕业大学生的输出地。

2. 广深港人才流聚集的优劣势比较

基于上述人才流量指标的比较可以看出，深圳人才流量聚集的优势主要在于研发和创业人才数量大，对全国各地的大学生及青年人才吸引力强，但缺陷在于深圳高校目前培养的人才数量非常有限，难以满足深圳本地的需求。广州和深圳相比，虽然高校云集，每年培养的大学生数量在全国居于前列，但由于创新载体和平台相对有限，所以对人才的承载力不足，毕业大学生外流现象明显。香港和广州与深圳相比，人才国际化水平最高，尤其在金融、商贸领域的人才优势非常明显，并且有排名世界100强的优质高校。但劣势与广州相似，由于创新载体和平台不足，对科技类人才的承载力不足（见图7-17）。

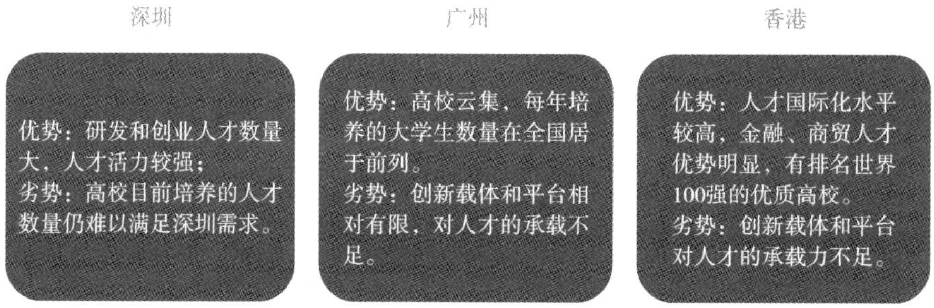

图7-17　广深港人才流聚集的优劣势比较

3. 人才流聚集的区域比较

由于香港和澳门的人才统计基准和大陆地区有一定差异，故此处也仅比较珠三角内部三个经济圈之间的人才流量聚集分布格局情况。从应用角度来看，无论从研发人员还是创业企业的分布来看，深莞惠仍是目前人才分布的主要地区，广佛肇其次，珠中江经济圈的人才流量分布最为薄弱（见图7-18）。

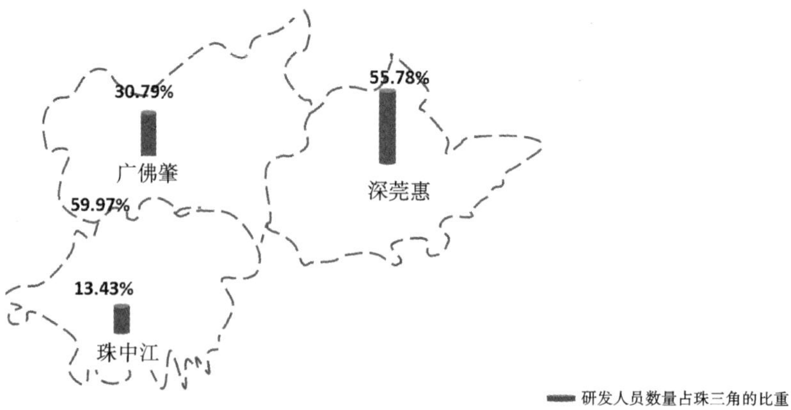

图7-18　珠三角内部研发人员的分布情况

7.5.7　技术流聚集格局和发展趋势比较

1. 技术流聚集的格局及发展趋势指标比较

由于没有衡量技术流的直接指标，在此使用专利授权情况和现代产业规模来衡量各市技术流聚集的基本特征。

专利授权量：深圳在珠三角九市专利授权量中处于一市独大的地位。2016 年，深圳专利授权累计 75043 件，较广州高近 27000 件。其中，最具技术水准的发明专利中，深圳专利授权量达 17666 件，是广州发明专利授权量的 2 倍多，几乎等于其余各市专利授权量的总和。PCT 国际专利申请量为 19648 件，占全省比重的 83.35%。从经济圈的角度来看，在深圳的强力带动下，深莞惠经济圈技术聚集效应显著。在三大经济圈中，按专利授权量测算，深莞惠专利授权量占珠三角专利授权总量的 49.02%；按有效专利测算，深莞惠有效专利总量占珠三角有效专利总量的 67.62%；按 PCT 国际专利申请量测算，深莞惠 PCT 国际专利申请量占珠三角总量的 88.92%。按每万人口发明专利拥有量测算，深圳在珠三角中的优势地位更加明显。2016 年，深圳每万人发明专利拥有量为 83.81 件，是广州的近 4 倍。技术的流动最终体现在市场主体的专利拥有量上。2016 年，在广东全省有效发明申请前十大企业中，深圳拥有九席；在广东省企业 PCT 国际专利申请排名前十位排名中，深圳也拥有九席，说明深圳技术创新能力在全省占据绝对主导地位。值得关注的是，在专利申请和技术创新方面，香港近年来的表现也较为抢眼。自 2003 年以来，香港 PCT 专利数量累计超过 2000 件。具体到专利申请方向上，香港较内地城市更为均衡，尤其在物理、化学、生物等基础学科领域，香港的表现更为突出。

现代产业产值情况：在先进制造业和高技术制造业产值方面，深圳的地位更加突出。2016 年，深圳先进制造业增加值是广州的 2 倍，高技术制造业增加值则是广州的 9 倍。在珠三角 9 个地市中，深圳一个地市的先进制造业产值大约占据了珠三角的 40%，深圳一个地市的高技术制造业增加值大约占据了珠三角的 60%。从先进制造业占规模以上工业比重和高技术制造业占规模以上工业比重的指标来看，深圳也占据绝对优势。尤其从高技术制造业占规模以上工业比重上看，深圳约是广州的 6 倍。相较而言，以珠海、中山、江门为代表的珠中江经济圈先进制造业增加值均不足 500 亿元，肇庆先进制造业增加值仅为 300 亿元。在高技术制造业领域，江门和肇庆的增加值甚至不超过 100 亿元，远远落后于广州和深圳地区，反映出珠三角内部技术流聚集的严重不均衡状况。

2. 广深港技术流聚集的优劣势比较

粤港澳大湾区三个核心城市相比，广州技术流量聚集的主要特点是高校较多，原始技术创新能力较强，但科技转化能力较弱，故高新技术产业整体竞争力不强。深圳技术流量聚集的主要特征是科技转化能力强，产业规模雄厚，但缺陷是高校较少，原始创新能力仍需增强。总体来看，深圳的技术创新领域在粤港澳大湾区占据支配性地位。香港与广州类似，尽管具有世界一流的高校支撑，原始创新能力强，但由于高新技术产业支撑不足，故科技转化能力仍有待提高（见图 7-19）。

3. 技术流聚集的区域比较

综合上述分析，总体来看，从珠三角内部技术流聚集的格局来看，深圳仍然占据主导地位。无论从发明专利的比例还是现代产业的比重，均可以看出深圳具有极大优势（见图 7-20、图 7-21）。

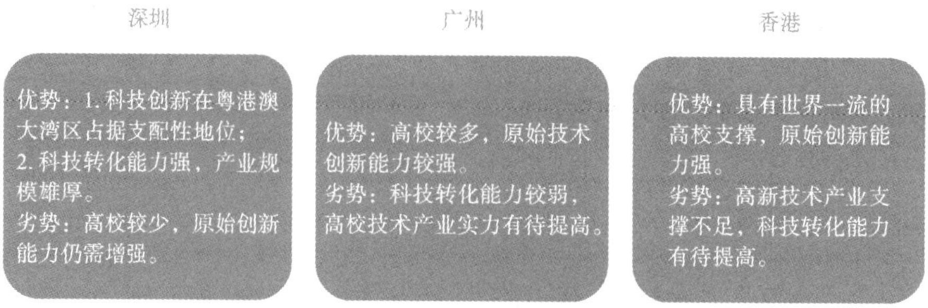

图 7-19　广深港技术流聚集的优劣势比较

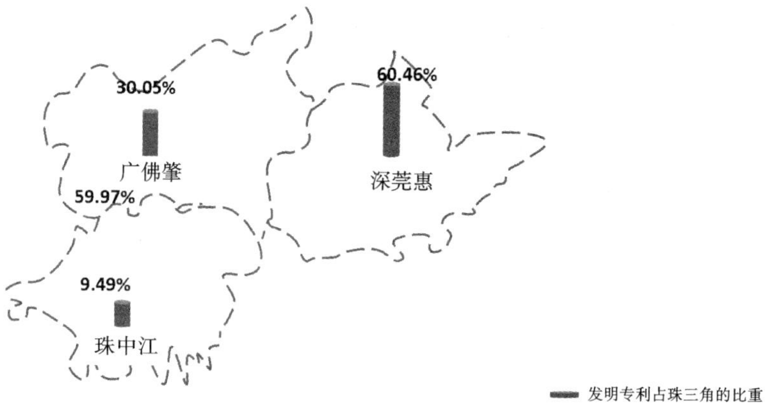

图 7-20　珠三角内部发明专利的分布情况

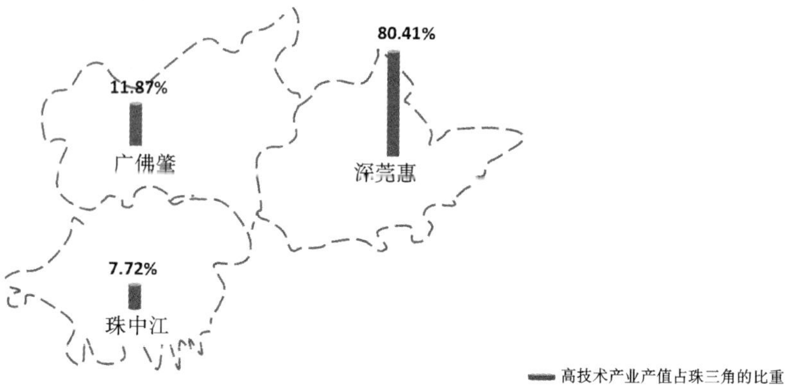

图 7-21　珠三角内部高技术产业产值的分布情况

第 8 章　推进粤港澳大湾区动能转换研究：法治融合与衔接

粤港澳大湾区城市群建设离不开法治国家、法治政府和法治社会建设和保障。根据《中共中央关于全面推进依法治国若干重大问题的决定》要求，为更好发挥法治的引领和规范作用、实现立法和改革决策相衔接，我们要做到重大改革于法有据、立法主动适应改革和经济社会发展需要。因而，打造粤港澳大湾区法治环境，既需要国家层面的统筹协调，也需要粤港澳之间的协调互动，更需要中心城市的法治引领作用。

在这样的背景下，深圳作为粤港澳大湾区的中心城市之一，要遵循湾区发展的总体思路，建设一流湾区城市，打造湾区国际名城，为实施国家战略提供有力支撑。为推进粤港澳大湾区的紧密合作，深圳从知识产权法、金融监管、纠纷争议解决等方面，在立法、司法、执法和法律监督体系上，探索在扩大开放的法治建设上先行先试，逐步推出与国际接轨、与香港接近，符合现代化服务业发展规律与国家改革创新要求的法规规章，为建立粤港澳大湾区内统一的基本法律体系和制度框架、构建符合国际惯例的运行规则和制度体系先行探路，积累经验。本章参考世界著名湾区法治发展的特色，结合国家及深圳层面的法律法规、专家学术研究成果与实践进行多方位观察，就深圳在粤港澳大湾区法治中的角色与进路提出若干建议。

8.1　粤港澳大湾区法治建设的现状

8.1.1　大湾区法治建设面临的现实问题

1. 法治协作机构的非对称性

粤港澳大湾区由于历史、法治体系与经济社会发展特征的不同，三地法治协作机构呈现出非对称性的特征，使得一些具体领域的合作存在无对应机构有效衔接的情况。例如在知识产权领域合作中，就凸显了法治协作机构的非对称性问题。目前，知识产权问题呈现出非常显著的全球化特征，各国也正在积极加强合作。我国已经加入了《保护工业产权巴黎公约》《与贸易有关的知识产权协议》《建立世界知识产权组织公约》《专利合作条约》《世界知识产权组织版权条约》《保护文学和艺术作品伯尔尼公约》等一系列国际条约。粤港澳三地在知识产权的具体规则内容上具有很高的统一性。

不过，粤港澳三地知识产权法治衔接首先需要面对的问题就是如何有效地执法，但若从法治协作机构来看，机构设置存在不小的差别。一方面，从我国内地总体层面而言，我国是现今世界极少数采取“分别管理”模式的国家，长期以来，国家版权局负责著作权事务并隶属国家广播电视总局，国家商标局负责商标事务并隶属国家市场监督管理总局，国家专利局负责专利事务并隶属国家知识产权局，植物新品种事务则又大体区别草本植物与木本植物，分属农业农村部和国家林业和草原局，地理标志归国家质量监督检验检疫总局，多头管理问题突出。此外，内地海关对与进出口货物有关并受我国法律、行政法规保护的商标专用权、著作权和与著作权有关的权利、专利权实施的保护。目前，随着国家、各地知识产权管理体系的改革，多头监管的情况正在得到缓解。其中，深圳的知识产权管理体系已经走在了全国的前列，早在2009年进行的政府机构改革中，深圳市场监督管理局承担了原工商局、质量技术监督局、知识产权局的职能，并借此实现了知识产权、版权、商标管理在全国率先统一。2012年，深圳市市场监督管理局又加挂深圳市知识产权局的牌子，标志着深圳知识产权一体化管理体制的正式确立。

然而，由于香港特区没有海关体系之外的知识产权行政执法机制，其无法与内地知识产权行政执法机关实现有效的衔接。深圳市知识产权局也表示其与香港对应机构无合作关系。除却民事救济机制，香港海关是负责对版权及商标侵权活动进行刑事调查、拘捕、检控的部门，借此维护知识产权拥有人和正当商人的合法权益，这在全世界都是独具特色的制度，其拥有总数将近400人的海关执法队伍。在此体系下，香港海关执行《香港法例》第528章《版权条例》、第362章《商品说明条例》及第544章《防止盗用版权条例》的规定，不仅具有广泛的搜查及逮捕权力，而且积极与海外执法机关及商标与版权持有人合作，同时，由于知识产权侵权行为不分轻重都是刑事犯罪，打击侵犯知识产权行为取得了良好的效果。从粤港两地的衔接而言，粤港两地海关自九十年代起就已经开展了各种不同形式的联合执法活动，但是，对粤港澳大湾区进一步的执法合作而言，两地除海关外的其他行政执法机构却无法衔接，给两地合作执法造成了困难。

2.具体法律适用的非统一性

粤港澳三地在法律适用中呈现出非统一性，这给三地经济社会交往带来了一定挑战，给跨区域的社会经济活动造成一定困难。在此，以深圳与香港证券市场的合作为例，2016年，深港股票市场交易互联互通机制（以下简称为“深港通”）启动，是两地金融市场合作的又一重要事件。在互通机制下，“深港通”为内地投资者投资香港股票市场提供了可能，投资者借助深圳证券交易所在香港设立的证券交易服务公司（SPV）在香港联交所进行交易。

然而，结合《内地与香港股票市场交易互联互通机制若干规定》的要求，中国结算作为港股通股票的“名义持有人”向香港结算履行港股通交易的清算交收责任，这是一种间接持有模式，即证券的实际投资者的名称和证券持有情况不体现在发行人名册中。据《港股通投资者指南》阐释，这是由于“香港市场实施以间接持有方式为主的多级持有体系。在香港市场，投资者如需股票交易，一般会将纸面股票托管至证券公司，证券公司再存管至香港结算，最终以香港结算代理人的名义体现在股东名册”。因而，在这样的制度架构下，中国结算通过投资者的托管证券公司，在充分征求投资者意愿后，为投资者提供“现金红利派发、以股息权益选择认购股份、送股、额度内供股、额度内公开配售、股份分拆及合并、投票、公司收购及出具持有证明等服务”。具体而言，《中国结算深圳分公司港股通存管结算业务指南》第四章专门规定了“公司行为处理”的内容，包括“港股通”下公司行为信息的转发、意愿征集和申报和权益派发（见图8-1）。

从规范上比较观察，这与我国内地的证券登记结算制度是显然不同的，我国大陆地区是直接持有模式。《中华人民共和国证券法》第160条第1款规定：“证券登记结算机构应当向证券发行人提供证券持有人名册及其有关资料。”同时，第166条第1款规定：“投资者委托证券公司进行证券交易，应当申请开立证券账户。证券登记结算机构应当按照规定以投资者本人的名义为投资者开立证券账户。”相反，间接持有证券的投资者是通过中介机构的账

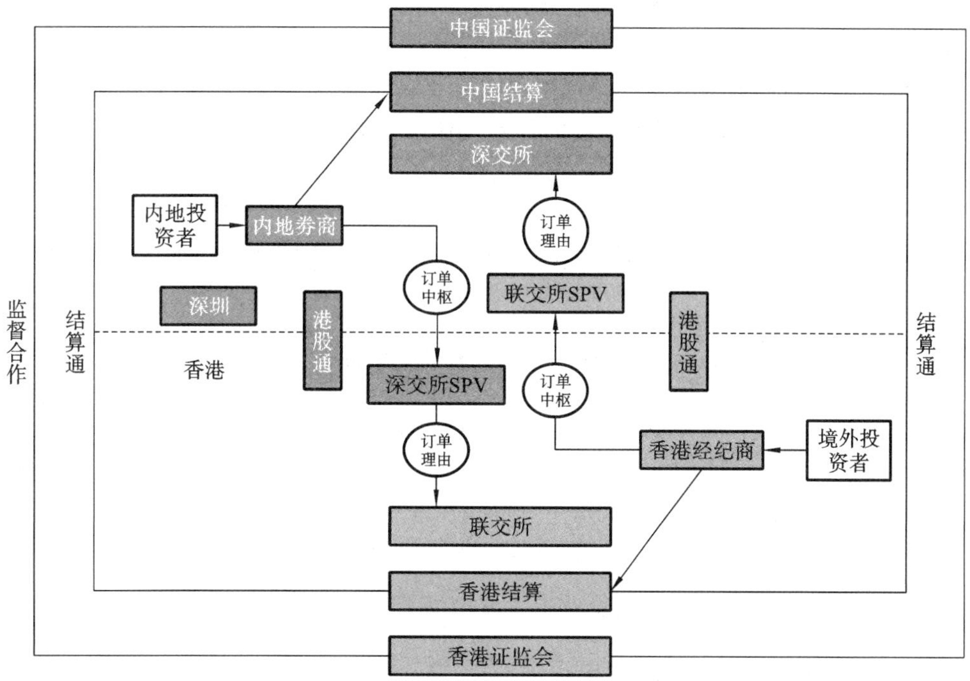

图 8-1　"深港通"交易运行机制

户享有证券权益,其并不出现在发行人的登记簿之中,而是体现在与其有直接合同关系的中间人登记簿册中。在间接持有系统中,这些大型的中介机构则进一步与中央证券存管机构订立证券的托管合同。"港股通"的模式正是如此,在香港上市公司的登记簿上体现的正是中央证券存管机构的名义。如此一来,在证券交易时,若买卖双方的投资人同属于一个证券公司,那么只需要进行内部登记变动即可,而无须经过中央证券存管机构,有效提高了交易和结算效率。但是,两种模式下投资者直接行使股东代表诉讼的权利也就有所不同。在直接持有模式下,对于公司董事、高级管理人员侵犯公司合法权益给公司造成损失的情形,股东在一定条件下有权为了公司的利益以自己的名义直接向人民法院提起诉讼。相反,在间接持有的模式下,由于投资者的名字由于并不体现在证券发行人的名册之中,其是否具有股东身份?若是,其股东权利如何行使?是否要借助中介机构来进行?若不是,则其应该如何维护合法权益?这些都构成了两地金融法律适用的非统一性问题,若不能充分解决,则不利于投资者参与公司治理合法权利的保护。实际上,在粤港澳大湾区合作的诸多领域,上述法律适用非统一性的问题十分突出,使得三地经济社会交往的制度成本很高。

8.1.3　大湾区法治合作的框架

粤港澳大湾区的发展需要有区域行政协作的支持,以此充分发挥各地区的比较优势,实现社会经济资源的优化组合。自香港、澳门相继回归之后,内地与港澳一直在通过积极协作来应对共同的区域性发展问题。为促进粤港合作,广东省和香港自 1998 年起,每年轮流在广州和香港举办粤港合作联席会议,会议由广东与香港政府高层人员组成,下设立若干专责小组负责对各专题合作项目的研究、跟进和落实。从第六次粤港合作联席会议开始,粤港双方将原来的"双首长制"升格为双方行政首脑出面主持的粤港合作联席会议制度。2003 年,为促进广东与澳门的合作，在粤澳高层会晤制度基础上，双方建立了粤澳合作联席会议制度，下设粤澳合作联席会议联络办公室并根据合作项目需要设立若干项目专责小组。目前来看，粤港澳三地区域行政合作指向仍以粤港或粤澳双方为主，在粤港澳三方同时合作与协调方面较为薄弱，因而，三地之间共同性的行政协作机制有待发展。同时，这类联席会议机制也因为没有明确的法律依据而面临不确定性。

8.2 世界著名湾区核心竞争力的法治观察

8.2.1 硅谷铁盾：完备的知识产权法律保障

据统计，硅谷每年所产生的科技专利占加利福尼亚州专利总数的49%，占美国专利总数的12%。硅谷聚集了美国三分之一以上的风险投资，而且其对中小企业的资助远超过美国其他科技产业发达城市。灵活的移民法律、现代高等教育的法治支持、知识产权的完备保护和风险投资行业的税收变革等，正是支持硅谷发展的幕后铁盾。具体包括以下几点。

1. 硅谷有着完备的法律服务，为企业的发展提供了法律保障

据阿伦·拉奥研究，硅谷的发达法律服务助力了科技创新企业的发展，诸如 Wilson Sonsini Goodrich &Rosati（专注于技术、生命科学和成长型企业的法律服务）、Cooley Godward Kronish LLP（专注于生命科学、并购与企业融资）、DLA Piper LLP、Gunderson Dettmer LLP 等律师事务所，都会为初创企业提供一定的免费服务，这样的法治背景令硅谷的科创企业如虎添翼。比如，Gunderson Dettmer 曾宣称："我们专注于创业和新兴的公司市场。我们每年推出数以百计的初创企业，并一直被公认为风险投资市场中最活跃的律师事务所。作为企业家，你被驱使去创新，而我们被驱策去帮助你实现机会。我们并肩工作以帮助实现您的愿景。"因此，这对初创企业而言，是非常大的助力。

2. 硅谷有着完备的知识产权法律体系，有利于激发知识产权的创造热情

旧金山湾区在知识产权的保护方面所适用的是美国联邦法与加利福尼亚州的州法。2011 年《美国发明法案》（*America Invents Act*）生效之后，实现了从"先发明制"到"先申请制"的改变，放弃沿用两百多年的"发明优先"原则，加速了专利评审，并减少专利申请积压的数量，优化了申请程序和异议审核机制。美国作为一个联邦制国家，从州法的层面来看，加州地区知识产权法律法规在美国具有重要领先地位，正是完备的产权体系，使得知识的创造和科技的发展更有法律保障，伯克利大学科技法和知识产权法的重要地位正是其反映。

3. 立法保护知识产权的经济效益转换，加速知识产权的商业化

第一，1980 年制定的《拜杜法案》（*Bayh-Dole Act*）有效地激励了大学、研究机构和中小企业的创新能力，促进了科研成果的商业化，使技术人员获得了更多的经济收益。《拜杜法案》的核心内容是对于以政府财政资金资助为主的发明的知识产权，将其知识产权分配给发明人所在的研究机构。同时，法案鼓励非营利性机构与企业界合作转化这些科研成果，以促进这些发明技术在美国的应用。该法案被英国《经济学家》杂志评价为"美国国会在过去半个世纪中通过的最具鼓舞力的法案"，开创了美国技术和风险基金产业进行合作的新境界。

第二，《史蒂文森·威德勒技术创新法》（*The Stevenson-Wydler Technology Innovation Act*）促进了美国的技术创新。它主要是用于支持国际技术转移，扩大各科研机构与产业界之间的技术转让与人员交流等方面的合作。同时,它对于提高各部门的劳动生产率、创造新的就业机会、稳定物价、提高产品在国内外市场上的竞争力等都起着积极的作用。

第三,《美国联邦技术转移法》(*Federal Technology Act of* 1986)将“技术转让”直接作为所有联邦实验室科学家及工程师的责任并将其纳入绩效评定范畴。

第四,美国此后颁布1989年《国家竞争力技术转移法》(*National Competitiveness Technology Transfer Act*)、2000年《技术转让商业化法案》(*Technology Transfer Commercialization Act*)等法案,都在不同方面与程度上促进了联邦实验室、企业、私人机构的合作。

第五,美国法律对技术研发的关注是贯穿整个研发过程的,对小企业的创新研发一直予以支持。1982年,美国出台《小企业创新研发法案》(*Small Business Innovation Development Act*),强调如何利用创新型中小企业(最丰富的创新技术来源)以更有效地满足研发需求,并且吸引私人资本促进联邦研究成果的商业化。为此,该法案进而设立了“小企业创新与发展计划”(small business innovation research program,SBIR),目的是加强小企业在联邦科技研发中的作用,通过统一的程序将联邦机构的一部分研究或研发工作留给小企业。在此之后,1992年美国又制定了《小企业技术转让法案》,并借此设立了“小企业技术转移计划”(small business technology transfer program,SBTT),该计划将联邦机构或研发预算中的一部分预留给小企业用于研发并且提供了不同阶段的资助方案,促进解决小企业开发经费的难题。SBIR计划属于“政府-企业”的二元模式,而SBTT则属于“政府-企业-研究机构”,法律规定特定的科学研究机构必须参加小企业的研究与项目开发,真正做到了政、产、研的结合。

8.2.2 华尔街博弈:健全的金融监管机制

纽约作为全球最大的金融中心,掌控着全球约40%的金融资金。纽约是全球最大且最活跃的股票市场,而纽约国际金融中心地位的确立更是以美国经济实力为依托。但是,资本市场的发展与历史紧密相连,1620年,当五月花号从英格兰普利茅斯载着102名乘客抵达新大陆的时候,也带来了来自英国的新教文化与资本主义精神。正如马克思·韦伯所说:“在现代经济秩序中,只要在法律秩序内,赚钱就是职业美德和能力的体现。”美国的企业家精神迅速成长,奠定了美国证券市场发展的历史基础。在美国资本市场的发展史中,可以看到,它始终强调个人对财富的追求、对创新资本工具的追求,只要法律没有明确禁止,那么任何新的资本产品的创造,都是合法的。

一般而言,相对完善的金融法律体系是美国金融体系健康运行的基础①,但真正值得我们注意的是,美国的金融监管机构非常强大的执法能力和监管威慑力。以美国证券交易委员会(securities and exchange commission,SEC)为例,执法部门(enforcement division)是

① 仅以银行业为例,美国金融法规包括三个层次:第一,金融监管大法。如1863年的《国民银行法》,以及后来百余年中陆续出台的《联邦储备法》《银行法》《国际银行法》《放松存款机构管理与货币控制法》《金融机构改革、复兴与实施法》《联邦存款保险公司改善法》《金融服务现代化法》等。第二,专项性法律。包括《银行持股公司法》《银行合并法》《消费贷款保护法》《住宅抵押贷款信息公布法》《金融机构管理和利息控制法》《嘉恩-圣高曼存款机构法》《国际货款监督法》等。第三,金融法规条例。美国金融监管机构为管制金融机构和金融活动,在不同时期制定了若干规则与条例。根据相关法律,美国的金融监督体系是由货币监理署、联邦储备体系、联邦存款保险公司三个联邦监管机构及州政府金融监管机构组成,这种各金融监管机构分工协作、分层次金融监管的体系,在历史上支持了美国金融业的发展和华尔街的崛起。

SEC最为强大的部门,其依据法律或者SEC的制定规则,制止、纠正、处罚证券市场违法违规行为。执法部门设置有一个主任、两个副主任、五个助理主任、首席律师、首席诉讼律师以及首席会计师,他们承担该部门领导工作。SEC对证券执法日益重视,执法部门也成为其最强大的部门。特别是在1972年之后,SEC自身的监管理念也逐渐从救济性的执法向惩罚性的执法转变,各类监管武器日益强大,全副武装。SEC为此自豪地宣称:"美国证监会之所以在每个职责领域内都保持了其效率性,与执法活动密切相关。SEC每年都对违法证券法律的数百起案件提起民事诉讼,典型的包括内幕交易、会计欺诈、虚假信息披露等。"执法部门的强大从SEC的财政预算上,就可窥见一斑。

从财政预算上来看,在2015年SEC总计15.8亿美元的财政支出中,仅执法部门就耗费了5.5亿元美元,在所有部门和办公室中拔得头筹。同时,与执法部门密切相关的合规监察部门位列第二,为3.2亿美元。而负责对证券市场主要参与者、日常交易进行监管的交易与市场部则位列第四,为8600万美元。这三个部门的财政占到了整个SEC支出的一半以上,从中可以窥见SEC对事中管理和事后管理的重视。不仅如此,SEC还根据不同的目标,设置了不同的预算项目,这其中,执法部门的预算安排还是最为重要的,远远超过市场交易部门。即便同属于普通法国家,在执法部门预算比例中,美国SEC执法部门也是遥遥领先。

SEC具有强大的发现违法违规行为的能力。特别是在自律机构的协作下,在得到有效线索的时候,SEC可以将各上市公司高管和主要股东的个人资料、各自的亲属、主要的人际圈子、朋友,甚至于他们所在高尔夫俱乐部会员等资料,全部从数据系统里调取出来,并迅速启动相关调查程序。可以看到,除却完备的立法,强有力的执法能力对于金融市场的建设更为重要,这是保护投资者信心的最佳武器,因此,强大的金融执法能力是华尔街成功的最佳注释。

8.2.3 美国大熔炉:开放的移民政策与人才培养

一方面,纽约湾区和旧金山湾区都受惠于精英移民的才智与贡献,特别是硅谷所在地区灵活的移民政策促进了大量的科技人才的积聚,这种宽松、多元的社会氛围自然有利于创造力的发挥。从政策史的视角上看,美国从建国伊始就是移民国家。第二次世界大战之后,美国将对外教育与文化交流纳入了美国国家战略,并相继制定了1946年《原子能法》(*Atomic Energy Act*)、1946年《富布莱特法》(*Fulbright Act*)、1948年《美国信息与教育交流法》(*The US Information and Educational Exchange Act*)和1956年《交换学者与移民地位法》等,使得战后科技移民潮兴起。1961年,美国颁布《双边教育与文化交流法》(*Mutual Educational and Cultural Exchange Act*),在分析1946年来各项立法的基础上,试图消除各个管理部门之间的壁垒。从1990年至今,美国《移民与国籍法案》(*Immigration and Nationality Act*)提升了移民总限额,规定了临时工作签证的数量限制,彻底废除了以政治体制和意识形态为基础的移民排除制度。从内容上来看,其对移民的界定和分类更加周密。于是,20世纪90年代以来,信息技术一马当先,对信息技术的人才需求也骤然增加。早先时候,由于移民一度旺盛,拥有临时技术移民的H-1B签证的额度都已透支,英特尔、苹果等大企业纷纷要求增加额度,促使国会频繁调整H-1B劳工计划。1990年到1997年,美国在线职员人数从116人增长至7371人,海外网络公司从774人增至5960人,戴尔公司从1500人增至10350人,给美国移民法律带来了巨大的压力。更为重要的是,在这样的背景下,不仅美国的临时技术劳工计划增长迅速,而且该计划成为外来人才的试金石。换句话说,对于创造潜能突出的外来人才,可以借此调整身份,成为永久性的移民。据统计,20 世纪 90 年代中期,全球有 350 万余人赴美工作。

目前,美国技术移民制度已经逐渐覆盖了各类技术移民,体现了对高技术移民的鼓励。更值得关注的是,其规范制度非常细致具体,对移民的分类、限额、申请流程规定十分细致,使得所有涉及移民的事务都有法可依。根据《移民与国籍法案》第 311 条、第 316 条和第 318 条的规定,在达到一系列条件后,可以加入美国国籍。美国对各国人才的吸引力和开放程度仍然值得重视。调查显示,硅谷的 292 万人口构成中,46%有大学或研究生以上学历,106 万是非美国出生,亚裔有近 60%是大学或研究生以上学历。在高科技工程职业的雇员中,65%是外国移民。因而,开放灵活的移民政策促进了美国人才的不断发展和国际化,为美国社会经济的创新提供了高质量的人才支持,令全球诸多国家望尘莫及。

另一方面,本地人才的培养与发展对美国的发展起到了核心的推动作用。事实上,不管是在研究旧金山湾区硅谷的论著中,还是在谈及美国发展的问题时,人才都是国家核心竞争力的来源之一。在探讨硅谷成功的因素时,我们都会不可避免地强调斯坦福大学和伯克利大学的重要作用。硅谷从诞生之时就已经与斯坦福大学密切相关。处于湾区的伯克利大学更是在早期就吸引了一大批世界著名的科学家,包括粒子加速器的设计者欧内斯特·劳伦斯(Ernest Lawrence)和核物理学家罗伯特·奥本海默(Robert Oppenheimer)。除此之外,特别值得关注的是,硅谷人才的高流动性,有益于企业裂变和技术外溢,进一步地促进知识与技术的交流,激发了企业间的相互砥砺。比如,创建于 1920 年的仙童公司(Fairchild Semiconductor)对硅谷影响深远,许多知名公司(如国家半导体、英特尔、西格尼蒂克斯和美国微系统等)都是从仙童公司中分化出来的。加利福尼亚州的州法也保护了这些人才后续的流动,促进了劳务市场的人才流动,繁荣了整个产业链。

8.2.4　从东京到迪拜:专门性的湾区建设立法

世界著名湾区的形成与发展多仰赖于天然的港口优势,货物贸易的繁荣不断催生着金融与服务业的发展。如阿联酋迪拜金融中心的建设,其作为后起之秀便有专门的立法保障。日本东京湾区的经济发展,也与立法保障密不可分。黄洵等同样发现,无论是自然形成型(如伦敦、纽约和香港),还是政府有意识建设和大力支持而最终形成的国际金融中心,都将金融法律作为金融中心形成和发展的内生机制予以不断完善强化。

东京不仅是日本的经济中心、世界著名的金融中心,同时也是日本最重要的工业城市,日本政府重视湾区国土资源开发利用和整治,形成良好的规划主导和干预。据研究,从日本的立法实践来看,一方面,为了建设东京首都圈,日本政府前后共制定了十多项相关法律,使得东京的城市建设和规划管理上升到国家政策层面,促成了中央一级规划统筹机构即“首都建设委员会”的设立。为了促进东京都市圈的建设,1956 年,日本国会就制定了《首都圈整备法》,为东京都市圈的规划提供了法律依据。随后,1958 年颁布了《首都圈市街地开发区域整备法》,1959 年颁布了《首都圈建成区限制工业等相关法律》,1966 年颁布了《首都圈近郊绿地保护法》,1986 年颁布了《多极分散型土地形成促进法》,等等。更为重要的是,在东京都市圈建设的不同阶段,对相应的法律法规进行修改和完善,做到有法可依。另一方面,当日本进入了经济增长的黄金时期后,日本当时就进一步修订了《证券法》和《会计师法》,健全证券监管制度和信托投资系统。1980 年,日本颁布了新的外汇法律,放开外汇业务经营。1984 年,日本金融自由化的步伐加快,开始允许国内外资金的自由流动,彻底取消了利率管制和银行业务限制，发布了《金融自由化与日元国际化的状况与展望》，随后设立了东京离岸金融市场、银行承兑汇票市场、无担保融资市场、商业票据市场等，渐次完善了日本金融市场。

迪拜国际金融中心的迅速崛起和成功，也印证了法治的作用。2004 年，迪拜决定建立迪拜国际金融中心。为此，迪拜创造性地在金融贸易区内实行了一系列独立的法律、司法和金融监管体系，引发了全球经济与法律界的关注。具体而言，迪拜在获得其《宪法》授权之后，相继通过了 2004 年“9 号迪拜法”“12 号迪拜法”以及“12 号迪拜法（修正案）”，初步建立起了迪拜国际金融中心的法律体系和司法体系。随后，其又在 2014 年通过修改“9 号迪拜法”，决定在迪拜国际金融中心独立的司法体制之下再设纠纷解决管理局，以统一规划、规范与管理迪拜诉讼与非诉讼纠纷解决服务。迪拜国际金融中心法院已经独立于阿联酋其他司法体系，DIFC 宣称“设立 DIFC 法院的法律旨在确保最高的国际法律程序标准，从而确保 DIFC 法院提供在迪拜和阿联酋运营的全球机构所期望的确定性、灵活性和效率”。同时，DIFC 适用英格兰普通法，且作出的裁判具有终审法律效力，其借助选任的来自世界各地的法官与国际司法合作等方式，有效地促进了商事主体的意思自治，加强了投资者的信心。因而，迪拜以其透明、高效、快捷的优势而为全球投资者所青睐。

8.3 粤港澳大湾区法治建设重点领域问题分析

8.3.1 知识产权领域

本节将从香港知识产权法例体系、香港知识产权法例执法、香港知识产权重点分析香港知识产权体系。

1. 香港知识产权法例体系

之前，香港法律体系与英国法律体系的关系非常密切，知识产权体系也是如此。除商标法以外，香港的版权、专利和外观设计方面的法律直接适用英国法律，或者是在英国法律基础上，制定适宜香港地区执行的法例。同时，一些国际公约和条约，如《保护工业产权巴黎公约》《保护文学艺术作品伯尔尼公约》等，也都适用于香港法。回归后，香港法律体系也相应作了若干调整。例如，《专利条例》及相关的三部规则——《注册外观设计条例》《注册外观设计规则》《版权条例》《植物品种保护条例》等，也都相应做了调整。

在香港法律框架下，香港海关是香港唯一对侵害版权及商标行为进行刑事罪行追责的权力机关，其执法依据是《版权条例》《商品说明条例》《防止盗版版权条例》等。香港海关还会联合其他执法部门共同执法，打击侵权行为。这里需要注意的是，在香港法律框架下，若知识产权权利人对侵权行为提起民事诉讼，香港海关一般不会再对知识产权刑责追责。同时，在 2017 年修订的《仲裁条例》中，首次明确了知识产权的可仲裁性。此外，香港海关还紧密联系知识产权业界，公共宣传、推广知识产权。

香港知识产权与以著作权、专利权、商标权为主的内地知识产权有所不同。目前，香港知识产权法律体系包括版权、专利、商标、注册外观设计、集成电路的布局设计和植物品种保护条例六大类。作为法律的“拟制权利”，知识产权的地域性与法律继受成为理解、讨论及分析粤港地区知识产权法制协同创新的前提，即在分析或讨论“知识产权”问题时，宜以具体的权利类型，例如商标、专利、版权（狭义的著作权）、集成电路布图设计（在内地知识产权框架下，该项权利属于著作权）、注册外观权利（在内地知识产权框架下，该项权利属于专利）等进行讨论（见表 8-1）。

表 8-1　香港知识产权法例

类别	法例名称	法例章号	实施时间
商品说明	商品说明条例	362	1981.4.4
集成电路布图设计	集成电路的布图设计（拓扑图）条例	445	1994.3.31
植物品种保护	植物品种保护条例	490	1997.10.24
专利	专利条例	514	1997.6.27
	专利（专利当局的指定）公告	514A	1997.6.27
	专利（过渡性安排）规则	514B	1997.6.27
	专利（一般）规则	514C	1997.6.27
注册外观设计	注册外观设计条例	522	1997.6.27
	注册外观设计规则	522A	1997.6.27
版权	版权条例	528	1997.6.27
	防止盗用版权条例	544	1998.5.29
商标	商标条例	559	2003.4.4
	商标规则	559A	2003.4.4

2. 政府知识产权服务体系

香港特区政府服务知识产权的职能主要由特区政府的商务及经济发展局辖下的知识产权署与创意香港办公室、创新及科技局及下辖的创新科技署、法定机构生产力促进局以及保安局辖下的海关承担。

第一，商务及经济发展局主要涉及知识产权相关的政府服务机构包括知识产权署及专责的创意香港办公室。一方面，知识产权署成立于 1990 年，先后接收了原注册总署处理的专利注册、货品的商标注册及其他相关职能，从律政司接收了处理有关版权事宜的职能，现署长向商务及经济发展局局长负责。其宗旨定位为：按照最高的国际标准保护知识产权，使中国香港继续成为一个发挥创意和才华的地方；为市民提供高质素和迅捷的专利、商标及外观设计的注册服务；提高公众对保护个人知识产权的意识，使他们尊重别人的权益。主要职责有 5 项：①提出知识产权方面的政策建议；②向政府部门提供知识产权方面的法律意见；③向社会提供专利、商标、外观设计注册服务；④知识产权普及，如“正版正货承诺计划”等；⑤粤港合作联席会议关于知识产权合作的落实。另一方面，创意香港办公室成立于 2009 年，重点工作是去牵头、倡导和推动本港创意经济的发展，以统筹政府在创意产业方面的政策和工作，整合香港创意产业发展的资源，加强与业界紧密合作，并致力于推动创意产业的发展及把香港发展成为区内的创意之都。

第二，香港创新及科技局成立于 2015 年，以实现“更好地统筹与协调特区政府部门、法定机构、社会其他与创新及科技有关的科研人才的努力与工作”的目标。其主要职责是：①加强对创新及科技界的支持；②促进资讯及通讯科技业的蓬勃发展；③加强各行业之间的联系以产生更大的协同效应；④鼓励私营机构参与研发及推动研发成果商品化；⑤协调各决策局就研发及科技事宜的政策制定工作;⑥加强与其他经济体系的合作以推动科学及科技交流;⑦加强对培育创新及科技人才的支援;⑧促进创新及科技发展以推动高端制造业的发展。局下辖的创新科技署的目标为:①推动和支援应用研究及发展与科技转移及应用;②培养社会的创新科技风气,促进科技创业活动;③协助基础设施与发展人力资源,以支持科技创新;④制定、发展和推行政府的政策、计划及措施,以推动创新及科技;⑤推广国际承认的标准和合格评定服务,为香港的科技发展和国际贸易建立稳固的基础;⑥培训能干和进取的员工,致力提升香港的科技水平。具体支持方式为资金支持。项目包括:①专利申请资助计划,旨在协助本地公司和个人为其发明作专利申请,是一项由创新科技署推行的拨款计划(该项由生产力促进局负责执行,下面详述);②投资研发现金回赠计划,旨在提升私营公司的科研文化,并鼓励他们与指定本地公营科研机构加强合作,通过计划,公司在两类应用研发项目的开支可获40%的现金回赠;③新科技培训计划,旨在为有意让员工接受新科技培训以协助业务发展的公司,提供资助;④创新及科技支援计划,主要支持由指定本地公营科研机构、研发中心、产业支持组织、专业团体及商会所进行的中下游研发项目;⑤粤港科技合作资助计划,旨在加强香港与广东省之间的科研合作,获本计划资助的项目均须具备粤港合作这个元素(例如由广东深圳和香港两地的研究机构和企业合作);⑥公营机构试用计划,旨在资助制作原型/样板及在公营机构内进行试用计划,以促进和推动基金项目的研发成果实践化和商品化;⑦科技券计划,旨在资助香港本地中小型企业使用科技服务和方案,以提高生产力或升级转型;⑧院校中游研发计划,该计划是专项计划,旨在鼓励大学进行更多中游研究,以推动本地与非本地大学及科研机构开展更多合作。

第三,生产力促进局于1967年依《香港生产力促进局条例》(2000年修订)成立,以通过向香港的企业提供横跨价值链的综合支持来提升卓越生产力,从而更有效地运用资源,提高产品和服务的附加值,以及加强国际竞争力。该局工作由理事会管辖,成员包括一名主席及22名委员,来自资方、劳方、学术界、专业团体和有关的政府部门。其经费主要来源于政府资助及服务收费。目前,生产力促进局进行的相关项目包括以下几个方面。①具体执行专利申请资助计划。为鼓励各企业及发明者保障其科技研制成果,将之转化为资产,香港特别行政区政府特别拨款资助香港各企业及个人在本港及海外申请专利保护,此项计划由香港特别行政区政府创新科技署管理,生产力促进局为负责执行机构,通过本中心可向香港特别行政区政府或各国专利局提出申请,首次申请人士可获资助申请费用的90%(每宗申请的资助限额为25万港元)。②具体执行"知创空间"计划,支持港深初创。"知创空间"为初创企业提供全方位配套设施,协助将创新意念变成产品,为创业者及企业家提供联系合作的平台,建立促进初创企业成长的生态环境。同时,生产力促进局计划加强在大湾区对创新企业的支援设施,并与深圳市福田区政府签署合作协议,在福田保税区成立"香港生产力促进局深圳创新及技术中心",重点提供智能制造、人工智能、大数据和环保科技等方面的解决方案和服务。③将下辖的生产力培训学院提升为生产力学院。该项目增设企业学院顾问服务,协助机构推行系统化及可持续的专才发展,应对科技及市场转型的挑战,同时进一步全面提升该局专业学习及人才发展服务。

第四,香港海关特别重视知识产权的宣传普及与业界的联系。它主要有两项措施。①保护知识产权大联盟,由香港海关联合知识产权业界共同发起成立,旨在搭建有广泛基础的平台,杜绝侵权和盗版行为。这对知识产权署推行的"正版正货承诺计划"起着支援作用,有助推广香港销售正版货品。其会员需要缴纳年费。②快速行动计划。由香港海关联合

“香港工商品牌保护阵线”设立，旨在加大打击大型展会中的侵权行为，丰富海关涉及侵权的资料库。香港海关在处理该类举报时不收取费用。

3. 香港知识产权法律保护经验的吸收与超越

对比深圳经济特区的发展历程，香港特区政府服务知识产权的许多项目，都可以在深圳找到类似的影子。深圳经济特区政府在服务知识产权方面完全可以媲美香港。譬如，政府专项资金扶持企业知识产权申请，鼓励民营企业加大对知识产权的保护，整合“产学研”资源，通过各项专门基金或计划引进全球最前沿技术落户深圳，等等。

香港知识产权保护有以下若干的经验仍然值得深圳经济特区借鉴。

第一，严格的知识产权保护执法力度根除侵权土壤。香港海关对知识产权相关法例的执法、捍卫知识产权制度全球闻名，这不但巩固了知识产权在市场经济发展中的基础作用，同时也为香港市场化国际化法治化的营商环境树立了良好的法治屏障。

第二，知识产权业界及法定机构的深入参与。知识产权的保护与完善需要各方参与。政府与知识产权业界的不同层次、不同样态的合作形式非常值得借鉴，包括松散的联盟形式、长期伙伴模式、通过立法确定的法人治理结构，等等，其实质都是根据保护知识产权的不同层次需求而设计的不同路径。

第三，知识产权制度广泛普及形成的民意基础。在香港社会，知识产权作为权利人的财产权利早已深入人心，尊重知识产权、自觉维护知识产权已成为社会共识。

8.3.2 金融市场领域

1. 香港金融市场的发展

根据国际著名的“全球金融中心指数”的综合评分，香港 2023 年在全球十大金融中心中排名第 3，曾多年被评为全球最自由的经济体，取得了一系列瞩目的成就。在银行业领域，全球百大银行中 70%在香港有业务，且自 2003 年支持香港人民币业务之后，香港成为首屈一指的全球人民币离岸业务中心。在证券市场领域，香港过去几年市场 IPO 的累积总量已经超过 1.5 万亿美元，连续两年位居全球集资中心之首。目前，在港上市的内地企业已经超过 1000 家。

自 1973 年香港解除外汇管制之后，自由外汇政策下港币可与世界任何主要货币自由兑换，新建银行的禁令也随后被取消，吸引了更多的金融机构，这些金融自由的措施极大促进了香港金融市场的发展。香港金融市场的发展得益于内地蓬勃发展的经济，促进了彼此间的合作共赢，特别是粤港两地已经开展了一定数量和程度的金融合作。根据中国人民银行广州分行数据，在银行业务领域：①粤港人民币跨境结算业务金额由 2012 年的 0.84 万亿元上升到 2016 年的 1.8 万亿元，人民币成为粤港之间第二大跨境结算货币；②截至 2017 年 6 月，182 家在粤经营的港资跨国企业集团累计办理跨境双向人民币资金池业务金额达 2442.4 亿元；③截至 2016 年末，广东共有港资银行营业机构 178 家，比 2012 年末增加 37 家。在资本市场领域：①“深港通”股票市场互联互通机制；②截至 2016 年末，广东共有 210 家企业在香港上市，比 2012 年末的 136 家增加了 74 家；③广东证券公司、基金管理公司的香港子公司积极参与 RQFII 试点；④广东企业赴港发行人民币债券也取得不小进展。[①] 可以说，内地

① 人民银行广州分行：《人行广州分行大力推进粤港金融合作，硕果累累》。

与香港在资本市场领域的合作硕果累累。

2. 香港经济体制的特殊性

广东省是否可以直接复制香港式自由经济体制？答案是否定的。原因是金融市场的发展直接关系到国家经济的命脉，而香港与广东省金融市场的互动将深层次地影响到国家整体的金融政策和金融环境。例如，在人民币国际化领域，尽管人民币已经正式加入国际货币基金组织(IMF)特别提款权(SDR)货币篮子(占比10.92%)，但在继续深化资本项目自由兑换的问题上，我们是否可以像香港一样实施全面自由的政策？实际上，这个问题不仅关系到政府维持汇率稳定的能力和保持货币独立性的能力，更直接关系到我国经济社会运行秩序、金融安全、反洗钱与反腐败等诸多问题，可谓牵一发而动全身。实际上，对于整个金融市场领域来说，我国并未充分做好与国际金融市场完全衔接的理论与制度准备，因而一直采取着十分谨慎的态度。

3. 金融法治建设的核心机制

金融政策上的考量并非是决定金融市场发展层次的唯一因素，金融法治的因素同样不可忽视。比较而言，香港金融中心的发展和崛起，在于良好的营商环境和法治依托。从理论发展上来说，法律与金融的关系自20世纪90年代后期以来得到了广泛的探讨，其中，Rafael La Porta、Florencio Lopez de Silanes、Andrei Shleifer与Robert Vishny四位美国经济学家开创了"法与金融"研究。他们最初的研究是通过衡量一个法域内是否存在一股一权、投票前的股票存托、累积投票或比例代表制、对抗董事欺压的法律机制(如派生诉讼和强制回购)、新股优先认购权、召开临时股东大会所需股份比例等法律规定，来确定各个国家的公司中所谓"反董事权利指数"的高低，研究股东与董事权力分配问题。研究发现，外部股东和债券持有人权益在法律之下得到较好保护，所以其愿意向公司投入资本，从而形成活跃的股权融资市场(即证券市场)，大型公司也往往有较为分散的股权结构。由此而言，普通法系国家的金融市场在其法治保障下，更容易获得更大的发展和保护。与之相反，他们认为大陆法系国家的司法系统设置表现则不如普通法治国家，金融市场的发展也受到一定影响。尽管这项研究面临不少批评和反面证据，如具体评价指标不甚合理等。

8.3.3 多元争议法律解决机制

1. 澳门地区的仲裁实践

澳门特区政府鼓励工商业界通过调解和仲裁机制解决纠纷。目前，澳门共设有五个仲裁机构，包括澳门消费者争议仲裁中心、保险及私人退休基金争议仲裁中心、楼宇管理仲裁中心、澳门律师公会自愿仲裁中心及澳门世界贸易中心仲裁中心(澳门政府于1998年通过第48/GM/98号批示宣告成立)，其中前三者为官方机构，且都免费。澳门世界贸易中心仲裁中心成立后相当长的一段时间内，并未实际受理过案件。由于澳门地区国际商事贸易并不十分发达，且受《国际商事仲裁示范法》《联合国国际经济贸易法委员会仲裁规则》等国际通行的商事仲裁制度影响甚深，澳门地区的实践更倾向于临时仲裁而非机构仲裁。目前，澳门地区与内地有关仲裁裁决执行的法律文件是基于《澳门基本法》经最高人民法院与澳门特别行政区于2007年10月30日签署的《内地与澳门安排》。

2. 香港地区的仲裁实践

与澳门地区仲裁实践相比，香港地区的仲裁实践更为成熟，影响力也更为广泛，也是香港特区政府（特别是律政司）在对外宣传香港法治核心价值的重要抓手、国际经济贸易自由的重要屏障。香港特区政府宣传“香港是亚太区一个主要的争议解决中心”的重要理由如下。第一，稳健的法律制度与法律架构。香港特别行政区一直奉行国际社会所熟悉的普通法制度，是中国境内唯一的普通法司法管辖区。同时，香港法院亦支持当事各方使用争议解决方案。司法机构自 2009 年 4 月起推行民事司法制度改革，以推动更广泛使用争议解决方案。第二，丰富的专业知识与专业保障。香港拥有近 9000 名本地律师及 1300 名来自 28 个司法管辖区的外地律师。不少国际律师事务所在香港设立分行，执业范围包括金融、投资、国际贸易、海事法律、知识产权和商业合同等。第三，优越的地理位置。香港位处亚洲的中心，是国际金融、贸易和航运中心，与亚太区各主要经济体系相距少于 4 小时飞行航程，加上具备国际一流的基建和设施，属于解决国际争议的理想地点。第四，香港是中西文化交融之地与了解中国内地的最佳窗口。香港对亚洲传统、价值观和文化的了解和认同，加上在糅合中西文化精髓方面的经验，令香港在解决内地企业和国际商业机构之间的争议方面，具有独特优势。香港毗邻内地，在《内地与香港关于建立更紧密经贸关系的安排》下，与内地经济不断融合，实为解决与内地有关争议的理想中立地点。第五，政府的全力支持。香港特区政府致力于发展和推动香港成为亚太区一个主要的争议解决中心。律政司一直致力改善本港的法律架构，让争议各方可迅速有效解决争议。这包括在 2011 年 6 月实施新的《仲裁条例》，以及在 2012 年 6 月制定的《调解条例》。目前，香港地区与内地有关仲裁裁决执行的法律文件是基于《香港基本法》经最高人民法院与香港特别行政区于 2006 年 7 月 14 日签署的《关于内地与香港特别行政区法院相互认可和执行当事人协议管辖的民商事案件判决的安排》。香港地区与澳门地区有关仲裁裁决执行的法律文件是基于《香港基本法》《澳门基本法》于 2013 年 1 月 7 日签署的《关于澳门特别行政区与香港特别行政区相互认可和执行仲裁裁决的安排》。

香港《仲裁条例》（第 609 章）在 2010 年 11 月 10 日由香港特区立法会通过，并在 2011 年 6 月 1 日生效。其优点如下。第一，以《国际商事仲裁示范法》为基础。《仲裁条例》以《国际商事仲裁示范法》为基础，用以统一香港地区及国际仲裁的法定制度。《仲裁条例》给予《国际商事仲裁示范法》中适用于香港的条文法律效力。这些条文以及所需的变通和补充，按照与《国际商事仲裁示范法》相同的次序排列。该条例制定后，香港的仲裁法律变得更清晰和明确，亦方便了来自世界各地使用仲裁服务的人士和执业者。第二，《仲裁条例》吸纳《国际商事仲裁示范法》的若干措施。香港法院获赋予权力，以承认和执行香港以外的仲裁庭所颁令的临时措施。仲裁协议的书面形式要求扩展至包括电子通信；保障仲裁程序和所涉法院聆讯的保密性，有关仲裁的法院程序不得在公开法庭聆讯。只有在提出申请的一方能令法院采纳上述法院程序有充分理由应在公开法庭聆讯，该法院程序才可在公开法庭聆讯；除非各方另有协议或属于《仲裁条例》所订明的例外情况，否则任何一方不得发表、披露或传达任何关乎仲裁程序及裁决的资料；公平及迅速地解决争议，以及省却非必要开支。法院只会在该条例明文规定的情况下，才作出干预。一般而言，次要的法院程序事宜不容上诉。这些事宜与《国际商事仲裁示范法》相符，包括仲裁员的指定、申请仲裁员回避的程序以及终止委任仲裁员的决定。只有涉及决定实质权利又或可能决定实质权利的程序才可予上诉。第三，2017 年 6 月 14 日，香港立法会通过了《2017 年仲裁（修订）条例》，知识产权争议可以仲裁解决，也可以强制执行任何裁决，不会仅因该裁决关乎知识产权的争议而违反公共政策。该修订旨在“制定上述修订法例，能使香港的仲裁制度继续维持在国际发展的前端，亦会进一步巩固香港作为主要国际仲裁中心的竞争力，并加强香港相对区内其他司法管辖区在解决知识产权争议方面的优势”。

香港国际仲裁中心(HKIAC)成立于1985年，办公室分布在香港、上海和首尔。成员包括新西兰、摩洛哥、中国、新加坡、德国、澳大利亚以及加拿大等。在HKIAC仲裁规则下的仲裁时长的中间值为12.43个月(平均值：14.63个月)，仲裁费用的中间值为40671美元(平均值为106503美元)，在简易程序的平均仲裁时长和费用约为上述平均值的一半。其管辖案件特点包括：HKIAC属于“轻微管理”机构；HKIAC仲裁规则授权HKIAC在必要时有权促进仲裁程序的有效进行；在非必要的情形下HKIAC不会干预仲裁程序。HKIAC不对仲裁裁决进行审核，因此要求仲裁庭作出有效的仲裁裁决。这有利于避免HKIAC干预仲裁庭决定的风险，以及程序上的严重拖延和审核裁决所需的额外费用。

8.4 粤港澳大湾区法治建设的对策建议

8.4.1 粤港澳大湾区法治融合与衔接的顶层设计

面临如此繁多的工作与任务，鉴于内地与港澳迥异的法律体系和环境，可以分成两个阶段的步骤。

在第一阶段中，由内地与香港地区代表通过协商的模式达成共识，再由各方在各自立法权限内制定相应的实施规则。例如，目前证券市场中“深港通”的金融合作就很典型，内地与香港股票市场建立起技术连接，使得内地和香港投资者可以通过当地证券公司或经纪商买卖规定范围内的对方交易所上市的股票，进一步促进了内地与国际证券市场的互联互通，也给内地证券投资者提供了新的投资渠道。为此，证监会、深圳证券交易所和上海证券交易所发布了一系列的相关规范和交易规则，制定内地投资者投资港股的合同与指南，并取得了良好的效果。这样的合作方式，有利于暂时搁置内地与港澳的法律差异，以共同发展为首要任务。当然，这里首先需要解决政府间协议的效力确定性问题。

在此基础上，港澳大湾区内三地在第二阶段中可以尝试“示范法模式”，通过建立一个长期的、制度化的、综合性的协调和合作机制，促进三地在各自的立法范围、权限内制定本地相应的法律规则，逐渐促进粤港澳地区商事规则的统一化。如此一来，我们既能够顺应商事规则全球化的潮流，又有利于降低三地现代服务业、金融业、信息产业等合作的衔接难度，促进三地逐渐摆脱原有民商事制度的路径依赖，最终借助统一化的民商事规则降低市场主体的成本，使得三地实现合作共赢。

8.4.2 构建与港澳融合与衔接的知识产权综合服务体系

(1)建立区域标准一体化、业务服务一体化体系，形成资源共享和业务协作机制。例如可尝试推行“一地申请、三地登记”，即当事人向香港知识产权机构申请、登记或查询知识产权相关信息时，该知识产权在广东或澳门的相关登记情况也都同步展示。

(2)建立行政管理和综合执法职能融合的联合工作机制。例如，某广东企业试图了解A品牌在澳门地区涉及诉讼或侵权的情况，A品牌在香港或内地涉及诉讼或侵权的相关信息也都同步展示。

(3)尝试建立区域协同、符合国际知识产权管理发展趋势的联合立法调研机制。为了促进粤港澳三地知识产权法律体系融合,三地宜就知识产权规范性法律文件联合立法调研,尝试联合制定三地知识产权规范性法律文件,并在此基础上,争取实现三地更高位阶的知识产权立法表述协同一致。

8.4.3　粤港澳知识产权人才联合培养

依托深圳大学(知识产权学院),开展粤港澳知识产权人才联合培养,培养一批熟悉国际贸易市场运行规则和相关知识产权保护政策、熟悉粤港、粤澳知识产权相关法律法规及政策的专业人才,服务粤港、粤澳知识产权创造、运用、保护、管理、争议解决。

8.4.4　金融监管机构的相互协作

继续强化"粤港澳大湾区"金融市场的互联互通,除增加广东省金融政策的自主权之外,法治方面要着重加强合作执法机制建设,增加三地合作执法行动[①]。在全球商事规则与纠纷解决规则趋同化、国际化的趋势下,各国金融市场联结的制度成本更低,但各国的规则本身、执法标准与强度仍然存在很大的不同,更由于主权国家的地域与政治约束,只能在一国范围内执法。因此,这就需要各国、各地区执法机关的紧密协作。

对于粤港澳三地政府而言,商事与金融市场的规则执行亟待加强三地的衔接机制。目前,由于各种金融事权在中央和地方的分配情况有所不同,内地与香港金融市场对接的监管机构也相应地有所区别,目前,内地金融的监管权主要集中于"一行三会"。但是,金融市场的地方竞争和地方化监管趋势,或者是广东金融市场监管改革的先行先试,都理应成为未来我国金融监管改革的重要方向。因而,即便目前很多金融事项仍然由中央直接对接,地方金融监管机构主要集中于对小额贷款公司、融资担保公司、区域性股权市场、典当行、融资租赁公司、商业保理公司、地方资产管理公司等金融机构和辖区内投资公司、农民专业合作社、社会众筹机构、地方各类交易所的监管,但未来地方金融监管的扩权或扩权试点依然有广阔空间。

在两地政府监管机构合作层面上,两地证券监管部门应签署加强监管执法合作的备忘录以促进双方执法合作,采取有效行动以打击各类跨境违法违规行为,保护投资者的合法权益。在此,我们仍然以"深港通"为例进行说明。鉴于两地目前独立、迥异的证券执法体系,在现有具体执法机制衔接的过程中,有两方面内容对粤港澳大湾区具有启发意义。一方面,对市场主体的监管,两地遵循不改变两地现行法律、规则及投资者交易习惯的总体原则,这有利于增强互信及减少合作阻力,具体来说:一是对上市公司按照上市所在地原则进行监管,二是对证券公司原则上由持牌所在地监管机构监管,三是对交易所在对方市场设立承担订单转发职能的公司由对方监管机构颁发牌照并进行监管。也就是说,双方仍然在各自管辖范围内积极促进监管工作。另一方面,为了落实证券执法合作机制,两地证监会上个世纪就已经有了监管合作备忘录,在实现两地股票互通的新形势下,现今《内地与香港股票市场

① 需要说明的是,境内外的离岸市场金融工具产品的多样性和开放性仍然是我们金融改革重要的发展方向。尽管这涉及大规模资金跨境流动、利率汇率变动、金融机构设立、变更和注销、金融相关服务机构的设立、变更和注销、金融相关从业人员资质认定等重大政策性事项,更直接关系到我国内地与港澳的金融安全,但内地金融市场开放政策的重要性不言而喻。

交易互联互通机制下中国证监会与香港证监会加强监管执法合作备忘录》则进一步明确了执法的细则。双方在各自法律权限范围内，对一方提出的协助请求，给予及时、充分、有效的协助，开展协助调查、联合调查等，最近内地证监会查处的“唐汉博、唐园子等操纵市场案”就体现了两地证券监管机构的合作态度和能力。因此，若推而广之，不仅“深港通”下证券市场互联互通机制如此，粤港澳其他金融领域的互联互通机制也可以遵循类似的合作机制，在各自管辖的基础上实现更有效的执法合作。

8.4.5 司法裁判的互相认可

《内地与香港安排》内容涉及税收、自然人地位或法律能力、因婚姻关系引起的财产权利、社会保障等都纳入其中，并且将判决类型扩大到包括强制执行令和禁止令等。时至今日，在粤港澳三地经济社会交流模式日渐成熟的情况下，三地可以在金融商事案件的司法合作中继续推进，短期内的重点也可放在法律文书的相互认可与执行上，这有利于搁置复杂争议并有利于尽快解决三地法治衔接问题。其中，在粤港澳大湾区范围内，要着重考虑扩大《内地与香港安排》协助的范围，其可以比照《内地与澳门安排》的内容，将各类民商事案件判决相互广泛地认可和执行，且可以将刑事案件中有关民事损害赔偿的判决与裁定也纳入进来。通过循序渐进的安排，三地可以将证券市场的内幕交易、虚假陈述、信息披露、市场操纵等涵盖在内，也可以将公司治理中的股东权保护、代表诉讼、直接诉讼等涵括在内，还可以将金融消费者的保护涵括在内，有效促进涉及粤港澳司法案件的解决。当然，为了增强粤港澳三地的逐步互信，三地可以在协商的基础上由诸如前海合作区法院等涉港澳台审判经验丰富的法院开始进行试点，循序渐进地扩展到整个广东省的司法系统，渐次推进粤港澳三地金融商事案件裁判的广泛互相认可。

与此同时，为了尽快促进涉粤港澳三地法律纠纷的解决，粤港澳大湾区短期内可以优先开展仲裁、调解领域的合作。广东省在《实施〈粤港合作框架协议〉2015 年重点工作》中，便提出允许在前海投资的企业选择香港法律作为适用法律以及选用香港作为仲裁地，这是非常有益的做法。通过在广东省特别是深圳市建立国际化的仲裁机构、专业的仲裁规则及遴选国际化仲裁员，有利于不断提高仲裁结果的国际公信力，也有利于鼓励当事人之间的意思自治来减少管辖与法律适用领域的争议。

8.4.6 做大做强做优多元争议解决机制

1. 共建中国国际商事调解谈判中心

支持深圳国际仲裁院与最高人民法院共建中国国际商事调解谈判中心。与 HKIAC 及亚洲地区其他国际城市仲裁机构相比，深圳国际仲裁院在治理机制、受案总量、争议金额等方面都有非常显著的优势。深圳市政府应全力支持深圳国际仲裁院与最高人民法院共建中国国际商事调解谈判中心的方案，实现诉讼、仲裁、调解、谈判促进等多元争议解决方式的有效衔接，力争实现机制突破。

2. 修订特区立法《深圳国际仲裁院管理规定(试行)》

作为经济特区政府规章，《深圳国际仲裁院管理规定(试行)》于 2012 年颁布并施行，被国际法律同行高度评价，不但创造了全球仲裁机构法定化管理的先例(肯尼亚内罗毕国际仲裁中心为全球第二家法定机构立法的仲裁机构)，而且通过国际化理事会的设置，实现了港人首次担任仲裁机构副理事长。通过特区立法形式，修订完善《深圳国际仲裁院管理规定》，进一步发挥特区立法的作用。

3. 全力推广粤港澳三地共同仲裁规则

全力推广《深圳国际仲裁院关于适用〈联合国国际贸易法委员会仲裁规则〉的程序指引》（以下简称《程序指引》），作为粤港澳三地仲裁业务协同创新和国际合作的基础。《程序指引》制定过程实际上是最高人民法院与深圳国际仲裁院多轮商谈的结果，其本质是在最高院指导和在香港律政司支持下制定的以《联合国国际经济贸易法委员会仲裁规则》为蓝本的仲裁规则。这与香港地区、澳门地区仲裁制度的基础非常相似，有共同推进仲裁规则的合作文本基础。既符合世界最通用的临时仲裁规则，也符合中国国情；既是全国第一标杆，有示范意义，也默认香港为仲裁地，体现内地与香港在前海的合作。该《程序指引》有“六特”：特定区域（前海）、指定临时仲裁员的特定仲裁机构（深圳国际仲裁院，由特区立法明确规定，有法律依据）、特定规则、特定仲裁地（当事人可选择，无选择者，香港为默认仲裁地）、特定人员（由特定仲裁机构深圳国际仲裁院在高度国际化的仲裁名册中指定，或者由特定仲裁机构在名册外按照中国仲裁法的基本资格要求指定，避免违反仲裁法而导致裁决无效）、特定法院（按照与最高院商谈的初步方案，拟由设于前海的最高院国际商事法庭对深圳国际仲裁院的机构仲裁和临时仲裁进行司法审查，保证最高标准和最高质量）。建议可以在第二条特区立法中，明确《程序指引》的法律地位，以深化粤港澳三地仲裁业务合作。

第9章　发挥深圳在粤港澳大湾区动能转换中的核心引擎作用

深圳作为粤港澳大湾区的重要中心城市，有充足条件在大湾区建设中发挥核心引擎作用，成为大湾区创新发展、协调发展、绿色发展、开放发展、共享发展的先行者和引领者。本章围绕深圳如何在大湾区建设中进一步巩固扩大综合优势、发挥核心引擎作用，提出一组政策建议，包括：对标"德国工业4.0平台"发展工业互联网"超级组织"，打造制造业创新中心，建设知识产权运营服务国际枢纽，链接全球高端创新资源，在打破粤港澳三地制度壁垒中发挥核心作用，建设国家绿色技术创新中心等。

9.1　对标德国"工业4.0平台"发展工业互联网"超级组织"

2015年4月，德国政府在汉诺威工业博览会上宣布正式启动升级版"工业4.0平台"，搭建"工业4.0平台"的核心目标是通过平台相关方的积极参与形成的凝聚力，在德国快速推进"工业4.0"，稳固并提升德国在全球制造业的地位。以德国"工业4.0平台"、美国"工业互联网"为代表的新型制造业的大型产学研合作平台，将"官产学研用"整合成综合性超级组织，是推动工业4.0、工业互联网的发动者、组织者、实践者和探索者，在国家产业竞争中扮演着极为重要的角色。德国"工业4.0平台"整合一批重量级行业协会共同组建，集合政府部门、领军企业、研究机构、产业联盟共同参与，负责战略、政策和协调工作，是国家智能制造的中枢机构。美国的"工业互联网"联盟具有类似的性质和功能，已经有来自31个国家超过250家企业加入联盟，成为引领工业互联网技术路线、标准制定、竞争合作的重磅组织。

当前，我国尚缺乏类似的新型制造业"超级组织"，深圳应整合推动相关产学研资源，组建工业互联网的"超级组织"，整合"互联网＋制造"各类创新要素，在智能制造大变革中发挥核心引擎作用。第一，"超级组织"是产业发展指挥中心。汇聚各产业专家、技术、数据，负责制定新型制造业各产业发展战略、技术标准、最佳实践方案和技术路线。第二，"超级组织"是工业互联网技术和知识枢纽。建立技术研发共同测试平台，推动网络交互、微电子、宽带网络、云计算、数据分析、物理安全、安全终端设备、人-机解决方案等工业4.0关键共用技术和交叉技术创新。第三，"超级组织"是企业智能化转型的服务总后台。借鉴德国做法，加入平台的企业将"工业4.0"项目运作情况联入"用户实例地图"和"参考体系模型"，为企业应用"工业4.0"提供跟踪监测、测评定位、引导规划、技术路线咨询等服务。深圳建立工业互联网"超级组织"可在技术、程序、标准、网络协调、教育培训、市场化、国际化等多维度为企业提供服务。

9.2　将深圳建设成带动粤港澳大湾区产业创新的核心引擎

深圳正围绕5G、新型显示、集成电路、机器人、增材制造、石墨烯、新能源汽车、航空航天装备、海洋工程装备、精准医疗等新兴产业领域，积极规划推进十大制造业创新中心建设，为带动大湾区实现制造业转型升级提供强大引擎。对深圳制造业创新中心建设而言，美国国家制造业创新网络计划所构建的“美国国家制造创新研究院”具有重要借鉴意义。

9.2.1　资金来源

政府与业界共同出资，分担风险、分享成果。美国国家制造创新研究院按 PPP 模式运作，成立初期由政府出资招标，申请者配套比例不低于 1∶1，设置竞争性项目资金，政府投入在 5～7 年的投资周期中逐年减少，竞争性项目资金比例逐年加大。该模式有效激励所有创新机构形成了明确的、可持续的商业模式。

9.2.2　会员制度

以会员制为核心打造多方受益的可持续创新生态系统。设立清晰的分级会员制，不断调整更新会员权益，以吸引新会员加入、激励老会员持续投资。会员级别越高，所缴纳会费、投入项目资金越多，相应地在研究管理、项目策划、联合研究、知识产权、设施使用、人员培训等方面享受的权益越多。这一制度框架令多方受益：大型企业可洞察行业创新前沿、接触潜在收购对象并了解供应链；中小企业可与大型企业高层交流、获得知识产权或政府市场等方面的支持；学术界可利用研究院搭建的创新网络寻求开展合作和提供资金的机遇；政府能够将特定项目交托给研究院。

9.2.3　组织形态

由非营利机构领导，与政府、工业界和学术界广泛合作。纵向来看，下设执行委员会由政府、工业界、非营利组织等代表组成，负责提出愿景、制定政策和长期战略规划；管理委员会由核心会员代表及州政府代表组成，负责制定技术战略和项目指南；技术咨询委员会由政府技术官员组成，在技术路线、战略愿景、项目选择和评审、教育与人才开发等方面提供建议。横向来看，拥有包括研究型大学、政府实验室、研究相关材料供应商以及制造技术、过程优化、诊断/检测机构等在内的众多联盟伙伴，通过它们的专业制造能力承接项目。此外，研究院还会建立卫星院作为创新网络效果的放大器，扩展其在地域、行业和技术上的覆盖范围。

9.2.4　项目机制

项目机制为“识别挑战—创造战略投资—驱动项目—形成解决方案”。首先利用会员和政府的线上线下研讨会及活动识别项目重大挑战，然后扩大对问题和挑战空间的探索，识别、聚焦并加速形成解决方案以最快速度推动研究工作，最后提供不同项目模式激励会员和政府积极参与，主要包括研究院发起项目、政府部门设置项目、会员自立项目、客户驱动项目、竞争性授予项目和众包项目等 6 种模式。

9.3 建设深圳为"国家绿色技术创新中心"和粤港澳大湾区"绿色明珠"

9.3.1 打造"国家绿色技术创新中心"

当前我国绿色科技创新远不能满足绿色发展的急迫需要，中央深改办正在编制"绿色技术创新体系"顶层设计。我国尚没有高知名度的全国性绿色科技创新中心，深圳可借此契机谋划建设"国家绿色技术创新中心"，承担起为超大型城市可持续发展和新型城市化探路的重大使命，为大湾区乃至全国绿色发展提供技术供给；以将深圳建设成为大湾区绿色技术研发重镇为目标，打造绿色技术的研发基地、中试基地、示范工程和总部基地。

9.3.2 系统构建绿色发展新体制，成为大湾区生态文明制度改革的引领者

第一，推行"生态预算"制度。借鉴瑞典经验，建立环境预算—实施计划方案—年度环境核算，进行生态环境过程管理。第二，启动绿色税制改革。对绿色技术研发、清洁生产、绿色交通扩大税收减免，探索实施垃圾税、污染税等新税种，引导生活生产绿色转型。第三，构建绿色金融体系。鼓励开发绿色金融产品，包含绿色信贷、绿色债券、绿色银行、绿色保险等。第四，构建绿色政策工具箱。综合运用环境补贴、环境基金、生态补偿、政府采购等绿色政策工具，刺激绿色技术、绿色市场、绿色产业发育。第五，形成绿色消费引导机制。

9.4 打造大湾区产业资源共享平台

2018 年 5 月，工信部、财政部印发《国家新材料产业资源共享平台建设方案》，在国家层面鼓励各地形成产业资源共享服务生态体系。深圳可率先行动，遴选一批优势产业，在粤港澳大湾区建立高质量产业资源共享平台，推动深圳产业资源共享能力整体达到国际先进水平。

9.4.1 整合大湾区产业知识服务系统

建设产业共享知识服务中心，集中为科研人员、创客、企业家和投资人等专业用户提供相关产业知识的深度搜索、可视化交互和持续增量智能获取服务。

9.4.2 搭建大湾区产业仪器设施共享中心

下设覆盖大中小企业的仪器设施资源共享系统模块。通过采用委托检测、委托加工或仪器设施租赁等，提高仪器、仪表和设备的使用效率，实现关键仪器设施的在线互联与服务共享。

9.4.3 建设大湾区科技成果转移转化服务系统中心

提供研发服务，创业孵化服务，科技成果、知识产权及核心技术转让等多元化创业创新

服务，推动成果产业化和推广应用。

9.4.4　加快探索大湾区供需对接服务系统

探索“撮合”“自营”“开放平台”等多种模式，形成自动匹配、智能推荐的一站式供需对接服务中心，汇总并在线发布制造业需求，采用中介服务和在线交易相结合的形式，为制造生产企业与设计、应用单位供需对接提供优质的对接服务。

9.4.5　组建大湾区产业资源共享发展战略合作联盟

吸纳相关制造业主体加入，制定资源建设和管理规划，确定资源开放共享程度，并对基础资源、特色资源和免费服务、收费服务进行界定，公开、规范管理共享平台。

9.5　借鉴硅谷指数做法，编制发布深圳指数，定量化、立体化展现深圳在大湾区创新发展中的核心作用与示范功能

基于多年对硅谷区域的跟踪研究和经验积累，硅谷指数依托完备的指标体系，形成了对硅谷全面详细的总结呈现，成为全球各界了解硅谷、投资硅谷、学习硅谷的一个重要指南。五个一级指标相对固定（人口、经济、社会、空间和地方行政），二级、三级评价指标会根据每年的实际情况作出适度调整，注重反映年度出现的新亮点、新特征、新趋势。参考硅谷指数，中关村也推出了中关村指数，以监测中关村发展状态和趋势，把握中关村发展特征和规律；及时向全国展示中关村创新发展中的好做法好经验，以供其他科技园区学习借鉴；提升全社会对中关村的认识，向国际社会展示中关村的创新能力，引导全球高端要素资源集聚。深圳可借鉴硅谷指数和中关村指数，推出深圳指数，不仅可有效展现深圳创新发展的成就，同时以此为传播载体，进一步增强深圳示范经验的传播效果，为全国各地深化改革扩大开放提供借鉴和启示，并在辐射全国创新发展方面具有重要意义。

9.6　进一步巩固扩大深圳链接全球创新资源的高地优势，推动全球高端创新资源全面接入大湾区

9.6.1　引导战略产业组建国际化的产业联盟，深度促进创新国际化

将大湾区、海外优势企业都框引进来，将产业链上下游企业都纳入联盟，让国际一流技术、人才和资源在产业联盟中流动循环。

9.6.2　拓展全球创新“直通车”

在开通与美国硅谷、英国伦敦和新加坡创新“直通车”的基础上，逐步扩展到德国、以色列等国家，达到资本、人才、信息、技术和教育资源等实时互通，实现国际创新创业交流由“碎片式”向“系统化”升级。

9.6.3 构建全球创新超级链接器，实现国内国际资源供需对接

以国际知名创新服务企业与智库为依托，长期为深圳收集项目、技术和人才等各类信息，定期在全球范围内开展产业战略和创新主题调研、专题研讨、企业沙龙等活动，并发布研究报告、产业指数、决策参考、专题报道等。

9.6.4 成立大湾区技术经理人协会，打造国际一流技术管理基地

AUTM(北美技术经理人协会)是北美专门推动大学、学院、政府及私营机构之间技术转移的组织，全球会员已增至3500名，培养了大批国际技术成果转化的职业经理人。深圳可率先着力培育技术经理人，为大湾区发展培养国际化、技术化和商业化的职业经理人。

9.7 着眼在大湾区知识产权领域发挥核心引擎作用，打造全球知识产权运营服务枢纽，促进国际知识产权在湾区转化为先进生产力

目前，我国还缺乏具备全球辐射力的知识产权资源战略平台，深圳具备先行先试的良好基础，可依托前海合作区，以数据平台、交易平台、离岸中心、转化基地为框架，探索打造全球知识产权信息汇集、融资、交易、转化、服务的战略节点。

9.7.1 建立大湾区知识产权数据平台，使之成为国际知识产权公共服务网络的重要节点

积极引进东南亚、“一带一路”国家及其他各国知识产权主管部门在此设立代表处，探索建立知识产权信息合作机制，推动相关国际组织、主要国家和地区专利数据信息资源开放共享。

9.7.2 建设知识产权跨境交易平台，开创知识产权跨境转化的“前海模式”

以前海为离岸中心，开展知识产权金融创新试点。充分对接资本市场，鼓励企业利用知识产权开展直接融资；政府引导组建知识产权运营专项资金，带动社会资本共同设立规模更大的国际化知识产权运营基金；加快培育和规范专利保险市场，优化险种运营模式，支持保险机构开展专利保险业务，完善专利保险服务体系等；推动国际知识产权资源扩散至各地进行孵化及产业化运用。

9.7.3 完善国际知识产权运营服务链和专业人才链，构建最优营商环境，打造知识产权强国战略的区域样本

一方面，围绕知识产权服务业及社会组织管理开展试点探索。放宽知识产权服务业准入限制，加快建设知识产权服务业集聚区；扩大专利代理领域开放力度，放宽对专利代理机构股东或合伙人的条件限制，吸引更多国际一流知识产权代理机构落户；探索知识产权服务

行业协会组织"一业多会"试点。另一方面,构建高层次知识产权人才支撑体系。建立知识产权国际人才储备库;建立人才引进使用中的知识产权鉴定机制,以及通过知识产权发现高端人才的信息平台;建立具有国际水平的知识产权智库,建立粤港澳知识产权交流机制,吸引更多港澳知识产权专业机构和高端人才来内地开展业务。

9.8　进一步扩大深圳"金融+科技"叠加优势,打造大湾区高新技术产业融资中心

9.8.1　积极与港澳合作构建多元化、国际化、跨区域的科技创新投融资体系

近期,为促进长三角更高质量一体化发展,上海牵头成立长三角联合发展基金和协同优势产业基金,加速长三角产业链深度融合,带动周边地区科技创新合作。深圳可借鉴上海经验,积极参与发起辐射大湾区的联合创新投资基金,专注于湾区内创新创业股权投资,优先投资于三地共建的科技创新项目。

9.8.2　积极参与发起设立粤港澳大湾区科技银行

硅谷银行是现代科技银行的鼻祖和典范,为全美 50%以上、硅谷地区 70%以上风投支持的企业提供金融服务,为全球 600 家风投、私募机构提供高质量服务。目前上海有浦发硅谷银行、北京有中关村银行,深圳尚缺乏一家有广泛影响力的科技银行。深圳可考虑与硅谷银行合作,设立专注于服务粤港澳大湾区科技创新企业和创业者的科技银行。

9.8.3　积极参与建设粤港澳大湾区国际商业银行

探索建立粤港澳大湾区国际商业银行,以更好服务大湾区建设发展,深圳应积极争取份额。

9.9　以教育合作为抓手,围绕三地青少年交流打造品牌工程,构建三地青年创新创业知名平台和基地,在粤港澳青年交流方面发挥核心引擎作用

2017 年 4 月,中共中央、国务院印发了《中长期青年发展规划(2016—2025 年)》,其中特别指出,增强港澳台青年的国家认同、民族认同和文化认同;实施港澳台青少年交流计划,积极创造条件,搭建港澳台青年来内地创新创业平台,支持港澳台青年在国家发展及海峡两岸暨港澳经贸融合中寻找发展机会,为港澳台青年就业创业提供便利服务。《粤港澳大湾区发展纲要》也提出要建设粤港澳青年创业就业基地。深圳可率先在粤港澳大湾区建设若干青少年交流的品牌工程,扩大内地与港澳青少年交流规模,提升交流质量,消除隔阂,增进认同。

9.9.1　开展青少年研学旅游合作

共建一批研学旅游示范基地,举办大湾区青年高峰论坛。加大扶持力度,强化研究研学

旅行、教育旅游产业融合,针对粤港澳青少年策划研学旅行精品线路,研究制订在深研学旅行的奖励措施。

9.9.2 建设国际教育示范区

充分发挥粤港澳高校联盟作用,鼓励深圳与港澳高校探索开展相互承认特定课程学分、实施更灵活的交换生安排、科研成果分享转化等方面的合作。

9.9.3 共建粤港澳青年创业就业基地

充分发挥深圳创新创业生态优势,推动粤港澳大湾区青年创业人才尤其是科技精英,在深圳将科研成果落地转化。

9.10 先行先试破解湾区资源要素流动的制度壁垒,在粤港澳大湾区一体化发展的制度创新中发挥核心带动作用

发挥深圳特区先行先试优势,破解制约粤港澳大湾区发展的制度掣肘,实现交通、电信、医药、职业认证、投资准入等领域制度改革率先破冰,有力带动大湾区一体化发展。

9.10.1 率先在交通、通信等基础服务领域先行拔除痛点

以打造粤港澳大湾区战略枢纽城市为目标,建立粤港澳大湾区城际轨道网络,共建都市圈一体化路网体系。研究制定更加便利的港澳与深圳车辆通行政策和配套交通管理措施,实施三地牌照互认,降低通行门槛。搭建三地通信运营商交流合作平台,推动深港澳手机长途漫游费下降,并开展取消港澳手机长途、漫游费的可行性研究,降低信息交流成本,增强居民获得感。

9.10.2 率先放宽港澳投资准入

进一步取消或放宽对港澳投资者的资质要求、持股比例、行业准入等限制,为港澳投资者和相关从业人员提供一站式服务,提升投资便利化水平。在《关于建立更紧密经贸关系的安排》(CEPA)框架下实施进一步开放措施,使港澳专业人士享受优惠待遇。

9.10.3 率先扩大深圳与港澳专业资格互认范围

制定与国际接轨的服务业标准化体系,促进粤港澳在与服务贸易相关的人才培养、资格互认、标准制定等方面加强合作。拓展“一试三证”范围,推动深圳与港澳人员跨境便利执业。率先推进社会工作领域职业资格互认,加强粤港澳社工的专业培训交流。鼓励具有中国籍的港澳居民依法担任内地国有企事业单位职务,依法报考内地公务员工作。

9.10.4 率先开展社会福利、慈善事业、健康产业三地合作

打破信息孤岛,研究建立三地跨境社会救助信息系统。鼓励港澳与内地社会福利界加强合作,推进医养结合,建设一批区域性健康养老示范基地,支持粤港澳合作共建中医药科

技产业园。

9.11 率先构建符合创新规律的新经济发展体制机制，使深圳成为新经济茁壮成长的乐土、沃土，成为大湾区新经济发展的核心区

9.11.1 针对新经济不同发展阶段和类别设计差异化监管制度

对萌芽阶段的新经济给以适当“包容期”，建立“试点容错”扶持机制。可借鉴成都经验，对新设立的新经济企业试行 1～2 年“包容期”监管执法制度，加强新经济企业跟踪、调研、指导、服务。除违法犯罪、危害国家安全和公共安全、严重侵害他人合法权益外，对非主观故意、没有造成实际危害或危害较小的轻微违法行为，采取行政指导、行政约谈、责令改正等柔性措施，不简单化移送办案部门查处。对成长阶段的新技术新产品，抓紧制订相关原则性、底线性和保障性的制度规范。对可能影响社会稳定、威胁公众健康的新技术新产品，依法从严实施监管。对即将退出市场或者可能退出市场的新技术新产品，规定其退出不应当损害用户利益。

9.11.2 构建有利于非共识创新和颠覆性创新的评价制度

新经济领域经常出现一些颠覆性、前瞻性、边缘性的非共识性创新成果，现有的成果评价体系难以对接匹配，给新经济的评审评价带来阻力。对此提出两点建议。第一，科学配置专注于颠覆性技术的识别、跟踪体系。成立“颠覆性技术战略咨询委员会”，对潜在颠覆性技术进行常态化识别、预判和可行性分析，并提出响应建议。同时在科研院所、高校和企业布局一批颠覆性技术研究院，在委员会引导下专注于战略级、高风险研究项目。可参考日本做法，将科技经费 4%用于颠覆性创新计划，设立“颠覆性技术发展专项资金”，确保经费持续稳定。第二，加大非共识创新的支持力度。采用非共识评价、颠覆性评价等非常规评价体系，以及非共识评审、负责任的自由裁量、交叉评审、扶优式评审和人本评审等方法。

9.11.3 为新经济领域重大创新成果提供“创新友好型”审批体制

主管、监管部门对创新活动要少些“红灯”，多些“绿灯”，构建“创新友好型”审批体系。当前，创新活力和监管僵化之间的矛盾相当突出，国家科技进步一等奖这种重大创新成果被监管机制卡住的现象值得深思。战略新兴领域创新成果的时效性极强，“迁延观望式监管”抑制创新效率，须下力气构建前瞻、灵敏、呵护创新的审批体制。在审批和鉴定机制上，可借鉴国际上“快速通道”“优先评审”“加快批准”“突破性治疗”等做法经验，为重大创新成果审批提供“绿色通道”。

9.11.4 研制出台更大力度的支持新产品新技术推广应用政策

研制推出更有力度的“支持新产品应用示范专项改革方案”。虽然国家层面对首台(套)问题已关注多年，但调研发现这仍是创新驱动发展的“卡脖子”难题之一。2015 年，财政部、工信部、银保监会联合启动首台(套)重大装备保险补偿机制试点，利用财政资金杠杆作用撬

动保险功能,加快创新成果应用。这是可喜的举措,但进展缓慢,力度偏弱,惠及面太小。2018年发改委《关于促进首台(套)重大技术装备示范应用的意见》,再次强调首台(套)示范应用不畅成为装备制造业创新发展的瓶颈制约,建议深圳出台研究力度更大的专项方案。坚决改变歧视国产高端医疗装备的制度安排,千方百计给自主创新成果提供叩开市场大门的机会。建议从市监管部门的配额制着手,调整规则,增加配置国产医疗设备的鼓励措施。以往国家层面虽然也提出"逐步提高国产医疗设备配置比例",但仅仅停留在纸面上,未有实质进展,可考虑将此上升为"硬约束",防止政策空转。

9.12 加快布局人工智能大科学工程和产业平台,打造国家掌握AI科技制高点的核心引擎

近年来,我国人工智能产业快速崛起,人工智能企业数量占到全球近25%;专利申请数累计超过1.57万项,位列全球第二。特别是在计算机视觉与图像、智能机器人和自然语言处理等领域,我国已经处在世界领先水平。当前,人工智能发展正在大踏步进入崭新阶段,科技界普遍认为未来5-10年,新一代人工智能技术将全面重塑经济结构、社会民生、国防安全,成为掌握国际竞争制胜权的关键。习近平总书记在党的二十大、全国网络安全和信息化工作会议、世界人工智能大会、金砖国家工商论坛等多个场合曾反复强调,包括人工智能在内的新一轮科技革命和产业革命将给全球发展和人类生产生活带来翻天覆地的变化。深圳要抓住这个重大机遇,推动互联网、大数据、人工智能和实体经济深度融合,实现跨越式发展。建议深圳启动人工智能大科学工程,围绕人工智能基础层、技术层、应用层的全链条发展推进平台建设,全力打造国家人工智能创新核心引擎。

9.12.1 紧扣新一代人工智能发展趋势,可聚焦五大战略重点

新一代人工智能发展呈现出以下重要趋势:从人工知识表达到大数据驱动知识自动学习;从只能处理类型单一的数据到能够综合视觉、听觉、文字等多种媒体的语义;从追求"智能机器"到高水平人机、脑机交互;从聚焦研究"个体智能"到基于互联网络的"群体智能"。与之相应,深圳人工智能大科学工程可前瞻布局五个子方向:基于大数据和大知识的人工智能理论、方法与验证;基于互联网群体智能的理论、技术、工具与验证;跨媒体感知学习和综合推理模型及验证工具和平台;人机协同的混合智能的理论、方法与验证;智能自主无人系统总体技术、关键技术与应用示范。

9.12.2 着力打造"4+X"人工智能大科学平台,以此为基础争取人工智能国家研究中心在深落地

第一,深度学习公共计算技术平台。建设面向深度学习的人工智能公共计算平台,搭建满足重点场景的计算集群。例如,依托国家超级计算深圳中心,集中力量打造人工智能大科学装置群,强化对超级计算、交互式计算等高性能计算研究,为深度神经网络模型训练、气象预报、基因测序等提供强大计算支持;发挥深圳大学城云计算公共服务平台作用,强化算法和技术研究,为高校、企业等开展研发创新活动提供数据存储、算法服务和整体解决方案。

第二,开源软硬件基础平台。引入全球人工智能创新资源,布局建设一批大数据人工智

能开源软件基础平台、人工智能云服务平台、新型多元智能传感器件与集成平台、人工智能新产品设计平台、人工智能工业云算法平台等。支持无人机、智能机器人、智能家居等行业龙头企业创建开源开放服务平台，集聚中小企业和开发者。

第三，产学研协同创新平台。鼓励高校院所联合行业龙头企业合建一批人工智能重点实验室、新型研发机构、工程（技术）研究开发中心、企业技术中心等公共技术创新平台。面向全球精准引进一批人工智能领域的世界一流大学科研中心、实验室等国际高端研发机构，建设一批人工智能国际科技合作基地、联合研究中心。组建大湾区人工智能产业联盟。

第四，行业公共服务平台。培育和引进一批检验评测、人员培训、知识产权等方面的专业服务机构，加快建设一批技术转移中心、检验检测中心、知识产权服务中心等人工智能专业技术服务平台。建设高水平人工智能智库，为政府战略决策和行业发展提供强大智力支持。

第五，若干"人工智能＋产业应用"开放创新平台。例如，支持腾讯加快建设医疗影像国家新一代人工智能开放创新平台，探索建立多病种影像和电子病历标准化数据库，推动相关算法、模型、数据的开放共享，引导更多人工智能中小企业进入医疗行业；建设智能制造人工智能开放创新平台，为大湾区加工制造企业提供数据智能型工具、智能算法及系统解决方案；建设智能家居人工智能开放创新平台，在家居终端实现以物联网为载体的人工智能融合应用；建设智能海工制造人工智能开放创新平台，提升高端智能海洋工程智能化、集成化、模块化水平，实现海洋经济高质量发展。

中期来看，以上述"4＋X"平台建设为基础，可进一步争取承接建设深圳人工智能国家研究中心。

9.13 借鉴中关村在京津冀"协同创新共同体"中发挥核心智力引擎的主要经验，考虑研制"深圳关于大湾区协同创新共同体建设的行动方案"，增强深圳核心智力引擎角色

中关村国家自主创新示范区在京津冀协同创新共同体建设中是创新龙头、战略高地、辐射之源，发挥重要引领支撑和辐射带动作用。2015年中关村出台《中关村国家自主创新示范区京津冀协同创新共同体建设行动计划》，在区域体制机制协同创新、共建区域创新创业生态系统、构建京津冀科技创新园区链、共同培育新兴产业集群、京津冀人才圈建设、三地科技金融服务体系有机衔接七大方面，推出有力措施，其主要做法和经验值得借鉴。

9.13.1 创新产业协同与园区共建体制机制

一是创新园区共建的利益分配和责任分担机制。方案提出，支持中关村企业在京津冀地区设立生产基地，联合三地在园区共建、科技成果转化落地、新型产业协同方面，共同出台政策措施，实现产值分计、税收分享以及高新技术企业、产品、专业技术人才、劳动用工资质互认等。目前中关村与京外地区合作共建园区（基地）15个，如在滨海、曹妃甸、张承等京津冀重要节点上共建科技创新园区链，由此构建京津冀创新合作网络，促进区域创新成果共享、创新资源和产业对接。再如北京中关村海淀园秦皇岛分园，是河北省对接京津的首个综合性高科技项目，在利益分配上，企业、中关村、秦皇岛三方达成了"442"的利益共享模式。

二是推动中关村示范区"1＋6""新四条""新新四条"等政策在重点合作园区实施。将中

关村国家自主创新示范区与天津自贸区先行先试政策逐步推广至其他重点合作园区，尤其将首台(套)、新技术新产品示范应用、保险补贴等政策推广至河北和天津，推动形成京津冀一体化市场。

三是大批企业面向京津冀和全国布局分支机构。形成“一级研发、多地分布”的技术创新体系，将中关村的创新成果和共性技术应用于其他地区生产线，推动技术溢出，带动地方经济。中关村已与全国 60 多个地区(单位)建立战略合作关系，中关村企业在境内京外设置分支机构近 1.1 万家，遍布国内所有省级行政区；中关村上市公司合并报表收入约 3/4 在京外地区实现。

9.13.2 实施“创新社区共建”工程，建设跨区域创新创业生态系统

一是以“创新社区”为载体构建创新资源立体流动机制。方案提出支持重点合作园区建设创新社区，推动形成新的类中关村创新创业生态系统，鼓励中关村创新型孵化器、加速器等在社区设立分支机构，开展创业孵化服务，引导技术转移、科技金融、创新教育等机构进驻创新社区。同时，支持津冀企业、园区等创新主体在京设立孵化器、基金等合作平台，联合中关村高校院所、企业、孵化器等机构开展技术研发、创业孵化、成果转化等合作，形成“中关村科技成果转化—创新社区孵化—专业园区产业化”的全流程服务体系。

二是推动创新资源开放共享与合作。推动首都科技条件平台、中关村开放实验室的重大科学仪器设备面向创新社区开放共享，支持各类检验检测认证公共服务平台建设，将京津冀科技资源面向“创新社区”开放。

9.13.3 以中关村科技优势带动京津冀共建“高精尖”产业主阵地

方案主要围绕新一代信息技术、智能制造和新材料、节能环保及新能源、现代交通等产业，支持中关村企业开展示范应用，推动传统产业转型升级，在京津冀区域内共同培育战略性新兴产业集群。

一是共建京津冀区域性大数据综合试验区，推动大数据产业协同创新发展。结合中关村大数据研发服务以及京津冀产业升级需求和成本优势，推进大数据产业在京津冀区域内合理布局。共同建设全要素支撑、全链条发展、具有全球影响力的区域性大数据综合试验区。特别支持中关村大数据企业围绕城市管理、交通出行、建筑领域在京津冀全域开展示范应用，鼓励中关村企业运用信息技术对京津冀传统制造业进行数字互联升级改造，推进基于工业物联网的“数字工厂”建设。

二是打造“京津冀智慧医疗服务圈”，推动生物医药产业区域共建。支持中关村企业在京津冀建立远程数字病例、第三方影像中心等远程医疗网络和健康服务平台，开展互联网健康管理、慢病检测等服务。中关村企业与京津冀医疗机构共建分子医学影像工程技术与应用联合实验室、基因检测服务实验室等，共同开展分子医学影像、基因检测等应用示范，带动精准医疗及相关产业发展。

9.13.4 人才和金融两大服务体系域内联动，实现京津人才和资金要素整合

一是实施“京津冀人才圈建设”工程。方案主要从高端人才共同集聚和共建人才服务体

系两方面给出有力政策。把北京市“海聚工程”、中关村“高聚工程”与津冀高端人才吸引政策交叉覆盖，支持入选人才和团队在京津冀三地工作和创业。充分发挥中关村海外联络处的作用，为京津冀三地吸引高端人才和对外投资提供服务，共建海外人才创业园或投资基金，吸引海外高端人才开展跨区域创业、联合承担重大项目，合力开展关键技术研发和促进产业化。共同建立京津冀高级专家数据库，搭建三地高层次人才资源交流共享平台。建立京津冀人才圈公共服务平台，支持三地公共就业和人才服务机构、青联、社会组织等举办人才招聘、沙龙、研讨会、论坛等活动，促进人才互动交流。

二是高效衔接京津冀科技金融服务体系，促进三地金融服务一体化。主要在天使投资、创业投资、债券品种创新、小额贷款跨区域经营方面，联合推动科技金融政策对接与创新。支持商业银行在中关村设立信贷专营机构，专门为重点合作园区企业提供综合金融服务。发挥中关村大数据、互联网领军企业技术优势，推动建设互联网金融资产交易、数据交易、信用信息、行业预警监控等第三方平台，服务三地互联网金融企业。

9.14　率先打造数字经济示范样本，在粤港澳大湾区数字化进程中发挥核心作用

9.14.1　率先打造数字基础设施标杆城市

一是推进网络基础设施高速率、智能化、全覆盖。加速布局 5G 网络创新应用示范点，整合运营商、设备商、应用开发商等各产业链资源，规划建设多场景、多融合的 5G 网络试验设施，率先推动 5G 在产业发展、城市管理、民生服务等多场景应用。加速网络的智能化转型升级，率先推进 IPv6 大规模部署，超前部署物联网、云计算中心、公有云、公有大数据平台等数字经济基础设施。

二是推出“大湾区数字枢纽”行动计划。提升信息通信网络承载能级，优化深圳与周边城市的通信网络架构，可策划粤港澳大湾区数据信息港建设工程，将深圳打造为世界级数字信息通信枢纽、粤港澳大湾区数据信息港和内容交换中心。上海为了增强在长三角一体化中的核心引擎作用，已启动“上海枢纽”增能行动，扩容现有海光缆系统、探索建立数据信息港区新模式、拓宽互联网省际出口能力、推动 CDN 扩容及智能改造，创建高效密集的网络信息交换枢纽。加速传统基础设施的数字化升级：加大城市传统基础设施（电网、水网、交通网等）智能化改造力度，深化物联网在电力、能源、交通、城市管理等重点领域的应用，形成“城市神经元系统”。

9.14.2　用好用足立法权优势，为数字经济立法修法

一是高度关注数字经济领域的立法研究。在全国率先探索为大数据、人工智能、区块链、共享经济平台等新业态立法修法，以法律形式为新经济保驾护航。如针对自动驾驶专门立法，就自动驾驶上路测试的合法性、技术标准、市场准入、驾驶员行为、数据及隐私保护、产品及保险责任等在法律上进行界定。

二是从劳动、保险等方面为数字经济做好配套法律保障。研究出台规范数字经济领域灵活就业的专门法律，明确平台与个体的关系和责任；构建适应共享经济就业形态特点的用

工和社保制度,探索为灵活就业者提供社会保险新模式;建立跨区域档案信息共享机制,为灵活就业者跨地区参保、网上社保、体检结果互认、住房公积金异地转移接续提供便利。

9.14.3 提高民众数字素养

一是开展数字素养教育。如欧盟针对失业人群开展数字素养培训和职业技能培训,协助其在数字经济行业再就业。

二是强化学校在数字素养教育中的基础性作用。在中小学甚至幼儿园开展网络和计算机课程,通过举办竞赛、校企共建课程等方式培育数字素养。

三是关注数字经济带来的就业结构变化。制定数字人才战略,统筹数字产业发展和数字人才培养规划,加强产业人才需求预测,培育重要领域数字化领军人才。

9.14.4 将区块链作为升级数字政府服务的新抓手

区块链技术为政府治理模式创新提供了新思路,爱沙尼亚将区块链作为数字政务重要抓手,成为政府大规模应用区块链的典型代表。早在 1997 年,爱沙尼亚就启动了"E-Estonia"数字社会建设计划,用 20 年时间建设成为全球人均创业企业数量最多、欧洲宽带网络普及率和速度最高、政府透明度和商业自由度最高的国家之一,这其中区块链技术扮演了重要角色。

一是架设"X-road"数字高速公路,实现"去中心化"的数据共享。以分布式数据库存储替代中心化主数据库,可根据需求立即进行数据交换,全天候提供访问服务,彻底打通公共、私营数据库隔阂,充分实现互联共享。

二是建立"Digital ID"数字身份,降成本,提效率。数字身份是本国公民获取各项政府数字服务的私钥,能大大提升政务效率。他国公民可申请成为数字公民(E-Residency),加入无边界数字国家(Digital Nation),在世界任何地方以最低成本在线开设和管理企业,目前已吸引包括德国总理、爱沙尼亚总统、拉脱维亚总统在内的 2 万多名成员,广布 138 个国家。

三是布局"Data Embassy"数据使馆保障数据安全。为应对黑客攻击等潜在风险,爱沙尼亚率先提出了基于 Hash 加密技术的去中心化身份验证和共识系统模型, 即 KSI(无签名)区块链,在卫生、司法、立法、安全、金融和商务系统投入使用,并被北约、欧盟、美国国防部等广泛采纳。在此基础上,爱沙尼亚在全球范围内布局数据使馆,建设互为备份数据中心,编织广泛互联的全球数据网络,应对本地数据中心遭遇故障或攻击的风险。

9.15 "四位一体"着力培育世界一流学科和一流大学,增强深圳在大湾区知识创新体系中的核心引擎作用

从国际经验看,一流大学、一流学科最能集聚高端人才,影响人类生活方式的重大科研成果中大多诞生于世界一流大学,世界著名大湾区也都位于世界一流大学高密度聚集的地区。数据显示,纽约湾区、旧金山湾区、东京湾区、粤港澳大湾区的高校总数分别为 227 个、73 个、120 个、173 个,世界 100 强大学数量分别有 2 个、3 个、2 个、4 个。但需要注意的是,粤港澳大湾区入榜的高校均来自香港,深圳尚无一家上榜。深圳科技创新体系健全,创新生态环境完善,产业化能力强,但高等教育仍然薄弱,与城市的经济地位很不匹配,特别是缺乏

世界顶尖大学,人才培养层次偏低。深圳应从以下四个方面发力。

9.15.1　长远规划方面,围绕粤港澳大湾区高等教育协同发展,率先建设粤港澳大湾区"虚实结合"新型联合大学

"虚"的方面,联合大学不仅要联合培养学生,共同组建实验室,还要在质量标准、学分互认、学历互认、学生交流、师资互聘方面先行先试,率先围绕在线开放课程共建共享取得突破,从而实现一流创新人才、创新成果、创新机构的快速涌现。美国科研人员中,部分专家是实验室与大学、科研机构共同聘用的教授,比如斯坦福大学与国家加速器实验室共同资助成立了专为师资双聘设立的"Wallenberg-Bienenstock"教授席位。

"实"的方面,新型大学以实体校园为依托,比如大学之间建立联合学院,企业和大学建立联合工作站等。通过在深高校和国际一流高校联合,既解决水平提升问题,又解决互动与共享发展问题。深圳可以争取跨区域、多校园、综合性、国际化联合大学的实体落户,形成"粤港澳一小时大学学术圈"。

9.15.2　资金扶持方面,优化大学集群治理结构,以竞争性拨款方式激发大学发展活力,建构层次分明的高等教育生态系统

世界一流湾区的大学集群不是"无序扎堆",而是"有序聚集",大学之间有清晰的层次。比如,纽约大湾区有世界顶尖级大学构成的"常春藤盟校"集群、湾区周边的"新常春藤"大学集群、"小常春藤"大学集群、州立市立大学组成的公立大学集群以及著名私立大学集群等;旧金山大湾区有世界一流大学集群、国内顶尖级大学集群、国内著名大学集群以及区域内著名大学集群。深圳在培育国内顶尖级和世界一流大学的同时,也要形成不同类型、不同层次的高等教育生态系统,既扶强扶优,突出重点,又优化结构,让高校和学科实现差异化发展。通过采取竞争性资助机制提高经费使用效率,在动态调整中实现教育资源的有效配置,激发大学发展活力。

9.15.3　本土高校成长方面,通过全额拨款实现一流大学异地办学项目本土化

近年来,深圳采取"大树移植"战略,通过合作办学模式引进了大量国内外名校。根据协议,深圳市政府一般实行"差额拨款",各大分校(研究院)长期办学经费紧张,不得不通过收取高额学费、举办培训班和各种渠道筹资。与此相反,深圳市属大学却获得财政上的鼎力支持。学校和学校之间在办学定位、机制、发展目标方面始终存在较大差距。建议深圳应通过全额拨款将部分异地办学项目本土化,使其最终成长为深圳自己的大学。

9.15.4　引进教育资源策略方面,总结引入哈工大本科教育的成功经验,深耕北上之外的老牌名校资源

考虑到本科生阶段重点在教学,研究生阶段更多偏重科研,深圳异地办学项目一般从研究生院起步,以期待获得高端人才与原创性科研成果,但国内外一流大学无不以高质量的本科人才培养作为支撑。建议深圳总结哈工大在深圳拓展本科教育的成功经验,与引进发达地区最顶尖学校的策略不同,深耕地处欠发达地区的名牌大学及其一流学科,加大支持力度,深化本科教育合作。

9.16 进一步将创新文化发扬光大，让创新基因持续迭代升级，成为粤港澳大湾区创新文化的核心区

经过多年的发展，深圳从“科技沙漠”成为“创新绿洲”，形成了强烈的创新文化，创新已经逐渐成为一种集体意识，激励创新活动的价值理念、制度安排、社会环境构成这一创新文化的基本载体。深圳作为粤港澳大湾区的核心城市，应积极带动湾区城市群形成创新文化大循环，进而成为中国创新文化的核心引擎。

9.16.1 加快跨区域创新文化政策体系构建，推动湾区创新文化共同体建设

粤港澳各地区由于历史原因，文化存在差异，缺乏内部文化协同。深圳宜凭借良好的创新文化基础，探索构建区域创新文化政策体系，从产业界、科研机构、社会组织、公众等各类创新主体出发，完善鼓励创新要素流动的制度环境，促进区域创新共同体的形成。建设高质量创新文化智库，针对湾区创新共同体建设提供政策建议。

9.16.2 加强与世界创新高地联动，打造国际创新文化交流中心

依托深圳和美国、德国、以色列等创新型国家良好合作基础，建设粤港澳大湾区国际创新文化交流中心，丰富拓展与世界高科技公司、投资者、高校、科研机构等创新主体互动的渠道和方式。深圳近年来强化创新、创业、创投、创客“四创联动”，推动创新创业成为全社会的普遍共识和自觉行动。建议参照“硅谷高科技创新创业高峰会”经验，发起举办粤港澳大湾区创新创业峰会，邀请国内外顶级创新企业、风投机构、科研机构参会，展示粤港澳大湾区的前沿技术成果，形成国际影响力。通过评选活动奖励最佳创新公司、人才、企业家、投资人、孵化器、项目等，增强社会创新氛围。

9.16.3 打造深圳创新文化教育新模式，为全国提供可复制样本

以色列的创新教育在中学、大学都有所体现。高中阶段学校即开设培养学生创新能力的课程，要求学生尝试真正的创新创业项目。以色列的大学开设了创业课程，政府鼓励每所大学成立自己的孵化器并进行资金资助，以保证更多的创业项目成功落地。截至 2022 年 7 月，深圳新登记商事主体 26.02 万户，其中企业 15.38 万户、个体户 10.64 万户，全市共有商事主体 383.5 万户。以深圳市常住人口 1763.16 万人计算，全市每千人拥有商事主体 217.51户，拥有企业 135.61 户，创业密度居全国首位。深圳应在中小学开展创客教育的成功经验，设立系统化提升创新能力和创业知识的课程，建设一批面向粤港澳大湾区的创新教育实践基地，完善配套的创客空间和孵化基地，全面加强学生创新文化教育。

附录：中关村指数和硅谷指数的补充资料

中关村指数是由中关村创新发展研究院和北京方迪经济发展研究院共同研发，全面刻画中关村创新发展最新趋势、最新特征的综合性指数，评价框架的目标导向性强，被誉为我国高新技术产业园区发展的“晴雨表”。

中关村指数最初由创新指数、产业指数、环境指数、国际化指数 4 个一级指标构成。

2010 年后，为了更好地发挥中关村指数在建设国家自主创新示范区、打造具有全球影响力科技创新中心中的积极作用，新增了社会环境和重点企业群体监测指标，最终由“创新创业环境、创新能力、产业发展、企业成长、辐射带动、国际化”6 个一级指标构成。二级指标有人才资源、科技金融、创新服务、创新投入、创新产出、创新协作、产业规模、产业效益、获利性企业、领军型企业、技术辐射、产业辐射、资源引入、国际拓展等 14 个，三级指标 38 个。

中关村指数的编制原则包括以下三点。一是前瞻性和战略引导性原则。“中关村指数”是在深入研究科技园区发展路径和发展规律、总结全球科技创新中心的内涵特征的基础上，以科学发展、创新发展、持续发展的战略思想为指导开展研究和编制工作。比如中关村指数的一级指标“产业发展”中，除包括产业规模指标外，还设置了效益、结构和辐射带动等指标，矫正当前实践中部分科技园区单纯以 GDP 为导向的错误理念，引导科技园区回归以创新为驱动，发展高新技术产业的根本任务。又如一级指标“创新创业环境”下单独设置了“社会环境”指标，旨在反映园区所在区域的城市品质和宜居宜业环境，体现了“产城融合”的先进理念。二是符合中关村发展实际和体现中关村特色原则。中关村作为我国改革开放的“试验田”和创新发展的“排头兵”，新事物、新现象、新模式、新机制不断出现。基于一个固化指标体系的常规合成指数方法，很难全面描述和及时监测中关村这样一个日新月异、跨越发展的科技园区。经过几年的摸索和实践，通过借鉴“硅谷指数”的编制经验，中关村指数形成了一套开放式指标体系。这套指标体系既包括监测科技园区发展状况的常规指标，也纳入了科技金融、开放实验室等具有中关村特色的指标，从不同角度更为细致地刻画中关村的创新发展。三是资源开放、独立客观原则。“中关村指数”的研究和编制广纳智慧，由第三方智库机构组织了一批持续关注科技园区、具有较为丰富研究经验的研究人员联合开展攻关，聘请了一批科技创新和统计计量领域的知名学者深度参与，也得到了一批中关村创业者们的支持。指数的编制过程，特别是在数据采集方面，得到了政府相关部门的支持。

为更好地反映十八大以来中关村创新发展呈现的新特点、新趋势，2018 年中关村指数进行了改版，形成了新版中关村指数。新版中关村指数指标体系包括创新引领、双创生态、开放协同、高质量发展、宜居宜业 5 个一级指标，11 个二级指标，加以三级指标及监测指标，多角度多维度进行动态分析，以 2013 年为基期，基期数为 100。此次改版突出四个导向：一是突出创新引领，反映中关村示范区的源头创新；二是突出高质量发展，反映中关村“高精尖”经济结构；三是突出全球影响力，表征中关村参与全球竞争合作；四是突出科产城融合，刻画中关村宜居宜业、高品质的生活特质（见表 9-1）。

表 9-1　中关村指数指标体系

一级指标	二级指标	三级指标
创新引领	创新投入	全球顶尖科学家数量
		全球 TOP500 高校和科研机构
		企业研发经费投入强度
	创新产出	顶级科技奖项获奖数量（当量）
		ESI 高被引论文数量
		累计主导创制国际标准数
		PCT 专利申请量
		每万从业人员当年发明专利授权数

续表

一级指标	二级指标	三级指标
双创生态	创业活力	全球杰出双创人才数量
		29岁及以下从业人员数
		创新创业服务机构数
		新注册科技型企业数
	成果转化与孵化	技术合同成交额
		全球独角兽企业数
		孵化机构毕业企业数量
		企业当年获得股权投资额
高质量发展	创新经济	高技术产业收入占比
		国家高新技术企业总收入增速
		科技型上市企业和新三板挂牌企业总市值
	质量效益	世界一流创新型领军企业数
		劳动生产率
		企业收入利润率
		地均产出
		人均税收
开放协同	国际拓展	上市企业海外收入
		出口总额
		流向境外的技术交易合同成交额
		企业境外直接投资额
	资源引入	留学归国人员和外籍从业人员数
		外商实际投资额
		跨国公司地区总部数
	区域辐射	流向外省市的技术交易合同成交额
		企业外省市设立分子公司数量
宜居宜业	营商环境	全球营商环境综合评价
	生活品质	全球城市品质综合评价

硅谷指数指标体系见表9-2。

表9-2　硅谷指数指标体系

一级指标	二级指标	三级指标
人口	人才流动与人才多样性	人口变化、净移民数、出生率、年龄分布、受教育程度、授予理工科学位数、外国人口出生比例、非英语人口比例

续表

一级指标	二级指标	三级指标
经济	就业	职位增长、年平均就业数、硅谷经济活动主要区域的就业增长率、硅谷公共部门就业率、每月失业率、就业总数、层级分布、劳动人口失业率(按种族)
	收入	人均收入、人均收入分布(按种族)、中等家庭收入、平均工资、中位平均工资职业分布、中位平均工资层及分布、贫困与自给自足比率、收入分配范围、中位收入分布(按受教育程度)、中位收入性别分布(按性别)、免费/低价校餐比率
	创新与创业	雇员附加值、专利注册占有率、专利注册技术领域分布、风险资本投资额、风险资本投资产业分布、风险资本投资公司排名、清洁技术领域风险投资额、清洁技术领域风险投资环节分布、清洁技术领域风险投资总数、天使投资额、首次公开募股数、天使投资阶段分布、跨国公司首次公开募股国别分布、并购与收购数、非雇主企业数行业分布、无雇员企业的相对增长数
	商业空间	商用空间供给变化、商用空间空置率、商用空间租金、商用空间增长的部门分布
社会	经济成功基础要素	达到加州大学/加州州立大学入学要求毕业生比例、高中生毕业率(按种族)、高中生毕业率与辍学率、数学与理科成绩
	早期教育	幼儿园入园率
	艺术与文化	文化参与度、消费支出、非营利艺术组织、文化艺术机构
	健康水平	健康保险覆盖率、学生超重与肥胖比率
	安全状况	暴力犯罪、严重犯罪、警察数
生活区域	环境	水资源、电力产量、人均耗电量、太阳能电站数
	交通	人均机动车行驶里程与汽油价格、通勤方式、地区间通勤模式
	土地使用	住宅密度、临近公共交通的房屋、非住宅用地开发
	住房	房屋买卖趋势、房屋建筑类型、房租支付能力、保障性住房建设、住房成本超出家庭收入 35% 的比例、住房费用负担能力、与父母共同居住的年轻人比例
政府治理	城市财政	财政收入
	公民参与	党派归属、投票参与程度

第 10 章　粤港澳大湾区推进动能转换的整体路径与策略

10.1　夯实基础设施，形成高度发达的基础设施网络

通过进一步夯实粤港澳大湾区基础设施体系，促进交通、能源、水资源、信息等基础设施在更高层次、更广范围、更大空间发挥对社会经济的支撑和带动作用，实现都市圈城市群高效联动。通过完善现代化综合交通运输体系、构建立体化客运交通网络、增强粤港澳大湾区港口群的国际竞争力、提升粤港澳大湾区机场群的全球辐射力、推进多式联运基础设施建设、加快国际物流大通道建设、提高轨道交通网络密度、统筹规划布局区域内重大能源基础设施、完善水利基础设施体系、提升信息服务能级，形成万物互联、人机交互、天地一体的基础设施网络空间。

10.1.1　完善现代化综合交通运输体系

加强珠三角与粤东西北、港澳以及泛珠三角区域的交通一体化衔接，以三大综合交通"双核"枢纽为支点，以国际多式联运通道为骨干，构建内联外通、开放融合、布局合理的综合运输网络。明确"深港""广佛""珠澳"为三大综合交通运输枢纽，其中，"深港"定位为连接"一带一路"的核心枢纽，"广佛"为面向国内国际的国家级辐射枢纽，"珠澳"为支撑产业带发展的区域型辐射枢纽。

10.1.2　构建立体化客运交通网络

大力发展机场、高铁、轻轨的集疏运班线，加强城际道路客运网络与航空、轨道交通网络的高效衔接，发挥道路客运集疏运作用。推动粤港澳三地将铁路、民航班次运行状况、旅客数量等信息实时共享，促进实现铁路、航空、轨道、道路等多种运输方式的运力匹配、时刻衔接。进一步强化广州、深圳作为全国综合交通枢纽对区域客运集散的全局性作用，率先在广州、深圳建成铁路、民航等干线运输方式与道路客运、城际铁路、城市公共交通等客流集散方式设施布局一体化的综合客运枢纽。

10.1.3　增强粤港澳大湾区港口群的国际竞争力

主动应对船舶大型化发展趋势，加快出海航道和内河高等级航道网络规划建设，推进内河船舶标准化。完善港口现代化功能，使港口技术装备水平、管理体制与服务质量达到世界先进水平。强化粤港澳三地港口之间的股权合作，通过区域协同形成统一港口品牌，增强粤港澳大湾区的知名度和竞争力，建设"具有竞争力、推动力、环境友好、安全可靠、可持续发展"的世界级现代化港口群。坚持"深水深用"原则，充分发挥深圳港远洋集装箱运输优势，打造深港组合港，携手香港形成更低成本、更高效率的国际航运中心，全面提升粤港澳大湾区的国际航运竞争力。

10.1.4　提升粤港澳大湾区机场群的全球辐射力

加快机场基础设施改扩建，提升综合运行保障服务水平，加强拓展国际国内航线网络，打造与城市发展战略相契合的主运营基地航空公司，提高航空运输服务效率。完善广州白云机场、深圳宝安机场的国际航空枢纽功能，通过互换航权等方式推动广州、深圳、珠海、香港、澳门五大机场资源共享以及空域资源的合作，建立统一的飞行程序、流量管理等系统，积极推进粤港澳机场间“一地两检”“两地一检”、合署办公的通关模式，实现航空运输管理体制和流程上的一体化运行。

10.1.5　推进多式联运基础设施建设

进一步增强沿海港口在连接腹地与国内、国际两种资源、两个市场中的门户枢纽地位，以海铁联运、江海联运、无水港建设为重点，完善广州南沙、广州大田、深圳平湖、深圳笋岗、东莞石龙等物流中心的多式联运功能。加快港口扩容改造与铁路集装箱站场、疏港铁路、疏港公路建设，加速实施铁路引入广州、深圳等重要沿海港口，重点推进广东东莞石龙多式联运基地与深圳东西部港区的海铁联运业务，提高港区铁路装卸作业水平。科学布局海铁联运通道，鼓励铁路运输企业在沿海主要港口与腹地物流园区开行小编组、快运行的钟摆式、循环式等铁路集装箱列车。

10.1.6　加快国际物流大通道建设

适应国家综合运输大通道建设要求，释放通道集约化组织潜能，着力优化通道内各种运输方式服务结构，推进水路、铁路、公路、航空的差异化匹配。建设国家级的粤港澳—云桂—东盟海陆空公铁水综合运输服务网络，加强对东盟的运输合作，努力建设 21 世纪海上丝绸之路。以珠三角湾区港口群和巴基斯坦瓜达尔港为枢纽，缅甸、斯里兰卡港口为支点，打造中巴经济走廊南线物流通道。着力打造以广州港、深圳港为枢纽，链接东南亚与我国西南地区乃至阿拉山口和霍尔果斯口岸的货运通道，成为我国第四条海运大通道。

10.1.7　提高轨道交通网络密度

完善区域城际轨道与城市轨道交通网络建设，积极构建复合型的交通系统。加快构建以广州、深圳为枢纽的高密度城际轨道交通网络，提高全区域轨道交通的便携性、可达性。增强城际轨道与城市轨道交通的衔接，着重加强与香港、澳门轻轨系统的接驳，确保粤港澳三地之间客流的快速换乘，增强粤港澳大湾区城市间的联系。

10.1.8　统筹规划布局区域内重大能源基础设施

构建长期稳定安全的能源供应保障体系，为区域发展提供安全可靠的能源保障。推进粤港澳大湾区油、气、电输送网络一体化建设，多渠道开拓能源资源，促进资源共享，构建安全、清洁、经济、高效的一体化能源保障体系。完善区域内骨干支撑电源总体布局，建成粤港澳大湾区内外环电网和区域内部输配网络，在珠三角地区初步形成智能化电网。

10.1.9 完善水利基础设施体系

完善粤港澳三地供水水源、取水口、供水管网和排水布局，统筹解决粤港澳大湾区用水、供水问题，建立水资源优化利用一体化体系。加快水资源配置工程建设，建立城市应急备用水源机制。提高水资源优化利用效率，加大海水、再生水、雨水等非常规水源的利用，用市场经济手段促进节水型社会建设。完善流域与区域相结合的水资源管理制度，建立流域和区域水资源优化利用保障体系。

10.1.10 提升信息服务能级

加快构建高速、移动、安全的新一代信息基础设施，加强粤港澳大湾区各类信息网络统筹规划、建设和管理，增强区域及各地信息基础设施的相互衔接。强化多元信息平台间的协同运作，加强对各类信息服务平台的引导，建立跨平台的数据合作、交换和共享机制，促进线上线下多点互动运行，推动区域信息服务的一体化发展。积极应用“区块链＋”“大数据＋”“互联网＋”等前沿技术，构建万物互联、人机交互、天地一体的网络空间。

10.2 以创新产业为引领，打造未来产业集聚中心和世界级创新中心

通过打造未来产业和创新型产业的“知识域”，营造一流人才聚集环境，引领未来产业聚集发展，将粤港澳大湾区发展成为具有影响力的未来产业高地和世界级创新中心。强化粤港澳大湾区核心城市的创新引领作用，战略布局全球未来产业新兴领域，深化粤港澳科技、产业合作，加快提升知识创新和源头创新能力，完善综合创新生态体系，打造知识产权保护高地，强化示范引领和辐射带动作用。

10.2.1 打造深圳、广州两大未来产业集聚中心

未来产业是以金融科技-区块链、大数据与人工智能、生命科学、编码化、精准农业等为代表的，顺应国际科技发展新趋势，引领全球产业发展的前瞻性产业。深圳市依托高新技术和战略性新兴产业基础，已率先布局生命健康、海洋产业、航空航天、机器人、可穿戴设备和智能装备等未来产业领域。粤港澳大湾区要充分发挥深圳、广州核心城市的科技、产业基础优势，提前对产业进行战略性、前瞻性布局和储备，积极抢占国际科技产业制高点，在新一轮全球产业、经济竞争中赢得优势。充分发挥深圳作为国家创新科技产业中心的带动引领作用，重点发展生命健康、海洋产业、航空航天、机器人、可穿戴设备和智能装备等未来产业，前瞻性布局金融科技-区块链、大数据与人工智能、生命科学、编码化、精准农业等全球性未来产业，遵循知识域决定的产业集群规律，打造全球未来产业集聚高地。

一是把握生物科技革命性突破的机遇，以前沿生命科学发现为基础，以先进生物技术、新一代信息技术等为支撑，争取建设国家未来网络重大科技基础设施，主动实施生命健康“大科学计划”，发挥国家基因库、细胞库、超算中心、新型智库等平台的支撑作用，加快建设生物科技创新资源集聚区。

二是以建设全国海洋经济科学发展示范市为契机，大力支持大型海洋工程装备的研发

与制造，突破研究海洋资源开发利用与环境保护关键技术，结合信息技术、生物技术、先进制造技术，发展海洋生物、海洋能源、海洋环保、海水综合利用等海洋新兴产业，实现海洋经济质量型发展。

三是瞄准国际航空航天产业发展前沿与趋势，积极争取国家航空航天重大项目布局，加快发展小型应用卫星、无人机、机载电子设备、机场地面设施、航空航天电缆、连接件元器件和卫星导航基础构建及终端设备等领域，加快突破北斗及微小卫星、临近空间、无人机等重点领域关键核心技术。强化产业链上下游配套能力，打造航空电子、无人机、卫星导航、航空航天材料、微小卫星和通用航空现代服务等核心产业集群，打造高科技特色鲜明、细分领域优势突出、国际知名国内领先的航空航天产业基地。

四是推进先进制造技术与新一代信息技术、生命信息技术深度融合，加快突破机器人、可穿戴设备、智能装备关键零部件制造、人机协作、系统集成等关键共性技术，重点推进机器人、可穿戴设备、智能装备关键技术、核心智能测控装置与部件、重大智能制造成套装备在典型制造领域中的示范应用，打造一批"专、精、特、新"的专业化企业。加快工业机器人跨越、服务机器人孵化、可穿戴设备创新、智能检测仪器培育以及智能制造成套装备提升，强化产业集聚基地和集聚区规划建设，加快把深圳打造成为国际化的机器人、可穿戴设备和智能装备产业基地。充分发挥广州市重点高校和科研院所基础研究优势，做大做强新一代信息技术、生物与健康、新能源与节能环保等产业领域。抓住信息技术革命新机遇，建设枢纽型国际化信息港。开展协同创新，争取突破高性能芯片、卫星导航、高端光电、新一代显示、操作系统等关键核心技术，重点发展物联网、云计算、大数据、光电子信息、人工智能等新一代信息技术产业。

10.2.2　争创全球科技创新策源地

前瞻布局重大科技基础设施，建立全球一流的科研载体，大力发展新型研究机构，系统组织实施科学前沿基础研究、重大科技攻关计划，加强科学探索和技术攻关，打造全球科技创新策源地。

一是打造湾区三大创新核心城市。明确深圳国家创新型城市和具有世界影响力的一流科技、产业创新中心定位，利用良好的市场化和企业创新基础，推动产业创新、技术创新逐步向知识创新延伸，向基础研究和应用基础研究领域拓展，进一步强化自身的示范引领和辐射带动作用，继续在创新驱动发展和改革开放中发挥排头兵作用。明确广州创新枢纽定位，发挥科技教育人才资源丰富的优势，在创新政策探索、创新资源共享、人才培养引进等方面发挥引领作用，建成开放、宽松、自由的创新生态，提升服务全省创新驱动发展的能力。明确珠海珠江西岸区域创新中心定位，发挥特区优势和生态优势，构建创新型经济体系和创新发展新模式，营造市场化国际化法治化发展环境。

二是前瞻布局重大科技基础设施。围绕新兴产业的关键环节和核心技术，加快建设国家重点实验室、国家工程技术研究开发中心、国家工程实验室、国家工程研究中心、国家企业技术中心等一批高水平的科技创新平台。实施国家重点实验室倍增计划，筹备建设网络通信与智能国家实验室、生命科学与健康工程国家实验室。在未来网络、智能制造、转化医学、材料基因库等前沿领域，研究建设若干符合国家科技规划和布局的具备国际先进水平的科研基础设施，争取若干个国家级重大科技基础设施落户深圳。

三是建立全球一流的科研载体。实施高新区创新发展能力提升计划，将高新区建设成为区域创新的重要节点和产业高端化发展的重要基地。推进深圳世界一流高科技园区建设,做强广州、中山等创新型科技园区。依托高等学校、科研机构和创新型龙头企业,加快建设一批国家创新平台,争取国家制造业创新中心(工业技术研究基地)落户深圳。深圳实施十大基础研究机构行动计划,重点支持建设数学研究院、医学科学研究院、神经科学研究院、电动车辆研究院、石墨烯创新中心、海洋工程技术研究院、太赫兹科技创新研究院、中科卫星应用创新研究院、军民融合创新研究院和机器人与智能制造研究院。促进华大基因研究院、光启高等理工研究院等科研机构发展,研究建设生命科学、大健康、新材料等特色学院。广州重点支持清华大学珠三角研究院、中新国际联合研究院等新型研发机构体制创新,探索基础研究和前沿技术研发的组织模式和财政多元化支持机制,推动科研机构创新能力进入世界前列。

四是着力开展重大科技攻关。加快提升重大原始创新和关键核心技术攻关能力,协同推进原始创新和引进消化吸收再创新。加强战略高技术前瞻部署,瞄准世界科学发展前沿,集中支持事关发展全局的基础研究和共性关键技术研究,重点在信息技术、新材料技术、生物技术、先进制造技术、节能与新能源技术、环保与资源综合利用技术等领域,开展前沿基础技术研究。深圳要集中力量围绕海洋、网络、材料、信息、生命等关系全局的科学领域,开展互联网、生物、新能源、新材料、新一代信息技术等领域的重大科技专项技术攻关,从而带动、增强粤港澳整个大湾区的原始创新能力,提升其在科学研究和原始创新领域的国际影响力。

五是强化企业自主创新的主体地位,打造极具竞争力的创新企业集群。实施大型企业研发机构全覆盖行动,支持工业骨干企业创建省级以上企业技术中心、重点实验室、工程技术中心、工程实验室、协同创新中心等创新平台。支持华为无线通信接入技术国家重点实验室、闪联电子信息产品协同互联国家工程实验室、深圳大学国家生化工程技术研究中心、海能达专业数字集群技术国家地方联合工程实验室等国家级创新载体和公共平台。突出大型企业在技术创新中的龙头作用,发挥中小企业在技术创新中的中坚力量,加快培育自主创新型中小企业群,围绕产业发展构建企业创新体系。

10.2.3 打造成果转移转化先导区

围绕科技成果转移转化关键问题和薄弱环节精准发力,改革科研成果转移转化制度,健全市场化的技术交易服务体系,打通科技创新向现实生产力转化的通道,力争成为全球顶尖科技成果资本化和产业化的首选地。

一是增强企业科技成果转移转化能力。推动企业加强科技成果转化应用,完善技术成果向企业转移扩散的机制,落实财政补贴政策,鼓励企业使用首台(套)重大技术装备,带动创新产品规模化应用;发展多样化产业技术创新联盟,发挥行业骨干企业的主导作用,联合上下游企业和高校、科研院所,组建多领域多形式产业技术联盟,重点支持中科院深圳先进技术研究院、中兴通讯广州研究院、中国(广州)智能装备研究院、广东院士专家科技成果转化服务中心等,共同开展研究开发、成果应用与推广、标准研究与制定。

二是建设科技成果转移转化平台。加快国家技术转移南方中心建设,支持国家技术转移南方中心建设成为区域性的科技成果信息平台,重点提供技术转移全球交易、技术项目中试熟化、国际并购等服务;打造先进适用科技成果包转化基地,鼓励深圳高新区及各区(新区)通过城市更新改造建设技术转移转化产业园;支持建设深圳市跨境电子商务综合服务平台、品牌培育与评价公共服务平台、新能源汽车检测公共技术服务平台、智能装备及精密零部件产品检测认证公共服务平台、中芬设计园创新设计公共服务平台、ICT(信息与通信技术)高技能人才公共实训平台、深圳国际生物谷·生命科学产业园公共技术服务平台、“点线世界”专业服务业交易中心、智造局等十大平台。广州市重点支持广州开发区仪器设备资源库、科技资源共享服务站、广州开发区创新驿站等平台建设。

三是推进军民技术双向转移转化。推进产学研军民融合,推动湾区核心圈层企业加强与中国航空工业集团、中国电子科技集团、解放军信息工程大学等机构合作,打造军民融合示范基地。设立军民融合产业投资基金,参与发起国家军民融合产业发展基金,搭建军民融合项目投融资平台,积极承接国家军民融合重大项目,开展军民两用技术联合攻关和双向转化;设立军民融合创新研究院,探索建立新型科研管理机制和运行模式,打造国家级军民融合创新高端智库、军民融合前沿技术创新载体和军民融合产业新型孵化平台,推进军民两用高端技术研发与科技成果转化。

四是完善科技成果转化机制。加快下放科技成果处置权,建立科研成果强制转化机制。扩大高校和科研院所自主权,赋予创新领军人才更大的人财物支配权、技术路线决策权。鼓励科研人员以科技成果作价入股企业获得股权,可按比例直接分配给科研人员和团队,并按股权分红。支持科研机构下属的科技成果转化型企业进行股份制改造。

10.2.4　打造国际一流的创新创业中心

着力完善科技企业孵化育成体系,大力实施创新创业人才战略,深化科技、金融、产业创新融合,强化知识产权运用与保护,健全技术创新公共服务体系,增强创新资源全球配置能力,培育大众创业、万众创新的社会氛围,加快建成国际一流的创新创业中心。

一是完善科技企业孵化育成体系。实施孵化器倍增计划。引导各类主体开展孵化器建设,重点依托各类产业园区、高校科研院所、新型研发机构、大型龙头企业等建设科技企业孵化器,率先形成“前孵化器(众创空间)-孵化器-加速器-专业园区”完整孵化链条。落实国家级科技企业孵化器税收减免政策,实施孵化器建设用地政策措施,督促各地落实工业用地孵化器载体房屋可分割转让政策;支持湾区核心圈层建立孵化器后补助制度,与省共建面向科技企业孵化器的风险补偿金,对天使投资失败项目和在孵企业首贷坏账项目给予补偿。着力提高孵化器孵化服务能力,增强创业辅导、技术支持、科技信息等专业化服务,提高孵化器的科技成果转化率和企业毕业率。深圳要积极实施科技企业孵育服务计划,建立差异化服务的孵化培育体系,创新孵化载体融资服务模式,探索孵化组织新机制,提升孵化培育能力,支持建设 3W 孵化器、前海深港青年梦工场、创客空间等孵化器。广州支持建设广州国际企业孵化器、广州火炬中心(广州留创园)、广东软件科学园等,打造孵化器集群。发挥珠海横琴澳门青年创业谷、珠海信息港、清华科技园二期、火炬南方创新谷等项目的带动作用,将高新区整体升级为产业孵化器,率先探索产业集群孵化新模式。推进“四众”服务平台建设。鼓励各类科技园、孵化器、创业基地、创业孵化基地等加快与互联网融合创新,建设一批低成本、便利化、全要素、开放式的线上线下结合的创客空间、创业咖啡、创新工场等新型孵化平台,支持大型企业、新型研发机构建设与产业深度融合的专业化众创空间,促成美国麻省理工学院比特与原子中心发起的微观装配实验室(FabLab)落户深圳;支持建设一批将部分设计、研发任务分发和交付的平台,支持大中型制造企业构建互联网众包平台,鼓励中小制造企业通过众包模式构筑产品服务运维体系,加快推广知识内容众包;推动高校和科研院所公共科技资源和信息资源向小微企业和创业者开放共享,鼓励大中型企业通过生产协作、开放平台、共享资源等方式带动上下游小微企业和创业者共同发展，支持开源社区、开发者社群、资源共享平台、捐赠平台、创业沙龙等各类互助平台发展。培育发展创客和创业者。打造“深圳国际创客周”(MAKER WEEK)品牌，通过主题论坛、专业展会、创客市集和创客大赛等创客活动，吸引国内外创客汇聚深圳。支持制汇节(MAKER FAIRE)打造为全球创客集会，开展国际微观装配实验室(Fab Lab)年会，举办创客高峰论坛，以创客精神、创客思维为城市发展增添活力。引导中小学开展创客教育，培育创客群体。鼓励湾区核心圈层高校开设创业课程，设立创业俱乐部，探索建立“学业＋创业”双导师培养模式、大学生创新创业实践业绩与学分挂钩机制，促进大学生创新创业。支持湾区核心圈层高校院所在编在岗科技人才兼职从事创新创业活动。鼓励企事业人员发挥技术、管理等优势开展连续创业。

二是建设创新创业人才高地。推动人才结构战略性调整，加大创新人才培养力度。建设一批一流高水平大学和学科，创新学术学位研究生和专业学位研究生培养模式，支持发展新型联合培养基地，着力培养应用型高级专业人才。改革技术技能人才培养机制，推行工学结合、校企合作的技术工人培养模式，推行企业新型学徒制。建立科学的人才使用和评价机制，积极为各类人才干事创业、实现价值提供机会和条件，最大限度地激发人才的创造热情和创新活力，努力做到人尽其才、才尽其用、各得其所、各展其长。

三是建设知识产权应用和保护高地。贯彻企业知识产权管理规范，提升企业掌握核心专利的能力。推动专利技术实施转化，建设一批知识产权密集型产业集聚区及专利创业孵化基地。设立知识产权交易所，建设覆盖粤港澳、连通国际的技术和知识产权交易平台。整合财政资金和社会资本，组建重点产业知识产权运营基金，推动一批产学研专利育成转化中心和产业知识产权联盟建设，培育和运营高价值商标、专利、版权。推动湾区核心圈层全面开展全国专利保险试点及知识产权质押和投融资服务试点，探索设立知识产权保险公司，设立知识产权质押融资风险补偿基金，引导和支持金融机构开发更多面向中小微企业的知识产权金融产品，探索开展知识产权证券化。强化电子商务和互联网领域知识产权保护。探索新业态新模式的创新成果保护机制和政策。

四是健全创新公共服务体系。加快建立健全技术创新、第三方检测认证、工业设计、质量检测、信息网络、电子商务、创业孵化、企业融资、人才培训等服务机构和服务网络，形成覆盖整个创新链的公共服务平台体系。支持孵化服务机构建设网络化的创新服务体系；支持民营资本建设新型技术交易服务平台，发展和规范网上技术交易市场；支持湾区核心圈层培育壮大科技中介服务骨干机构；鼓励湾区核心圈层有条件的地市建设国家技术转移中心，培育国家技术转移示范机构，完善技术转移和交易服务体系；有序推进检验检测认证机构整合，加快国家质检中心、产业计量测试中心以及省级授权质检技术机构和公共检测服务平台建设。

五是营造大众创业、万众创新的社会氛围。积极倡导勇于创新、敢于创业的创新文化，树立崇尚创新、创业致富的价值导向，大力培育创新精神和创客文化。鼓励大企业建立服务大众创业的开放创新平台，构建专业领域的创新创业生态圈。支持社会力量举办创业沙龙、创业大讲堂、创业训练营等创业培训活动。进一步建设和利用好一批具有国际影响力的专业文化会展平台，为文化创新活动提供链接国内外市场的产品展示及交易机会。组织开展“双创活动周”，通过线上线下相结合等方式，集中宣传推广双创政策和开展双创服务活动。组织实施促进创客发展的若干措施和行动计划，同时借助“深圳国际创客周”等活动，营造创新创业氛围，吸引国际创客团队汇聚深圳。

10.3　推进湾区城市群融合发展，打造粤港澳世界级大都市圈

通过发挥核心城市的辐射带动作用，推进湾区城市群融合发展，打造粤港澳世界级大都市圈。创新粤港澳合作机制，进一步强化中心城市功能，以广州、深圳为主要辐射核心，湾区核心圈层各市中心城区为支撑，各主要功能节点城市为依托，携手港澳共建世界级城市群。

10.3.1　构建以深圳为核心的东岸城市群

一是落实深莞惠区域协调发展总体规划。加快基础设施建设、基本公共服务等领域的一体化进程，构建“两横两纵多中心”空间布局。推进深莞惠和河源、汕尾“3＋2”经济圈建设，建成若干跨区域共建的低碳发展合作试验区和产业园区，加快推进区域市政、信息、能源等设施对接，基本建成以城际铁路和高快速路为骨架、衔接一体的综合交通运输体系，实现中心城区一小时互达。加快深汕特别合作区建设，健全合作体制机制，统筹推进城际交通基础设施建设和教育、医疗等公共服务资源配置，加快建成起步区 30 平方千米城市框架，支持合作区产城融合发展，加快构建以先进制造业、现代旅游业、生产性服务业为主的产业体系。

二是突出深圳在深莞惠经济圈的引领作用。明确深圳的核心功能，促进区域化职能分工体系的建立。强化深圳福田-罗湖的金融中心职能与地位，积极依托前海打造跨境人民币金融创新中心，大力发展创投，成为国内创投基金总部经济的重要集聚地，打造中小企业和创业资本的金融中心。进一步升级南山区作为具有全球影响力的科技创新中心职能，并引导高校、科研机构和高新技术企业在龙岗-坪山集聚，建设松山湖、潼湖等科研新城。突出深圳龙岗-坪山先进制造中心职能，并引导一般制造业向凤岗、塘厦、深汕特别合作区、深河产业城等地迁移。

三是大力加强深莞惠经济圈产业与科研一体化发展，推进战略性新兴产业合作纵向性拓展。深圳市要发挥科技引领和支撑作用，莞惠要重点发挥企业力量在利用高新技术改造传统产业上的主导作用，释放企业对传统产业的技术升级的潜能，以当地产业技术需求为导向，扭转盲目高端化趋势，加快解除资源错配，循序渐进开展实用技术创新，发挥本地人才创造力，深莞惠三地共同搭建便利、高效的技术升级环境和平台，实现深莞惠产业整体升级。重点实施产业链优化升级工程、科技协同创新工程、产业空间协调优化工程和深莞惠海洋产业协作工程。

四是推动深港深度融合互动。进一步发挥前海“自贸试验区＋现代服务业合作区”叠加优势，推动更多港资港企入驻自贸片区，推进粤港澳服务贸易自由化，落实《推进前海深港合作总体方案》提出的“万千百十”发展目标，全力推进深港伦洲际商品交易中心、前海金银业贸易场、前海深港青年创新创业成长平台等项目建设，共同将前海打造成为内地服务业走向国际、香港服务业辐射内地的“双跳板”。推动落马洲河套地区发展，在“共同开发、共享成果”的基础上，商讨推动落马洲河套地区发展的可行性方案。继续深化粤港高等教育合作，推进粤港高校联盟建设，促进两地高校在教育、科技成果转化、学生交流等方面的合作。加快前海人才示范区建设，指导出台集聚人才的政策措施，建立健全人才创业发展服务体系，搭建多渠道高层次交流合作平台。举办智慧城市建设论坛，分享智慧城市建设成果经验。推进粤港智慧城市发展。加强城市管理治理领域务实合作，深化教育、医疗卫生、环境保护、公共安全等民生领域合作（见图 10-1）。

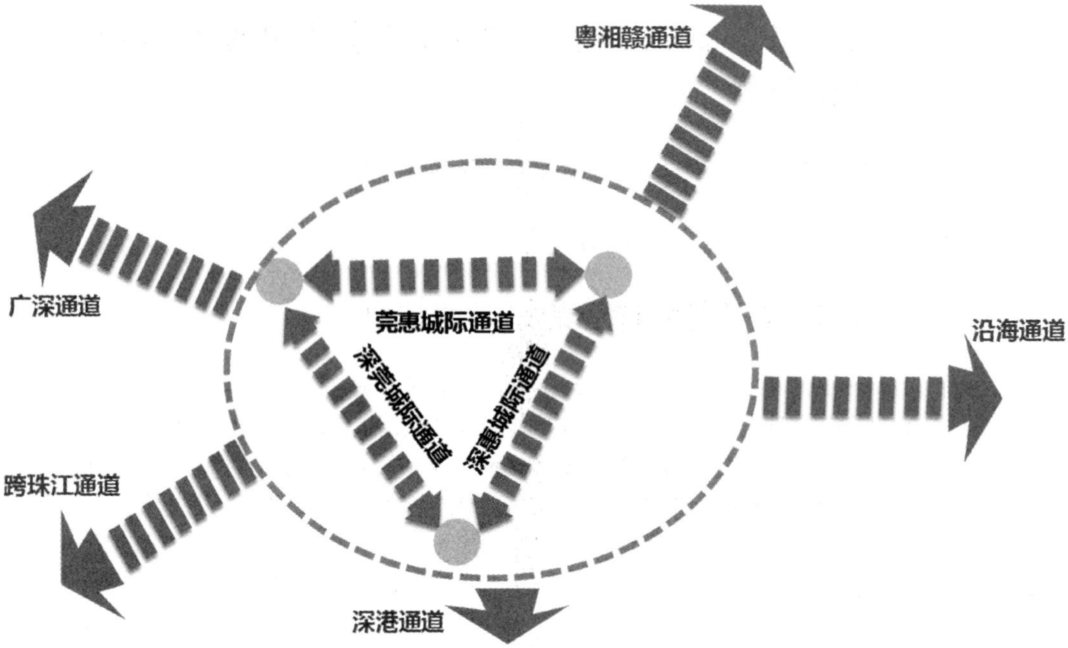

图 10-1　东岸城市群

10.3.2　构建以广州为核心的中部城市群

一是引领区域协同发展。借鉴京津冀协同发展经验，发挥省会城市作用，增强跨区域高水平服务功能，深入推进广佛同城化、广清一体化，积极构建广佛肇清云韶经济圈，深化与周边城市合作发展。向北拓展珠三角地区发展脊梁至清远城区，向西强化“广佛都市区—肇庆城区—云浮城区”的区域城镇发展带；沿西向区域发展轴带，通过狮山中心区、南海产业智库、佛山西站枢纽、佛山新城、肇庆新区、云浮西江新城、肇庆—梧州粤桂特别合作试验区等战略节点的建设，促进肇庆城区、云浮城区与广佛都市区的融合。

二是拓展腹地空间。加强与粤东西北地区经济协作。落实珠江—西江经济带发展规划，拓展与泛珠三角区域及中西部地区的合作交流，重点在基础设施、产业投资、商务贸易、旅游、生态环境、金融服务等方面取得突破。加强与高铁沿线城市的交流合作，促进高铁经济带建设，把广州南站商务区、广州北站商务区打造成为高铁经济带建设的战略平台，建设广州南站泛珠省会城市合作示范区（见图 10-2）。

10.3.3　构建以珠海、澳门为核心的西岸城市群

一是深化粤澳合作。打造粤澳服务贸易自由化升级版，争取制定出台更短的服务贸易自由化“负面清单”，加快服务贸易管理体系对接。携手参与“一带一路”建设，促进两地要素便捷流动，鼓励和引导两地企业从联合到“走出去”，促进粤澳旅游产业开拓发展。推进港珠澳大桥、澳门轻轨横琴延长线、粤澳新通道等重点项目建设，推动澳门财政资金参与粤澳合作项目。

二是积极参与珠江—西江经济带建设。组织实施珠中江区域紧密合作规划，发挥横琴自贸片区、西部生态新区、中山翠亨新区、江门大广海湾经济区的联动效应，增强珠海珠江口

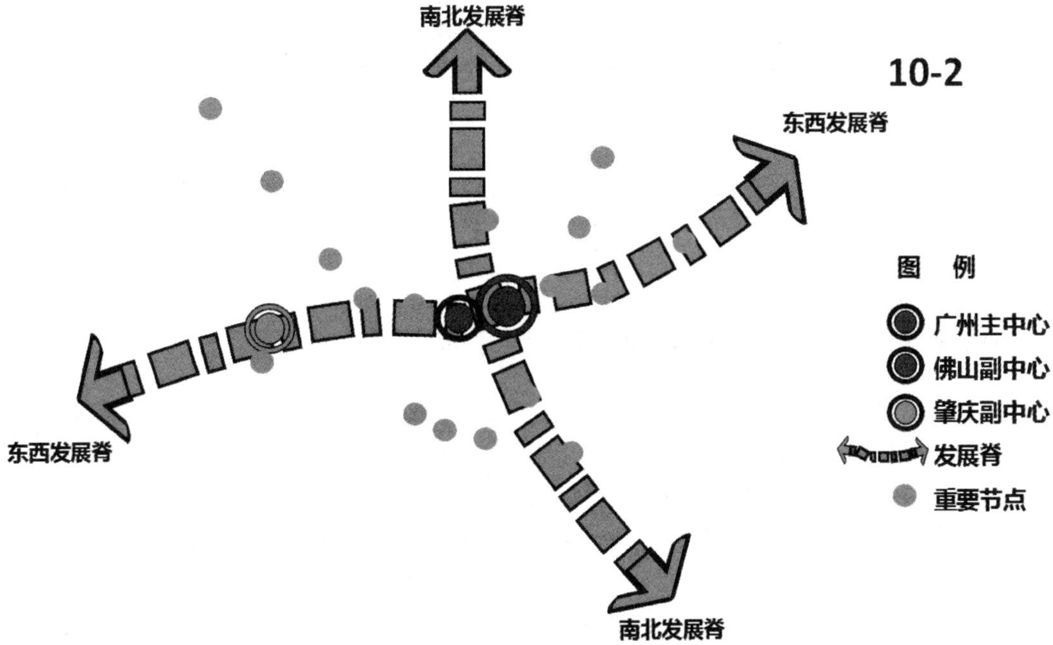

图 10-2　中部城市群

西岸核心城市的功能和辐射带动作用，全面推进珠中江阳区域合作。明确产业发展定位，提高产业和人口集聚能力。加强产业园区的深度合作，实施错位互补发展，合力共建珠江西岸先进装备制造产业带（见图 10-3）。

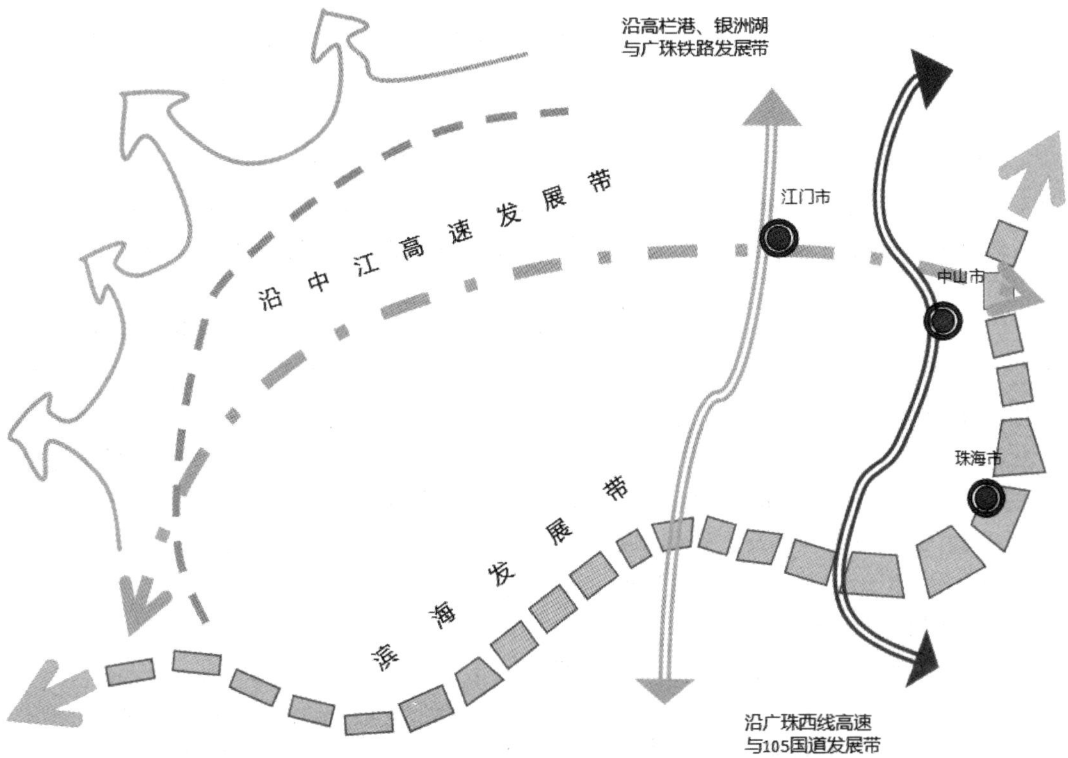

图 10-3　西岸城市群

10.4 放大湾区极核化效应，打造连接“一带一路”的核心枢纽

通过发挥自贸试验区先行先试、开放创新作用，依托粤港澳服务贸易自由化，增强自贸试验区的辐射带动作用，进一步放大湾区极核效应，打造连接“一带一路”的经贸合作枢纽、资源配置枢纽和科技文化枢纽。

10.4.1 增强自贸试验区的辐射带动作用

发挥广东自贸试验区高端要素集聚优势，搭建促进加工贸易转型升级的技术研发、工业设计、知识产权等公共服务平台，支持在自贸试验区发展加工贸易结算业务、建设结算中心，促进珠三角地区加工贸易转型升级。推动广东自贸试验区与泛珠三角区域的经贸合作，培育外贸综合服务企业，探索构建国际商品交易集散中心、信息中心和价格形成中心，打造泛珠三角区域发展综合服务区。依托港澳在金融服务、信息咨询、国际贸易网络、风险管理等方面的优势，完善“走出去”政策促进、服务保障和风险防控体系，将广东自贸试验区建设成为内地企业“走出去”的重要窗口和综合服务平台。

10.4.2 打造“一带一路”经贸合作枢纽

一是加快构建经贸合作中心。实施拓展新兴市场、开拓“一带一路”市场专项计划，积极参与中国-东盟自由贸易区升级版建设，深度挖掘东南亚国家和孟中印缅经济走廊市场潜力，加强与韩国、澳大利亚、新西兰、巴布亚新几内亚等国家及南、北美洲经贸合作，开拓巴基斯坦等新兴市场，支持深圳参与粤新欧国际大通道建设。依托丝绸之路多方合作机制，打造高标准综合经贸促进平台，着力推进中国(深圳)-印尼电子产业园、中国(深圳)-越南(海防)经贸合作区、招商局中白商贸物流园区等重点中外合作园区建设。支持优势企业开拓沿线国家市场，走出去建设营销网络、生产基地和区域总部。支持深圳远洋渔业企业深化与南太平洋岛国在基础设施、经贸、农业、远洋渔业、旅游等领域的合作，打造我国与南太平洋岛国合作的示范区。

二是面向“一带一路”加快企业走出去步伐。鼓励企业跨国经营，支持企业建立一批海外生产基地、营销网络、研发中心，加快企业直接对外投资步伐，以股权并购的方式实现强强联合，直接获得合作方品牌、技术、渠道等资源。完善企业境外投资服务体系，建立企业“走出去”信息服务平台，加强“走出去”风险评估、风险预警和风险应对，最大限度降低企业“走出去”风险。加速推进广州南沙新区、深圳前海新区、珠海横琴新区等平台建设，打造湾区核心圈层国际高新技术转移及产业化基地。与“走出去”目标地区互设产品展销中心、工业园区和“走出去”孵化基地，搭建双向平衡、互相促进的合作体系。支持建设境外产业园，推动湾区核心圈层企业深度融入全球产业链。

三是拓展产业合作新空间。加快与沿线国家产业融合和互补发展，构筑以品牌、技术、资本和管理为主导的新型区域产业合作体系。支持深圳依托电子信息等优势产业与东盟等国家开展产能合作，加强海工装备产业合作，拓展远洋渔业发展空间，积极参与国家南海资源开发。支持招商局集团等全面布局面向沿线国家的物流支点，参与重点港口建设，共建临

港产业园区。争取沿线国家金融机构和主权基金、投资基金落户，大力发展贸易金融业务。鼓励企业与沿线国家在能源及上游领域开展合作，参与油气和矿产资源开发，扩大能源技术装备出口。

四是促进更广范围区域合作。深化泛珠三角区域合作，积极参与珠江—西江经济带建设，打通战略通道，全面加强产业经贸与能源资源合作，促进产业梯度转移和协作配套，进一步提升与珠三角及周边区域的战略合作层级。深化与京津冀、长江经济带等其他战略区域的合作，支持西部大开发、中部崛起和东北地区等老工业基地振兴，拓展更广阔的发展空间。加强与海峡西岸经济带合作，进一步加强与台湾的经贸合作和人文交流，开辟对台新航线。

10.4.3　打造“一带一路”资源配置枢纽

支持湾区核心圈层布局海外创新平台，深化在科技创新、新兴产业、成果转化、知识产权等方面的国际合作。加大国际资本、技术要素、人才要素的集聚力度，建立国际创新网络链接，重点吸引国际知名院校、孵化器、创业投资机构、高端创新创业人才参与湾区核心圈层创新创业。鼓励跨国公司开展“反向创新”[①]，在湾区核心圈层设立参与母公司核心技术研发的全球研发中心、大区域研发中心和开放式创新平台。鼓励外资研发中心与国有企事业单位共建研发公共服务平台、重点实验室和人才培养基地，联合开展产业关键技术攻关。

10.4.4　打造“一带一路”科技文化枢纽

一是加强国际创新合作交流。主动服务对外开放战略和国家“一带一路”倡议，搭建国际创新合作平台，布局建设海外创新节点，加速融入全球创新网络，努力在更大范围配置创新资源、整合创新链条、提升创新能级，建成全球创新网络核心枢纽。高标准建设深圳国际会展中心，支持在深圳举办国际植物学大会，重点吸引高水平国际学术会议、专业论坛在深圳永久性落地。规划建设国际创新园、国际联合研究中心、国际技术转移中心和示范型国际科技合作基地，鼓励国际科技组织在深圳建立总部或分支机构，积极对接国际高端人才、先进技术、资本和研发资源。

二是拓展“一带一路”文化合作交流。依托文博会“一带一路”专馆、高交会丝绸之路专区、前海合作论坛等重要平台，全面深化与沿线国家的人文交流与合作，提升城市国际知名度。积极参加国家与沿线国家互办的国际文化活动，推进国际友城文化周等人文交流项目，鼓励广播影视、新闻出版、教育等文化产品出口。加快推动与沿线国家知名医学院和科研机构合作办医，积极引进沿线国家优质医疗资源。加强与沿线国家的旅游合作，发展海上丝绸之路旅游专线。依托太子湾游轮母港和深圳企业在沿线国家的港口布局，设计一条沿海上丝绸之路旅游专线。完善友城布局，积极发展与沿线国家及城市的友城关系。加强与沿线国家华人华侨的广泛联谊、密切联系和常态来往。

---

① “反向创新”指一种与“全球化”加“本土化”相反的商业和创新模式，具体指企业将研发重点放在中国等发展中国家，并利用其在全球的丰富资源和经验为当地市场需求研发产品、服务和技术；相关技术和产品在当地市场成熟并获得成功后，反向推广到国际市场和发达国家市场。

10.5 推进开放创新,实现粤港澳深度合作和融合发展

通过加强跨区域的统筹协调合作,充分依托自由贸易示范区先行先试的政策优势,推进制度开放与创新,建立粤港澳自贸区联盟,深化粤港澳三地合作加快区内通关便利化与"单一窗口"建设,提升航运业对外开放水平,加快金融体制创新,促进要素出入境便利化,实现粤港澳深度合作和融合发展。

10.5.1 建立统筹协调合作机制

建立粤港澳自贸区联盟,形成分工合理、执行顺畅的综合管理体系,共同推动粤港澳自贸区工作的组织和落实,构筑粤港澳自由贸易生态圈,实现跨区域、跨行政体系的开放合作。粤港澳自贸区联盟由理事会、常设委员会以及秘书处组成。理事会为主要职能部门,由各市自贸区办公室主任组成,共同推进粤港澳自贸区的管理、资金、政策引导与扶持,共同研究解决广东省自贸区与香港、澳门的制度、流程、管理方式对接等问题。

10.5.2 推进体制创新

建立基础设施互联互通机制、产业协同发展机制、科技创新协同机制。建立粤港澳大湾区公路、铁路、航空枢纽及港口协作机制,推进区域综合交通运输信息互联互通与共享开放,加强交通运输法规和技术标准对接。建立科学合理的跨区域的投资、产业转移对接、园区共建、科技成果落地等项目的收益分配体制。研究制定重点技术成果目录,加快推动转移转化,建设统一的科技资源开放共享平台。

10.5.3 加快区内通关便利化与"单一窗口"建设

借力粤闽桂琼区域通关一体化改革,推行粤港澳三地"联合查验、一次放行"等通关新模式,开辟香港、澳门与广东省自贸区之间自主通关通道,积极探索在广州南沙、深圳前海、珠海横琴自贸区"单一窗口"的建设试点,推进口岸管理相关部门建立、完善"信息互换、监管互认、执法互助"合作机制。协调中央驻穗查验单位,争取国家部委给予粤港澳通关合作示范区政策创新支持。加强与腹地城市、内陆港的通关合作,实现口岸服务的高效对接和进出口货物无障碍流动。

10.5.4 全面提升航运业对外开放水平

积极营造与国际制度更为接轨的港航业经营环境,争取降低外资航运企业准入门槛,减免船舶吨税。在广东自贸区进一步促进船舶登记制度的制度开放,充分利用现有中资"方便旗"船税收优惠政策,在登记主体、船龄、外籍船员雇佣、船籍港等方面放宽登记限制,增加船舶融资租赁登记种类,优化和完善船舶登记及相关业务流程,切实提高国际船舶登记效率。尽快实现船舶吨税等优惠政策在广州、深圳试点,放宽船舶吨税免征条件,扩大船舶吨税免征对象的范围。

10.5.5　大力推进金融体制创新

搭建培育新型金融创新载体，支持跨境电商离岸人民币贸易款回流、少量外资成分私募股权基金和新型保险机构的建立，构建自由贸易账户体系、国际贸易结算中心，促进贸易投资跨境收付便利化。充分发挥深圳作为全国性金融中心的辐射带动作用，允许深圳设立离岸账户，依托前海金融机构直接参与香港离岸人民币金融业务。加快境外投资备案制、负面清单管理模式、商事条例改革下的注册资本认缴登记制、国际贸易单一窗口的一口受理机制的探索和实施，构建开放、安全、高效的区域金融体系。

10.5.6　促进要素出入境便利化

简化人员、服务和运输工具进出境手续，给予在广东自贸区从事服务贸易投资、就业的香港及外籍人士出入境便利，开设服务贸易领域高层次人才出入境证件服务"绿色通道"。推动实施简化各类要素进出境通关单证，进一步推动海关、查验、电子商务、投资增进、过境运输等方面的彼此和谐，使用电子信息平台，提高要素通关便利度，努力消除要素进入障碍，实现货物、服务、资金、技术等要素在港区一体化区域内更加自由流动。

参考文献

[1] Hao Guo, Jie Tan, Shiming Liao, et al. Exploring the spatial aggregation and determinants of energy intensity in guangdong province of China[J]. Journal of Cleaner Production, 2021, 282: 124367.

[2] 阿伦·拉奥,皮埃罗·斯加鲁菲[美]. 硅谷百年史——伟大的科技创新与创业历程(1900—2013)[M]. 闫景立等译. 北京:人民邮电出版社,2014.

[3] 毕斗斗,方远平. 世界先进海港城市的发展经验及启示[J]. 国际经贸探索,2009,25(05):35-40.

[4] 陈德宁,郑天祥,邓春英. 粤港澳共建环珠江口"湾区"经济研究[J]. 经济地理,2010,30(10):1589-1594.

[5] 陈广汉. 港澳珠三角区域经济整合与制度创新[M]. 北京:社会科学文献出版社,2008.

[6] 陈明宝. 泛珠三角区域海洋经济合作发展路径选择[J]. 海洋经济,2013,3(02):28-35.

[7] 陈诗波,陈亚平. 我国建设世界科技创新中心的国际比较研究[J]. 科学管理研究,2022,40(05):31-38.

[8] 杜德斌,祝影. 全球科技创新中心:发展模式与中国实践[J]. 科学,2022,74(04):11-15+4.

[9] 杜德斌. 对加快建成具有全球影响力科技创新中心的思考[J]. 红旗文稿,2015(12):25-27.

[10] 方力,李军凯,高菲等. 国际科技创新中心的典型特征与运行逻辑[J]. 科技智囊,2023(01):5-13.

[11] 广东省城乡规划设计研究院,北京大学. 环珠江口宜居湾区建设重点行动计划[R]. 2009.

[12] 广东省政府. 广东海洋经济地图[R]. 2012.

[13] 广东省政府. 珠江三角洲城镇群协调发展规划文本(2004-2020)[R]. 2005.

[14] 广东省住房和城乡建设厅,香港特别行政区政府发展局,澳门特别行政区政府运输工务司. 大珠江三角洲城镇群协调发展规划研究[R]. 2009.

[15] 国家发展改革委 外交部 商务部. 推动共建丝绸之路经济带和 21 世纪海上丝绸之路的愿景与行动[N]. 人民日报,2015-03-29(004).

[16] 国家发展和改革委员会. 珠江三角洲地区改革发展规划纲要(2008—2020 年)[R]. 2008.

[17] 韩忠. 二战后旧金山湾区中心城市发展道路比较研究[D]. 厦门:厦门大学,2008.

[18] 韩忠. 后工业化城市与制造业——以旧金山市为例[J]. 城市问题,2008(11):83-87.

[19] 何敏,于波. 大国引擎:科技创新与知识产权[M]. 上海:上海人民出版社,2016.

[20] 胡朝阳. 国家资助项目职务发明权利配置的法经济探析[J]. 法学杂志,2012,33(02):33-38.

[21] 胡曙虹,黄丽,杜德斌. 全球科技创新中心建构的实践——基于三螺旋和创新生态系

统视角的分析：以硅谷为例[J]. 上海经济研究，2016(03)：21-28.

[22] 胡兆量. 珠三角港澳化及湾区中心化——关于大珠三角地区发展的几点思考[J]. 城市问题，2009(09)：2-4.

[23] 黄武双. 美国技术创新与技术转让激励政策解读[M]. 北京：法律出版社，2016.

[24] 黄洵，戴新竹. 论国际金融中心建设中的能动司法——以上海为例[J]. 现代管理科学，2016(06)：91-93.

[25] 姜绍华. 斯坦福缘何成为硅谷智库[M]. 光明日报，2015-3-17(16).

[26] 柯世源. 硅谷和旧金山湾区的科技经济[J]. 全球科技经济瞭望，2002(08)：47-48.

[27] 雷佳. 湾区经济的分析与研究[J]. 特区实践与理论，2015，02：101-104.

[28] 李建平. 粤港澳大湾区协作治理机制的演进与展望[J]. 规划师，2017，33(11)：53-59.

[29] 李兰芳，唐璐，陈云伟，等. 全球主要城市群科技创新中心建设经验对成渝地区的启示[J]. 科技管理研究，2022，42(06)：162-169.

[30] 李睿. 国际著名"湾区"发展经验及启示[J]. 港口经济，2015(09)：5-8.

[31] 李晓秋. 美国《拜杜法案》的重思与变革[J]. 知识产权，2009，19(03)：90-96.

[32] 梁茂信. 美国人才吸引战略与政策史研究[J]. 世界历史，2015(06)：151.

[33] 刘冬梅，陈钰，玄兆辉. 新时期区域科技创新中心的选取与相关建议[J]. 中国科技论坛，2022(07)：98-105.

[34] 刘艳霞. 国内外湾区经济发展研究与启示[J]. 城市观察，2014，03：155-163.

[35] 柳学智. 技术移民制度比较[M]. 北京：党建读物出版社，2015.

[36] 路旭，李贵才. 珠江口湾区的内涵与规划思路探讨[J]. 城市发展研究，2011，01：97-102.

[37] 罗培新. 神勇 SEC：张志熔"缴械"背后[J]. 董事会，2012(12)：86-87.

[38] 马海涛，陶晓丽. 区域科技创新中心内涵解读与功能研究[J]. 发展研究，2022，39(02)：64-70.

[39] 马兴瑞. 解放思想，真抓实干，勇当"四个全面"排头兵，努力建成现代化国际化创新型城市[N]. 深圳特区报，2015-6-16.

[40] 缪因知. 法律与证券市场关系研究的一项进路——LLSV 理论及其批判[J]. 北方法学，2010，4(01)：144-154.

[41] 倪正茂. 创新型国家建设和科技法制保障[J]. 政治与法律，2006(02)：13-17.

[42] 宋锡祥. 中国内地与香港区际民商事司法协助若干问题探讨[J]. 华东政法大学学报，2008(02)：59-66.

[43] 孙建国. 论城市功能演进与产业迁移：日本京滨工业区经验与启示[J]. 河南大学学报(社会科学版)，2012，52(05)：91-97.

[44] 谈丽. 纽约城市经济发展的历史考察(1781—1860)[J]. 江西社会科学，2005(09)：48-52.

[45] 谭慧芳，谢来风. 粤港澳大湾区：国际科创中心的建设[J]. 开放导报，2019(02)：61-66.

[46] 谭洁，赵艳俐. 新发展格局下物流与供应链的发展特征、趋势及中国方案[J]. 特区经济，2023(03)：13-16.

[47] 谭洁. 以高质量服务助推科技成果加速转化[N]. 中国改革报，2019-12-26(7).

[48] 谭洁. 以创新为引擎，驱动深圳经济发展动能转换[N]. 改革网，2020-06-02.

[49] 汤丽霞. 建设国际化湾区名城：深圳国际化城市建设比较研究报告[M]. 北京：中国发展出版社，2015.

[50] 陶君道.国际金融中心与世界经济[M].北京:中国金融出版社,2010.

[51] 王超,姜川.迪拜:用司法助力建设国际金融中心[J].检察风云,2016(06):56-57.

[52] 王圣军,田军华.粤港澳区域合作创新机制研究[J].经济与管理,2012,08:83-87.

[53] 王艳辉,伊彤,陈海燕.中国三大国际科技创新中心建设比较研究[J].中国科技论坛,2022(08):1-8.

[54] 王云,杨宇,刘毅.粤港澳大湾区建设国际科技创新中心的全球视野与理论模式[J].地理研究,2020,39(09):1958-1971.

[55] 吴思康.发展湾区经济 服务国家战略[N].深圳特区报,2014-04-23(T04).

[56] 吴思康.深圳发展湾区经济的几点思考[J].人民论坛,2015,06:68-70.

[57] 冼雪琳.世界湾区与深圳湾区经济发展战略[M].北京:北京理工大学出版社,2017.

[58] 肖耿.香港缘何成为全球金融中心[J].中国金融,2017(13):15-18.

[59] 许勤.2014 年深圳市政府工作报告[N].深圳特区报,2014-2-07.

[60] 许勤.加快发展湾区经济服务"一带一路"战略[J].人民论坛,2015,06:11-13.

[61] 杨明,林正静.用创新生态理论和"四链"融合研究建设粤港澳大湾区国际科技创新中心[J].科技管理研究,2021,41(13):87-93.

[62] 易继明.构建集中统一的知识产权行政管理体制[J].清华法学,2015,9(06):137-155.

[63] 袁红英,石晓艳.区域科技创新中心建设的理论与实践探索[J].经济与管理评论,2017,33(01):134-140.

[64] 岳鹄,周子灼,谭月彤.三大湾区国际科技创新中心建设经验及对粤港澳大湾区的启示[J].特区经济,2022(08):25-28.

[65] 张波.建设具有全球影响力科技创新中心的路径探索——基于上海浦东 30 年科技创新实践的分析[J].科学管理研究,2022,40(02):22-30.

[66] 张涛,宣昌勇.建设全球性产业科技创新中心的模式与路径选择——基于江苏省产业科创中心的科研活动[J].现代经济探讨,2017(01):73-77.

[67] 张伟.纽约华尔街靠什么崛起[N].经济日报,2012-04-09(006).

[68] 张晓兰,朱秋.东京都市圈演化与发展机制研究[J].现代日本经济,2013(02):66-72.

[69] 张晓兰.东京和纽约都市圈经济发展的比较研究[D].长春:吉林大学,2013.

[70] 赵虹.粤港澳合作框架协议审议机制论析[J].广州大学学报(社会科学版),2012,11(01):57-60.

[71] 赵蕾.沙漠金融中心之门——迪拜国际金融中心的纠纷解决机制[N].人民法院报,2017-07-14(08).

[72] 中共深圳市委.深圳市人民政府关于大力发展湾区经济建设 21 世纪海上丝绸之路桥头堡的若干意见[R].2015 年政府公报,2015(8).

[73] 周振华.伦敦、纽约、东京经济转型的经验及其借鉴[J].科学发展,2011(10):3-11.

[74] 朱最新.区域一体化法律治理模式初探[J].广东行政学院学报,2011,23(03):44-48+81.

[75] 珠江三角洲全域规划项目组.珠江三角洲全域规划[R].2015.

[76] 邹兵,陆佳,周铭.深港国际都会的战略构想与空间对策[J].城市规划,2011,35(08):77-82.